DE
L'ÉLECTION.

TYPOGRAPHIE DE B. JOLLIVET, A GUINGAMP.

DE L'ÉLECTION.

ESSAI Philosophique ;

PAR J.-A. AGNÈS,

Docteur en Droit, Avocat à Saint-Brieuc.

« Doch ein geheimniss foller Vesen ist
» Representativ ferfassung, Kein Sterblicher
» Kann fauraussagen velche Vunde ch
» Noch aus derselben entvikeln verden. »
ZACHARIE, p. 221.
« La constitution représentative est d'une
» nature mystérieuse; aucun mortel ne peut
» prédire quelles merveilles elle enfantera. »

A GUINGAMP,

CHEZ B. JOLLIVET, IMPRIMEUR-ÉDITEUR.

1836.

A Monsieur Schelling, professeur de philosophie à l'Université de Munich.

MONSIEUR,

La bienveillance que vous m'avez témoignée, à moi inconnu de vous et étranger; la bonté avec laquelle vous m'avez permis de suivre vos cours où brillent d'une manière si éminente la hauteur et la netteté de votre pensée philosophique, ont laissé dans mon cœur des traces que la distance des lieux n'a point effacées. C'est, sans doute, à vos leçons et aux idées que j'ai puisées en Allemagne que je dois d'avoir développé et approfondi les vues qui en France avaient commencé de m'occuper sur les matières électorales. Certes je n'eus jamais la pensée de faire un livre, et si la suite de mes réflexions m'a conduit à un corps de système qui comprend les questions les plus fondamentales sur la nature du pouvoir, le mandat électoral, la représentation et la possibilité d'améliorer nos institutions politiques, c'est absolument à mon insu. La même puissance irrésistible qui enchaîna ma pensée sur un sujet qui me paraissait le plus impérieux besoin des temps modernes, me pousse comme malgré moi à livrer cette pensée au public. Puissé-je contribuer pour ma part à notre progrès social! puissé-je épargner à l'humanité le retour des révolutions! puissé-je être assez heureux seulement pour appeler sur un objet si digne de leurs méditations l'attention de nos hommes d'état !

Je ne puis mieux dédier mon livre qu'à un esprit aussi élevé que le vôtre, Monsieur, qui avez consacré votre vie à la recherche de la vérité dans une sphère supérieure aux orages et aux passions politiques. Est-ce une témérité d'oser vous en faire hommage, et, orné d'un si grand nom, mon livre n'aura-t-il pas déjà un gage assuré de succès ?

Veuillez agréer, Monsieur, l'expression de mes sentimens de dévouement et de profond respect.

J.-A. AGNÈS.

Saint-Brieuc, 22 mai 1837.

Préface.

Les législateurs de l'antiquité différaient de nos faiseurs de constitutions modernes sous deux rapports fort importans et singulièrement remarquables. En premier lieu, chacun faisait son système sur une base particulière et n'ayant rien de commun avec ceux des autres législateurs contemporains. C'était une sorte de création factice, qui trop souvent n'avait aucun fondement dans les lois de la nature. Parmi les politiques comme parmi les philosophes, chacun construisait l'édifice le plus bizarre, ce semble, qu'il pût imaginer, dans l'espoir, en le jetant sur la scène du monde, de provoquer plus sûrement les admirateurs. Nos faiseurs modernes de constitutions, au contraire, encore bien qu'ils aient aussi certaines prétentions d'amour-propre, ne lui sacrifient pas, aussi impudemment du moins, les grands intérêts qu'ils se croient appelés à protéger ; et quoiqu'ils donnent aussi une assez large part à leur esprit particulier et à la philosophie qu'ils professent, ils ont pris cependant, la plupart, certaines formes communes, une couleur générale, un type universel en quelque sorte, dont sont tellement empreintes toutes leurs œuvres, qu'il est impossible de n'être pas frappé de la ressemblance qui existe dans les formes adoptées pour la plupart des gouvernemens constitutionnels, et qu'à quelques différences près, on serait tenté de croire qu'ils ont tous été jetés dans le même moule.

Cette uniformité peut avoir son côté plaisant (car on peut plaisanter sur tout, et plus facilement peut-être des faits dont la raison appartient à l'ordre de choses le plus élevé), mais elle a sa source, il faut le reconnaître, d'une part dans le bon sens des peuples, qui ne souffriraient pas qu'un législateur essayât de leur imposer un régime et des formes de gouvernement en opposition manifeste avec leur position morale et celle des peuples avec lesquels ils forment un même système politique; de l'autre, dans cette tendance remarquable de tous les peuples civilisés à promulguer, comme fondement de leur constitution, certaines vérités générales et d'ordre public sur lesquelles on est demeuré d'accord, et qui peuvent être considérées comme des linéamens d'une véritable société universelle, incomplète encore, mais qui cherche, sous ce rapport du moins, à se réaliser. Ainsi, première différence frappante entre les gouvernemens des peuples anciens et ceux des états modernes : ceux-ci ont une couleur générale uniforme; ils visent à l'idéal, à l'universel; les premiers sont individuels et animés chacun d'un esprit particulier. Rien n'annonce dans tel système de gouvernement antique qu'il cherche à se mettre de niveau avec la civilisation des autres peuples, à se généraliser, ou qu'il fasse effort pour s'élever, comme système législatif, à la conquête du monde.

En second lieu, les législateurs anciens ambitionnèrent l'immortalité non pas seulement pour leurs noms, mais aussi pour leurs systèmes. Ils voulurent tous sans exception imposer au peuple soumis à leurs travaux législatifs les formes de gouvernement qu'ils avaient jugées les meilleures, et firent tous leurs efforts pour l'y enchaîner de telle sorte, qu'il fût impossible qu'il désertât jamais la création de leur génie. On sait que plusieurs d'entr'eux avaient prononcé la peine de mort contre le citoyen qui le premier proposerait de porter atteinte à la constitution. D'autres firent solennellement jurer au peuple l'observation de leurs lois jusqu'à leur retour, ou jusqu'à quelqu'autre événement qu'ils savaient ne devoir jamais arriver. La plupart se dirent inspirés : ils avaient eu commerce avec les dieux, c'était au nom du ciel qu'ils imposaient leurs théories. Tout essai de s'y soustraire était dès-lors sacrilège ; en un mot ils procédaient uniquement par voie d'autorité.

Ils partaient de ce principe que la société est éternelle, proposition vraie de la société en général, mais fausse de toute société particulière. On sait que chez les Romains cette éternité fut un dogme religieux et politique ; mais ces législateurs eussent dû ajouter que cette société qu'il proclamaient éternelle, devait aussi être immuable. C'eût été le seul moyen de rendre immortelles les lois qu'ils lui imposaient. Or, comme il n'y a point de nation, quelque puissante qu'elle soit, qui puisse s'arroger l'immutabilité, que chez toutes il se fait des changemens successifs plus ou moins rapides dans les idées et dans les mœurs, leur législation ne peut manquer de subir successivement des modifications plus ou moins considérables, et toutes les précautions prises pour en assurer la durée sont impuissantes à résister à la grande loi de développement qui n'est que la marche et le progrès de l'humanité (1).

Cette idée cependant avait sa raison et mérite quelque indulgence. Tout ordre social, quelqu'imparfait qu'on le suppose, est un effort de l'humanité déchue pour reconquérir l'ordre intellectuel dont elle s'est violemment séparée. Cet ordre intellectuel, qui n'est pas de ce monde, ou du moins que nous ne pouvons pas réaliser dans sa plénitude, est proprement l'état primitif de l'homme que le mal moral lui a fait perdre. Et comme un système de législation n'est autre chose qu'une vue, imparfaite et bornée si l'on veut, mais néanmoins la perception d'une portion des lois qui doivent régir l'éternelle société, il n'est pas surprenant qu'en principe l'expression de ces lois se décorât d'un titre et aspirât à un honneur qui n'appartenait proprement qu'à la source d'où elles émanent, et que l'homme, par une méprise trop commune, confondant sa propre perception avec l'ordre de choses qu'il observait, donnât à celle-là un attribut qui ne pouvait appartenir qu'à celui-ci. L'ordre est éternel; la société, qui n'est que le résultat d'un effort de l'humanité pour reconquérir cet ordre éternel qu'elle a perdu, dut se proclamer éternelle comme son type. De nombreuses et sanglantes expériences sont venues la désabuser.

Il faut convenir aussi qu'au berceau du genre humain et pendant une longue suite de siècles, la forme extérieure de la société et ses lois constitutives furent soumises à très-peu de changemens. L'Orient, dont l'histoire n'a point de chronologie, a conservé jusqu'à nos jours ses formes monumentales au milieu des plus sanglantes révolutions politiques. Le despotisme, le patriarcat, les castes, l'inflexible hérédité, l'indivision de la famille, sont demeurés et ont pu laisser croire à l'éternité de sa législation. Le fond des institutions grecques et romaines fut asiatique à leur origine, et des traces de cette origine s'y sont obstinément conservées jusqu'à l'époque où ces institutions ont complètement disparu. L'illusion si flatteuse pour l'amour-propre, si autorisée par d'illustres exemples, si spécieuse, en pure théorie, de la position prise par les anciens législateurs, devait se conserver en dépit des leçons de l'expérience; et l'on peut dire que ce n'est que de nos jours, où nous avons vu les révolutions se succéder avec une rapidité et une sorte de continuité comparable à celle des vagues de l'océan, qu'il a fallu renoncer à cette chimère, et reconnaître au contraire la marche incessante et progressive de l'humanité à travers ces funestes catastrophes.

Les législateurs modernes n'ont donc pas eu la prétention de rendre leurs conceptions immortelles, mais celle plus modeste et plus vraie de satisfaire à un besoin de la société, d'exprimer et de régler une crise de sa vie; besoin, crise qu'ils reconnaissent devoir céder à d'autres besoins et être remplacés par d'autres crises, lesquels pourront exiger à leur tour l'emploi d'autres remèdes et l'adoption de nouvelles mesures politiques. Ils ont été plus loin encore ; non seulement ils n'ont pas eu la folie, comme leurs devanciers l'avaient osé faire, d'entreprendre d'arrêter l'humanité dans sa marche et de rendre immobile l'image qu'ils en avaient exprimée ; mais prévoyant la nécessité de ce changement, ils se sont efforcés de prévenir les affreuses secousses auxquelles il donne le plus souvent lieu, en indiquant à l'avance un ensemble de mesures à l'aide desquelles la constitution devrait être modifiée d'un commun accord, quand les circonstances l'exigeraient ou que le temps aurait fait connaître ses imperfections. C'est ce qui figure dans nos constitutions modernes sous le titre de : *Révision de la constitution*.

Ainsi les constitutions anciennes étaient animées d'un esprit individuel, les constitutions modernes tendent à l'universalité. Les constitutions anciennes voulaient être immortelles et s'arrogeaient ce titre : les constitutions modernes sont progressives ; elles reconnaissent qu'elles ne sont que des essais plus ou moins imparfaits de l'idéal d'une société générale, vers laquelle l'humanité tend incessamment, et dont elle peut approcher à un point que personne ne saurait assigner. Deux conquêtes importantes de l'esprit philosophique dont notre ère moderne ne saurait trop s'enorgueillir et que l'on peut solidement opposer à ces esprits routiniers qui s'obstinent à ne voir dans les institutions de notre époque aucun germe créateur, rien de fécondant et d'élevé, pas autre chose en un mot qu'une société décrépite, qui, individuelle comme toutes les institutions des peuples anciens, passera comme elles, sans laisser aucune trace d'une existence irrévocablement ruinée.

Notre histoire seule fournit de nombreux exemples de l'instabilité des constitutions politiques.

Le pacte de la loi salique ne contenait pas de mode de révision, il en a cependant subi plusieurs de la part des rois Clovis, Childebert et Clotaire, de Dagobert 1er, de Charlemagne et de Louis-le-Débonnaire.

« On a remarqué, dit Sismondi dans sa préface de l'*Histoire des Français*, que la constitution des nations change tous les siècles. »

La constitution de 1791, titre 7, avait établi un mode de révision de la loi fondamentale.

« Aucun des pouvoirs institués par la constitution, dit cette loi fameuse, n'a le droit de la changer dans son ensemble ni dans ses parties, sauf le cas de révision.

» Le dépôt en est confié à la fidélité du corps législatif, du roi et des juges, à la vigilance des pères de famille, aux épouses et aux mères, à l'affection des jeunes citoyens, au courage de tous les Français. »

Cette constitution fut renversée au 10 août 1792 par une insurrection. Les articles 115, 116 et 117 de l'acte constitutionnel du 24 juin 1793 consacrent le même principe, en établissant des formes solennelles pour la révision. Une autre insurrection (le 10 octobre) y a substitué le gouvernement révolutionnaire.

La constitution du 22 octobre 1795 a un long titre sur la forme de la révision (le 13e); une insurrection militaire la renversa le 18 brumaire an 8.

La constitution de 1800 ne contenait rien sur

la révision ; le sénat était chargé d'annuler tous les actes inconstitutionnels. Le 16 thermidor an 10, après avoir en apparence consulté la nation, le sénat réforma la constitution, se réservant par l'article 54 le droit de la modifier encore par des sénatusconsultes organiques.

Le 28 floréal an 12, le gouvernement impérial est établi par un sénatusconsulte : soumis en apparence à la sanction du peuple, il était publié avant que le vote fût connu. Depuis, la constitution fut démolie annuellement par des sénatus-consultes organiques et non organiques; enfin le sénat fit un décret, le 3 avril 1814, qui déclarait Napoléon et sa famille déchus de l'empire pour violation de ces constitutions.

Deux chartes constitutionnelles se sont déjà succédées depuis cette époque.

Dans une semblable instabilité des formes gouvernementales, il serait ridicule et niais de parler encore de lois arbitraires, impérissables, et de chercher à imposer à un peuple un système invariable de législation. La législation n'a d'autre caractère constant que son instabilité même. Mobile, progressive, philosophique, elle est une réunion d'essais plus ou moins heureux, d'efforts et de tentatives faits pour élever de plus en plus l'ordre social, le rendre plus général, plus digne, plus propre à satisfaire aux besoins présens de l'humanité.

Nous sommes arrivés à reconnaître que les différens ordres de civilisations ne doivent être ni scindés ni considérés isolément, mais qu'au contraire il existe entr'eux un enchaînement incontestable, des liens pris dans la nature même de l'entendement humain qui va se développant incessamment sur le théâtre de l'histoire, sous l'influence des grands faits providentiels ou des lois qui président à nos destinées. L'observation attentive de ces lois est l'objet d'une étude presque créée de nos jours, et qui, sous le nom de philosophie de l'histoire, rassemble sous nos yeux et expose avec méthode les rapports des nombreux faits politiques que nous avons à notre disposition.

Ainsi nous ne faisons pas de lois immuables, mais progressives ; nous prévoyons leurs changemens, nous établissons un ensemble de règles selon lesquelles elles peuvent être rationnellement modifiées ; en d'autres termes, bien loin de repousser les changemens politiques que le temps et les circonstances rendent nécessaires, nous les prévoyons et nous nous efforçons de régler à l'avance le mode par lequel ils devront s'opérer.

Mais un changement fondamental dans la constitution d'un peuple est une position nouvelle prise par la société, et la société, où tout se tient et forme un seul tout, depuis les maximes du droit public jusqu'aux lois de la famille, qui semblent le plus exclusivement appartenir à la religion et aux mœurs, ne change pas de position sans de grands ébranlemens et sans des catastrophes souvent terribles. On n'a pu réussir encore à les éviter.

Il est vrai que sous ce rapport même nous sommes en progrès. On voit des révolutions politiques se faire sans de grandes catastrophes ; l'humanité n'a plus à déplorer ces lamentables bouleversemens qui ont menacé des nations entières d'une destruction totale ; certains sentimens de philantropie se conservent même au sein des discordes civiles ; certains principes de raison et de justice naturelles sont reconnus et admis par tous; et la plèbe elle-même, toujours si avide de désordres, semble avoir déposé le caractère farouche qu'elle avait jusqu'ici déployé au milieu des orages politiques. Mais enfin il survient des momens où la machine gouvernementale s'arrête ; de pénibles froissemens se font sentir, ses ressorts crient et se rompent, le sang coule et l'ordre public est compromis.

L'analogie qui existe entre l'ordre physique et l'ordre moral serait-elle donc ici en défaut? et lorsque nous voyons les corps célestes soumis à des lois invariables, qui, sans être des règles inflexibles, ne sauraient dépasser certaines limites sans compromettre le salut de l'univers, laisser admirer dans le prodigieux mécanisme de leurs mouvemens, une simplicité de moyens et une liberté d'action propres à supporter les immenses résultats qui écrasent notre imagination, ne devons-nous pas penser que l'auteur de tant de merveilles, l'intelligence infinie du Tout-Puissant, s'est représentée d'une manière analogue dans toutes les œuvres de la création, et que sa représentation dans le temps qui brille dans les fastes de l'histoire où elle manifeste les lois providentielles de la société et nous montre le génie de l'homme aux prises avec la nature physique tout entière, avec toutes les phases diverses et toutes les positions successives de notre entendement et de notre raison, est semblable à sa représentation dans l'espace, où l'ordre invariable établi entre les corps célestes marche toujours d'une manière constante et sans tressauts, par de simples évolutions prévues et réglées, qui ne sont que les positions successives des mêmes corps balancés et mus par les lois de leur poids respectif et de celui des corps qui les environnent? Au physique comme au moral les causes sont toutes immatérielles, au physique et au moral les lois ne sont que des forces qu'il n'appartient pas à l'homme de créer, mais d'observer et de décrire. Pourquoi donc imposer à la nature l'œuvre ridicule de notre création? pourquoi arrêter sa marche par des lois arbitraires, inflexibles? pourquoi enfin nous jeter d'un système de lois politiques ou civiles dont nous avons reconnu l'insuffisance, dans un système établi sur des principes tout contraires, sans autre transition entre l'un et l'autre que le fait violent et funeste qui les sépare? Ne ressemblons-nous pas en quelque sorte à l'astronome insensé qui, occupé au fond de son cabinet à faire prendre diverses positions successives à une sphère artificielle, prétendrait, par le mouvement imprimé instantanément à quelques-uns de ses grands cercles, régler la marche des corps célestes et réformer l'aspect de l'univers? Qu'elle est profonde l'analogie qui existe entre le monde moral et le monde physique, entre la représentation de Dieu dans le temps et sa représentation dans l'espace! N'est-ce pas toujours Dieu et l'homme, et la série des positions diverses que prend l'homme pour admirer et reconnaître l'intelligence infinie qui, mue par un amour immense, a jeté sur sa face adorable le voile mystérieux de l'univers?......

Les principes sur lesquels repose le monde moral et qui résident au fond des institutions des peuples, sont enchaînés les uns aux autres par des lois indestructibles ; un ordre d'idées se subordonne à l'autre, la famille et la société, la vie publique et la vie privée, les maximes fondamentales du droit public et les idées de propriété, de tutelle, de communauté, etc., etc., ont des rapports certains qui ne peuvent être violés sans produire des froissemens douloureux, et dont la destruction, même partielle, amène ces commotions politiques, qui dans la nature en sent peut-être été de simples évolutions, si le ?otice des gouvernemens et des législations, en arrêtant leur marche progressive, ne les convertissait en des révolutions violentes. Essayons de rendre cette vérité sensible en l'appliquant à un petit nombre de faits historiques.

Prenons pour exemple la faculté de disposer. Lors de l'invasion des Gaules par les Francs, le partage était égal entre tous les enfans mâles; la loi salique ne connaissait point de droit d'aînesse. Dans l'Armorique, en 1151, il fut statué par l'assise du comte Geoffroi que l'aîné succèderait seul au patrimoine de la famille à la charge de l'établissement des filles et de l'entretien des puînés, qui furent plus tard fixés au tiers de la fortune paternelle. Quelle fut la raison de ce changement important dans la législation successorale? Les auteurs contemporains nous l'apprennent : c'est que l'égalité des partages fractionnait tellement les terres des anciens conquérans, que la noblesse se vit forcée, pour ne pas tomber dans l'avilissement et la misère, de se réunir afin d'aviser aux moyens d'empêcher la dispersion des fortunes. A la guerre et dans l'état de migration, le plus brave ou le plus habile a le premier rang ; quand une nation s'est fixée, le pouvoir qui le plus souvent prend un caractère de féodalité lorsqu'il est fondé sur la conquête, a besoin de se rattacher à la propriété. De grands patrimoines deviennent sa condition nécessaire. Sans elle, le souvenir des hauts faits des aïeux ne suffit pas pour soutenir l'ascendant d'une vertu qui n'a plus d'occasions de se montrer avec éclat. Or pour conserver ces patrimoines, il faut que les lois successorales deviennent rigoureuses, privilégiaires, exclusives. Surviennent le droit d'aînesse et la prohibition de la faculté de disposer.

Nous trouvons ici deux ordres d'idées subordonnés l'un à l'autre. 1.° Le service public exigé par la constitution de l'état ; 2.° Le patrimoine et les devoirs de la famille. L'évolution qui s'est faite dans l'idée de pouvoir, par l'établissement d'un peuple devenu fixe d'emigrant qu'il était, amène la nécessité de faire subir à l'ordre domestique une évolution correspondante. Ici l'impulsion vient de haut en bas, ce sont les maximes de droit public qui donnent le branle ; le besoin de conserver la noblesse fait sacrifier les droits de la famille. C'est dans la propriété privée et dans la famille que vient se résumer l'effort parti des sommités du corps politique. A l'époque où ce mouvement s'effectua, la féodalité était dominante, elle était l'esprit général de l'époque. Dans l'impossibilité absolue qu'elle coéxistât avec le partage égal et qu'elle fût refoulée par lui, l'égalité naturelle dut être étouffée. Deux évolutions correspondantes s'accomplirent donc, l'une dans le droit public, l'autre dans le droit privé ; celle-ci fut la conséquence nécessaire de la première, et épargna peut-être à notre pays une révolution.

Prenons pour second exemple les droits respectifs des époux.

Dans l'antique Asie et chez la plupart des peuples barbares, le droit personnel n'existant en principe que dans l'intérêt de celui qui le possédait, le pouvoir paternel, la puissance maritale, la tutelle furent une véritable propriété. La femme fut achetée par le mari et considérée comme une *chose* faisant partie de la substance de la famille. Cet état domestique ne peut évidemment subsister que là où le pouvoir public est despotique et confondu lui-même avec la propriété.

Plus tard, l'histoire nous montre les législations reconnaissant la personnalité de la femme et créant la dot comme expression de cette reconnaissance dans le patrimoine de la famille. Il s'était fait dès-lors une évolution considérable dans l'idée de l'union conjugale. La Grèce vit naître la dot. Rome en développa le principe et en fit par *l'antipherne* une simple garantie des droits respectifs des époux. Cette dure opposition dans des intérêts aussi étroitement associés, devait correspondre à des lois constitutionnelles toutes différentes de celles qui n'avaient pas reconnu la personnalité. La Grèce démocratique, et Rome qui représentait dans son sénat et dans sa famille la substantialité orientale et dans ses assemblées du peuple la plus turbulente démocratie. Rome dont les institutions furent toutes la dure opposition d'élémens contraires, peuvent être regardées comme exprimant dans l'ordre politique, une évolution correspondante à celle que nous avons observée dans l'idée de l'union conjugale.

La communauté d'origine germanique et chrétienne, et qui unit intimement les intérêts civils des époux, exprime dans le patrimoine de la famille l'identification des deux personnes que la religion et les mœurs du christianisme ont si étroitement associées. De la dot à la communauté la distance est grande ; il y a là encore une évolution considérable, d'autant plus que ce ne sont pas les lois, mais l'usage et le temps qui l'ont produite. Il est évident que des mœurs aussi douces, une coutume qui développe aussi complètement la personnalité de la femme sans ravir au mari sa dignité et sans opposer des intérêts qui demeurent au contraire parfaitement confondus, ne peuvent appartenir qu'à un ordre social où prédominent des idées d'équité, de convenances et de justice générale qui ne permettent pas au pouvoir public, quelque forme qu'il revête, de se livrer aux excès et à l'arbitraire sans règles d'un despotisme absolu. L'influence de telles mœurs ne peut manquer de faire reconnaître dans l'état, d'une manière plus ou moins explicite, certaines maximes protectrices des droits de l'humanité, qui, pour n'être pas clairement définies, n'en sont pas moins toutes puissantes et inviolables. On voit donc cette fois encore que dans la position du pouvoir public il s'est fait une évolution correspondante à celle que nous observons dans l'ordre domestique et dans le droit privé.

On pourrait parcourir successivement de la même manière toutes les idées qui sont le fondement du droit, et l'on verrait se produire constamment les mêmes analogies. Attachons-nous pour dernier exemple à l'idée de propriété. Dans les anciennes associations, connues chez les nations germaniques, sous le nom de *Mark-genossenschaften*, tout consistait dans des garanties mutuelles, une sorte de fédération pour la sûreté commune, des mesures répressives sévères contre ceux qui violaient la forêt destinée à l'entretien commun ; la souveraineté ne résidait que dans l'ensemble de ceux qu'unissait le lien fédératif, le droit criminel fut l'origine et le fondement du droit civil.

Dans un pareil état de choses où le pouvoir public n'était ni concentré ni fixé d'une manière stable, mais électif et démocratique, la propriété ne put avoir elle-même ni force ni fixité. Elle se borna, d'une part, au droit qu'avait chaque associé d'user de la forêt commune pour son usage journalier, et de l'autre aux armes, au bétail, à la maison et au champ qui l'environnait, c'est-à-dire, à cette partie de la nature physique qui investissait l'homme le plus immédiatement et semblait acquérir par là une sorte de personnalité.

Plus tard l'agriculture ayant fait des progrès, de vastes terrains défrichés formèrent d'immenses domaines; l'idée de propriété se développa, l'hérédité embrassa également toutes les terres patrimoniales, la nécessité de les conserver dans la famille fit naître tous les priviléges successoraux, mais en même temps le pouvoir public se concentra, s'assit, se fixa lui-même, d'électif il devint héréditaire. La féodalité survint ensuite et créa une foule de droits et de prestations personnels, qui firent de la société un édifice

PRÉFACE. XXI

hiérarchique très-élevé ; dès-lors la propriété dut changer de nature. Si elle eût été, sous un tel régime, ce qu'elle est de nos jours dans la rigueur des termes, le droit de jouir et disposer de sa chose de la manière la plus absolue, l'égalité et l'indépendance qui en seraient résultées entre les personnes, eussent nécessairement renversé la hiérarchie féodale. Il fallait donc, ou que la propriété se modifiât, ou que la féodalité reculât en arrière et lui cédât le terrain. Mais l'esprit du temps était favorable à cette dernière. L'idée de propriété dut se modifier, les terres furent soumises à des classifications semblables à celles imposées aux personnes, nobles, roturières, etc; en outre les droits de propriété furent divisés en utiles, directs, superficiaires, fonciers, seigneuriaux, régaliens, etc. Par là s'accomplit dans l'idée de propriété une évolution analogue et correspondante à celle qu'avait subie l'état public. Ce changement qui s'effectua de haut en bas était peut-être nécessaire encore pour éviter quelque commotion violente.

De nos jours enfin l'idée de propriété s'est considérablement modifiée et a pris une position nouvelle. Après avoir parcouru une foule de phases diverses et subi des nuances qu'il serait trop long d'observer ici et de décrire, elle est redevenue ce qu'elle fut souvent à son origine, par rapport à la constitution politique, une sorte de complément de la personnalité. C'est ainsi que dans la plupart des gouvernemens constitutionnels, nous voyons le droit de prendre part aux élections exclusivement attribué aux citoyens qui ont une propriété suffisante pour les mettre à l'abri des premiers besoins et pour donner une sorte de garantie de l'indépendance de leurs votes. La constitution de la Frise, dans les ci-devant provinces unies, avait une disposition remarquable sous ce rapport. « Un petit champ avec une maison ayant « cheminée donne droit au possesseur d'entrer « à l'assemblée et d'y voter. Sa voix a la même « valeur que celle du citoyen le plus riche du « canton. » Voilà la propriété, la propriété politique, ramenée précisément à sa forme primitive, à celle qu'elle avait dans les *Markgenos-senschaften* germaniques, avec cette différence néanmoins, qu'à son origine la propriété n'était qu'une conséquence du droit politique, tandis qu'aujourd'hui c'est le droit politique qui est une annexe et une conséquence du droit privé de propriété. Dans ces grandes associations primitives, celui qui appartenait à la confédération avait par cela seul le droit de prendre part à la forêt commune et de bâtir et cultiver ce qu'exigeaient rigoureusement les besoins de sa famille; de nos jours celui qui possède la propriété déterminée par la loi, a de plein droit et par cela seul le droit de prendre part aux assemblées politiques. L'évolution est donc complète et le cercle entier a été parcouru; le droit personnel a rendu possible la propriété, celle-ci a fixé le droit personnel ou le pouvoir, la propriété et le droit personnel après s'être confondus, ont rendu l'édifice social hiérarchique; la propriété a repoussé les priviléges personnels; ceux-ci effacés, la propriété est demeurée seule maîtresse; son idée en continuant de se développer a rencontré l'absolutisme, l'absolutisme de la propriété combiné avec l'égalité des personnes a produit le morcellement des patrimoines ou la petite propriété, qui réclame enfin comme sa conséquence la participation aux droits politiques. Peut-être est-il réservé à un progrès ultérieur qu'il est permis d'espérer, de dégager ceux-ci de l'élément hétérogène de la propriété, de les reconnaître comme appartenant à tous et de restituer ainsi les droits personnels à leur pureté native. Ce développement si conforme à l'esprit du siècle et qui est presque consommé, s'est effectué de bas en haut. La philosophie et le commerce ont amené la division des propriétés et leur circulation rapide. De là est parti l'effort qui, comprimé par les ordres supérieurs de l'état, a produit les déchiremens et la crise révolutionnaires.

Nous croyons avoir fait toucher au doigt cette vérité énoncée plus haut, qu'à tous les grands changemens politiques correspondent des changemens analogues dans les idées qui sont le fondement du droit privé, en telle sorte que ces divers changemens peuvent être considérés comme des évolutions de principes ou d'idées suivant des cercles concentriques mus avec différentes vitesses et ayant des pôles et des rayons différents. Chaque ordre de civilisation est un système de principes et d'idées concentriques. Il existe des lois générales et des rapports certains, non pas seulement entre les idées de chaque ordre de civilisation et leurs évolutions respectives, mais encore entre les divers systèmes d'idées et de principes qui se réalisent sur le théâtre de l'histoire, en d'autres termes entre les divers ordres de civilisation.

Les positions successives que doit occuper la société sont donc le résultat d'une marche incessante et du développement graduel et continu des principes qui soutiennent l'ordre social. La transition de l'une à l'autre peut se faire lentement ou d'une manière plus ou moins brusque et violente. Elle peut être le résultat d'un mouvement qui s'effectue de haut en bas ou de bas en haut, ou bien encore d'un mouvement simultané et proportionnel dans les diverses parties du corps social.

Si la transition s'opère lentement et par degrés insensibles, elle peut être regardée comme une crise naturelle, un accouchement plus ou moins laborieux d'idées et de principes dont l'heure est venue, et tout l'art du législateur se borne à favoriser, à aider le travail de la nature. Il observe les nouveaux rapports qui s'établissent, en protège le libre développement, les décrit et les fixe.

Si elle s'opère brusquement et par un fait instantané, ce déplacement subit met le plus souvent la société en péril. Car ou ce fait est en dehors de toutes les prévisions de la raison humaine, alors il échappe aux règles qu'elle essaie de lui imposer et se rit des lois écrites. C'est un pur fait, qui peut prendre les plus terribles caractères et entraîner la ruine de la société; c'est une révolution. Ou ce fait est rationnel, et une foule de raisons viennent encore, même en ce cas rare, en rendre le résultat périlleux. D'abord il faut, pour qu'un tel fait soit rationnel, qu'il soit au pouvoir de l'homme, en détruisant les rapports actuellement existans entre les divers élémens de l'ordre social, eu égard à la position qu'il occupe, de créer les rapports qui conviennent à la position qu'il veut lui faire occuper; or cela est si peu en son pouvoir que presque tous les changemens qui ont été faits aux constitutions progressives, constitutions dans lesquelles la révision a été prévue et réglée à l'avance, ne se sont point accomplis par le mode de révision déterminé, mais par un pur fait plus ou moins brusque et violent, résultat d'une réaction contre le principe que développait avec le plus d'énergie, le système qu'il voulait remplacer; en second lieu, il faut pour que ce fait soit rationnel, que le législateur connaisse non seulement l'opposition qui existe entre la position morale de la société exprimée par l'opinion publique et sa position législative ou constitutionnelle, mais encore le degré et la mesure de cette opposition. Il faut en d'autres termes que le législateur sache exactement jusqu'à quel point les besoins moraux de l'ordre social, son état intellectuel, exigent que les principes du système actuellement en vigueur soient sacrifiés. Enfin ce n'est pas tout encore, il est nécessaire qu'il voie nettement et qu'il embrasse d'un seul regard les changemens nombreux et divers que doit produire dans toutes les parties de la législation, dans toutes les ramifications de l'organisme social, la position nouvelle que prendra la constitution, c'est-à-dire, les évolutions de tous les élémens du nouvel ordre de choses avec leurs directions, leurs vitesses, leurs grandeurs respectives, appréciation presqu'impossible de faits éventuels, que le travail de la plus haute philosophie n'a pu jusqu'ici qu'observer, reconnaître et décrire, après qu'ils étaient consommés.

Si le mouvement qui entraîne la société se fait sentir dans tous ses élémens à la fois, en conservant leurs situations respectives et l'harmonie qui les enchaîne, la tâche de l'homme d'état se réduit à protéger la liberté de ce mouvement; heureux si, gardant assez de sang-froid et de fermeté pour ne pas se laisser aller au vertige que produisent le plus souvent les positions élevées quand elles deviennent critiques, il réussit à écarter tout ce qui fait obstacle et à tracer sur ses plans éphémères les linéamens projetés par les ombres immenses de l'édifice mouvant, *mens agitat molem*. Si ce mouvement part de l'une des extrémités du corps social, que ce soit de bas en haut ou de haut en bas, il est le plus souvent difficile d'étouffer la révolution. Si le mouvement s'opère de haut en bas, comme dans le cas de la conquête, d'une migration subite et complète, de l'imposition d'une constitution nouvelle, les petits cercles du monde moral sont pressés et gênés dans leurs évolutions; les principes qu'ils supportent sont comprimés, quelquefois mutilés et sacrifiés avec une résistance et des déchiremens violens et douloureux; la forme extérieure de la société ne permet plus à tous les élémens de l'ordre précédemment établi de se développer librement et de suivre leur cours ordinaire. Il y a oppression, et l'oppression continuée amène presqu'inévitablement des réactions. Si le mouvement s'opère de bas en haut, le danger d'une révolution est peut-être plus grand encore, parce que la force morale qui a sa source dans les droits civils et dans les idées qui leur servent de base, pénètre plus avant dans les mœurs nationales, dans le domaine des opinions régnantes, et qu'il est extrêmement difficile de refouler par des lois écrites un ensemble d'opinions et de coutumes invétérées, parce qu'encore cette force a pour objet immédiat de son action les maximes de droit public qui la limitent et lui font directement obstacle, et qu'elle ne peut trouver une issue qu'en les brisant; parce qu'enfin les ordres supérieurs de l'état ne savent le plus souvent lui opposer qu'une dure obstination, fiers qu'ils sont de leur supériorité, et se faisant de la conservation de ces maximes une sorte de devoir sacré et rigoureux. La révolution dans ce dernier cas est imminente et souvent inévitable.

N'y a-t-il donc aucun moyen d'épargner à l'humanité ces secousses terribles, et faut-il renvoyer au pays des chimères tant de vœux, de projets philanthropiques, les vues et les espérances de tant de monarques et d'hommes d'état qui n'ont pas désespéré d'améliorer du moins, sous ce rapport, la position du genre humain.

Quelques écrivains politiques ont cherché à s'aider d'une distinction entre le pouvoir constitutif et le pouvoir constituant.

« Admettre l'existence d'une constitution,
« ont-ils dit, c'est reconnaître deux ordres de
« lois, l'un supérieur, l'autre subordonné.

« Reconnaître deux ordres de lois, c'est recon-
« naître deux ordres de législateurs inégaux
« en pouvoir. Le même pouvoir ne saurait ef-
« fectivement rendre des lois d'une force iné-
« gale et leur imprimer une sanction différente. »

Mais où réside ce pouvoir constituant et comment parvenir à le dégager et à le produire?

Le pouvoir constituant ou la souveraineté dans son sens le plus absolu, réside dans le corps de la nation. Cela est incontestable. La société a reçu de la providence toutes les forces, toutes les ressources nécessaires à sa conservation ; elle possède aussi éminemment le droit de les appliquer et d'en faire usage.

Mais le corps de la nation dans lequel réside le pouvoir constituant, est aussi le sujet sur lequel agit le pouvoir constitutif. Le corps de la nation est le *suppositum* nécessaire de tous les droits, à quelqu'ordre d'idées qu'ils puissent appartenir ; il s'identifie avec ces droits mis en action, il n'est que leur réalisation sociale. Le corps de la nation qui est le pouvoir constituant est donc aussi l'ensemble des élémens sur lesquels doit opérer le pouvoir constitutif.

Il est aisé de rendre cette pensée sensible : supposons que chez un peuple féodal, la propriété devienne plus absolue, plus mobile, plus productive. Celui qui la possède appartient tout à la fois à la famille et à l'état. La position où il parvient dans l'ordre du droit privé par suite de cette évolution, lui fait sentir le besoin d'en occuper une autre dans l'ordre du droit public. Si l'on consulte le corps de la nation, il est évident que ce propriétaire sera tout à la fois et pouvoir constituant et objet de son action comme tel. Si l'on se rappelle les explications données précédemment et que l'on parcoure successivement toutes les positions possibles d'un ordre social, en faisant résider le pouvoir constituant dans le corps de la nation, ce qui est le vrai, on aura constamment pour résultat cette proposition : le pouvoir constituant n'est autre chose que l'ensemble des droits réalisés, il s'identifie avec les élémens mêmes sur lesquels le pouvoir constitutif doit opérer. Le pouvoir constituant ne sera donc que la raison d'un peuple, observant et exprimant la tendance des élémens (idées et principes) sur lesquels le pouvoir constitutif est appelé à faire sentir son action.

Mais sommes-nous plus avancés qu'au point de départ? et en cherchant à fixer nos idées sur la nature du pouvoir constituant, avons-nous rendu notre définition plus concrète; avons-nous, en un mot, fait un pas vers la possibilité de dégager du corps de la nation ce pouvoir constituant, de lui donner un corps et une âme, une physionomie propre, d'en faire en un mot une personne morale que chacun puisse discerner et reconnaître?

Une observation se présente tout d'abord. L'homme ne se laisse pas diriger uniquement par sa raison; il y a au fond de son âme quelque chose d'indépendant, d'individuel, qui aime à s'en affranchir et dont le souverain triomphe semble consister à repousser comme étranger tout ce qui n'est pas lui, c'est la volonté. La volonté entre aussi pour beaucoup, elle a une large part dans la direction et la force de ces élémens dont nous parlons, qui sont à la fois l'objet et le sujet du pouvoir constituant. Il serait donc inexact d'observer leur nature et leur position sans tenir compte de leur volonté.

Le pouvoir constituant est donc ces élémens exprimant sur eux-mêmes leur nature, leur position, leur volonté. Le résultat de leur expression obtenu et fixé est le pouvoir constitutif.

On peut donc diviser le pouvoir constituant en deux parties :

La nature et la position présente de ces élémens.

Leur position éventuelle et leur volonté.

En d'autres termes : le fait social rationnel ou irrationnel ;

La volonté sociale, rationnelle ou irrationnelle.

En d'autres termes encore : l'empire du fait, et l'ordre moral ou intellectuel en tant qu'il le pénètre ou cherche à le pénétrer.

Pour obtenir le pouvoir constituant il ne faut donc pas renverser le fait existant, puisque ce fait, rationnel ou irrationnel, en est partie intégrante ; il ne faut pas non plus repousser l'intellectuel, puisque l'intellectuel en fait partie, en tant qu'il pénètre ou qu'il s'efforce de pénétrer l'empire du fait. Le pouvoir constituant est donc l'empire du fait et l'intellectuel unis ou tendant à s'unir ; il est proprement leur conciliation possible.

D'un autre côté nous avons vu que dans la nature les rapports de tous les élémens de l'ordre social se correspondent si intimement, qu'on ne saurait rompre un seul anneau de leur chaîne mystérieuse sans détruire toute leur harmonie, et aussi que les idées qui sont le fond du droit constitutionnel et civil se meuvent incessamment et subissent une série de transformations successives et coordonnées. Le pouvoir constituant destiné à ménager le passage d'un système législatif à un autre système vit donc et exerce sa puissance dans toutes les parties du corps social à la fois et dans tous les instans de sa durée. Donc le mode par lequel on peut le dégager de la masse de la nation et le réaliser à l'extérieur ne doit opérer ni sur une partie de l'organisme social exclusivement ni pendant un laps de temps déterminé ; c'est-à-dire, qu'il doit de toute nécessité être *permanent* et *universel*. Rechercher ce mode permanent et universel par lequel la société exprime sa volonté sur elle-même, engendre le pouvoir et concilie, autant que cela est humainement possible, l'ordre intellectuel et le fait, est précisément la tâche difficile que nous avons essayé de remplir dans le cours de cet ouvrage (2).

NOTES.

(1) « Toutes les tentatives pour rendre inaltérables les
« lois positives des nations ou des communautés sont in-
« justes, imprudentes, inexécutables et partant illusoires.
  « Le changement de ces sortes de lois doit être possi-
« ble mais soumis à des formes sévères. » HALLER, T. 6, PAGE 106.

(2) « Il y a un problème difficile à résoudre, c'est celui du suffrage universel. » C. de Coux, *Avenir*, 3 janvier 1831.

Première Partie.

COUP-D'OEIL

HISTORIQUE

SUR LES INSTITUTIONS ÉLECTORALES DE DIVERS PEUPLES, TANT ANCIENS QUE MODERNES.

PRÉLIMINAIRES.

1.

A leur origine toutes les grandes institutions ont un caractère frappant de simplicité, d'unité, de fécondité. Elles naissent d'un besoin de la société qui manifeste leur origine et leur but. Elles y marchent directement, sans embarras, sans entraves, sans complication d'élémens hétérogènes. On saisit leur ensemble, on comprend leur raison, on admire leur résultat aussitôt qu'elles sont arrivées à un degré de développement suffisant pour avoir une physionomie propre, et qu'elles ont acquis assez de force pour s'élever à l'état public. Mais quand le progrès de la civilisation a fait naître des rapports nouveaux entre les diverses existences sociales, lorsque l'établissement et la juxtà-position d'un grand nombre d'institutions publiques ont rendu nécessaire d'admettre simultanément dans l'état de leurs tendances divergentes et souvent contraires, leur marche s'embarrasse et se complique, il faut modifier la direction générale de certains élémens, de certains principes pour les faire co-exister avec d'autres élémens et d'autres principes qui ont également pris naissance dans les besoins de la société ou dans les idées de l'époque. Ces modifications s'opèrent par voie de conciliation, ou par des transactions qui font perdre à chaque institution une partie du terrain qu'elle occupe, et la soumettent immédiatement à une autre influence. En un mot le progrès de la civilisation, le mouvement plus ou moins rapide qui la domine, change l'aspect et modifie à la longue les principes des établissemens les plus enracinés dans le sol et dans les mœurs d'une nation.

Cette conciliation par voie de transaction entre les diverses existences sociales, est la principale tâche d'un gouvernement sage; car le législateur ne crée point, il conserve seulement, et il combine avec plus ou moins de bonheur ou d'art les créations de la nature et du temps.

Mais à certaines époques de grandes commotions politiques naissent d'un bouleversement complet dans les idées des peuples. On ne s'entend plus sur rien, on méconnait les principes les plus sacrés. La liberté est invoquée à grands cris, la liberté de détruire, celle qui brandit la hache révolutionnaire et qui marche dans le sang.

Alors les peuples sont effrayés par la disparition subite de toutes les institutions qui soutenaient l'édifice de la société; ils s'étonnent au milieu du vide qu'ils ont fait, et cherchant dans leurs souvenirs incertains, les noms de ce qui a le plus frappé leur imagination dans un passé qui ne peut plus renaître, ils essaient, mais vainement, de remplacer les choses par des mots et les réalités par des formes.

Que si cependant, par une laborieuse déception, ils parviennent à rétablir pour quelque temps une vaine image du passé, la plus légère commotion, le premier souffle des troubles civils suffit pour abattre tout cet échaffaudage mal assis; l'édifice ruineux s'écroule, parce qu'il n'a aucun fondement dans les idées et les croyances générales. Aussitôt les yeux se dessillent et le petit nombre d'hommes qui se laissaient encore bercer de ces illusions, endormis dans une sécurité trompeuse, se réveillent pleins d'épouvante, en reconnaissant qu'ils avaient vécu au milieu d'un monde fantasmagorique.

Telle est l'œuvre et le résultat dernier de toutes les restaurations et quasi-restaurations; car la société ne recule jamais, et ce n'est pas en représentant par des noms et des formes sans valeur des institutions vieillies, que l'on peut retrouver la nationalité, ce qu'il y a de plus intime et de plus vital dans la raison d'un grand peuple. C'est ainsi que nous avons eu une aristocratie sans charges publiques, une monarchie sans puissance de volonté, une propriété sans hérédité ou sans force conservatrice, une religion sans clergé ou du moins sans influence reconnue dans les affaires de l'état. Nous avons vu, en un mot, toutes nos institutions mutilées par une législation qui, tout en prétendant les protéger et les accommoder aux besoins de l'époque, ne faisait guère autre chose dans la réalité qu'enregistrer leur décès.

La conciliation d'élémens contraires, leur combinaison, n'a de valeur qu'autant qu'associés avec de sages ménagemens, ils conservent leur force vitale et leur nature propre. Cette assimilation se trouve consommée à des degrés divers dans tous les états de société. Elle n'est que le développement graduel et successif de la civilisation. Mais si, par un bizarre amalgame, on place face à face et sans transitions des élémens contradictoires, de semblables modifications législatives sont des atteintes aux principes; bien loin d'édifier, on détruit en morcelant, en tronquant sans raison comme sans choix ce que la nature et le temps avaient élevé. C'est précipiter la société dans une honteuse décadence, qui produit le chaos dans la législation, l'anarchie dans les idées, la corruption dans les mœurs; c'est ruiner, par une persécution constante et sourde, tout ce qu'une nation a de noble dans les sentimens et de grand dans la raison, la rabaisser au-dessous d'elle-même pour faire triompher un despotisme uniquement fondé sur les intérêts matériels.

Cette action destructive ne s'est montrée nulle part avec autant de constance et d'audace que dans les institutions électorales; c'est que là était la lutte entre le passé et l'avenir. Le cens électoral exprimait le principe de l'hérédité, tant qu'il est demeuré assez élevé pour représenter à la chambre la grande propriété foncière; et sa combinaison avec le principe purement démocratique de l'élection mettait en présence les deux principes contraires qui régissent tout état de société, le principe de progrès et celui de conservation. Là aussi était la question de la souveraineté, le bon sens du peuple était aux prises avec les systèmes des hommes du pouvoir, et l'on ne peut contempler sans une sorte de stupeur l'acharnement prodigieux avec lequel ils ont indignement sacrifié, à toutes les époques, cette raison publique à laquelle ils se vantaient de faire un généreux appel.

On admet en principe la souveraineté de l'opinion publique; on s'accorde généralement à reconnaître que l'absolutisme ou le règne de la force a terminé sa mission, qu'il ne saurait renaître au milieu de cet élan de liberté qui entraîne tous les esprits, et avec cette facilité qu'ont les peuples modernes à s'armer pour le renversement de ce qui heurterait de front les idées reçues. Aussi chacun jette les yeux sur l'élection. On sent que c'est là que s'est réfugiée toute vitalité; mais soit timidité, soit découragement, soit faiblesse, on ose à peine s'arrêter à cette idée et y reposer ses espérances. La considération des résultats que l'élection a donnés depuis que l'opinion publique est consultée par cette voie, fait désespérer d'une ressource si hasardeuse, si pleine d'orages et de dangers; on détourne la tête avec un soupir douloureux.

II.

Les moyens donnés à l'homme pour atteindre un but proposé étant nécessairement finis, l'exercice de sa volonté se borne à choisir celui qui lui plaît ou dont il espère davantage. L'homme ne crée point, il choisit, il associe, il combine les ressources que la nature met à sa disposition. L'élection est donc le mode naturel de l'exercice de la volonté. L'élection est une préférence. Elle s'exprime dans l'ordre domestique par l'adoption, le testament, l'émancipation, et par toutes les institutions qui dérogent à l'hérédité. Dans l'ordre politique elle acquiert une haute importance et produit dans l'histoire de l'humanité les résultats les plus vastes comme les plus dignes d'observation. L'élection politique peut être définie, l'expression vraie de la volonté générale sur les questions vitales que fait naître le développement progressif des sociétés.

L'élection est l'expression de la volonté générale. Rien

de plus personnel que la volonté : l'élection est l'expression de la personnalité, de l'individualisme.

Rien de plus indépendant, de plus essentiellement libre que la volonté : l'élection est une institution de liberté.

Les lumières, les talens, les vertus ne sont pas le partage de tous les hommes; mais tous ont une volonté, tous entendent exprimer cette volonté sur les affaires qui concernent leurs intérêts les plus sérieux : l'élection est donc une institution d'égalité; elle tend à la démocratie.

L'élection est l'expression de la volonté générale, cette volonté est le résultat des volontés individuelles, selon le degré d'influence que chacune d'elles exerce sur la société; l'élection ne suppose pas nécessairement l'égalité absolue.

L'élection a sa racine dans la nature de l'homme et sa raison dans la nécessité. Son objet est un développement, un progrès; son sujet, toutes les existences sociales; son résultat, un mouvement politique, la solution d'une question d'intérêt général; son époque, une crise plus ou moins prolongée (1).

A côté de l'élection vient se placer l'hérédité, qui n'est que la transmission des fortunes et du pouvoir selon l'ordre de génération. L'élection est un principe d'agitation, de mouvement, de progrès; l'hérédité, au contraire, assied, immobilise, perpétue. En tant qu'elle transmet le pouvoir public, elle constitue ce qu'on appelle la légitimité. Dans la famille, elle produit les priviléges, les exclusions, et toutes les lois conservatrices qui se laissent ordinairement observer dans les monarchies et dans les états où la société a le plus de fixité. Au passage d'une époque à une autre époque, dans tous les grands déplacemens politiques au contraire l'élection a plus de force.

On la retrouve chez tous les peuples nomades, dans toutes ces grandes migrations celtiques qui inondèrent l'Europe. A l'origine de toutes les civilisations, on la rencontre plus ou moins déguisée sous le merveilleux des événemens et le fabuleux de l'histoire. Alors elle s'associe même avec l'absolutisme du pouvoir, et jusque dans les monarchies de la plus haute antiquité, on remarque à l'origine je ne sais quoi de vague et d'incertain qui ressemble à l'élection. Tous les corps scientifiques et littéraires dont l'objet est le progrès toujours croissant et indéfini des connaissances humaines, admettent le régime électif. Une armée, cette société mobile, envahissante par nature et par destination, ne reçoit ordinairement ses chefs que de l'élection. L'église enfin, développement de toutes les vérités morales dont elle juge la promulgation nécessaire aux progrès de l'humanité, fut à toutes les époques une société élective.

Si l'élection meut et crée, c'est l'hérédité qui perpétue et conserve. Dans l'ordre domestique les institutions d'héritiers, les adoptions, sont comme des créations de familles nouvelles; dans l'ordre politique, l'élection universellement admise dans les emplois publics et dans la transmission de la souveraineté, en est comme un rétablissement périodique. C'est un passage douloureux de la vie au néant et du néant à la vie. Une société qui ne procéderait que par voie d'élection, semblerait être toujours dans le travail de l'enfantement; ce serait comme une crise continue qui, si elle recevait une direction vicieuse ou si elle ne se rattachait pas à quelque principe de force et de conservation, pourrait devenir une mortelle agonie.

En un mot ces deux élémens ont besoin l'un de l'autre et doivent se prêter un mutuel appui. Si à certaines époques la prédominance de l'élément électif se fait seule sentir, c'est dans les grands bouleversemens politiques, dans les momens critiques des sociétés, dans ces grands déplacemens d'idées et de principes, ou de personnes et d'institutions, qui marquent le passage d'une époque à une autre époque. L'élection n'est alors que le retour de l'ordre établi à l'ordre supérieur de la Providence.

Mais dans les sociétés fixées et notamment dans toute notre civilisation européenne depuis l'établissement du christianisme, l'hérédité fut reconnue comme maxime fondamentale dans la transmission du pouvoir public et des dignités de l'état. Même dans l'ordre domestique on voit le principe héréditaire admis dans toute sa force; il ne se combine avec l'élection et ne perd de son intensité que graduellement, à mesure que la transmission qu'il s'agit de régler s'éloigne de toute connexité avec le pouvoir public, en raison de l'infériorité de rang et du peu d'importance des patrimoines. C'est que la société étant assise et fortement constituée, il suffisait de laisser au développement de ses institutions la mesure de liberté nécessaire à tout ce qui a mouvement et vie. C'est donc parce que la société marche toujours, quelqu'insensible que soit son progrès, que l'élection vient toujours, sous des formes plus ou moins déguisées et avec des noms divers, réclamer une place à côté de l'hérédité. Si l'on porte quelque attention dans l'observation de l'état social même le plus fixe, on reconnaîtra que l'élection y est rarement complètement rejetée; seulement son influence est maîtrisée par la grande loi de conservation, conformément à ce but de tout gouvernement sage : respecter les existences acquises, laisser une part convenable à celles qui surgissent naturellement.

III.

L'un ou l'autre de ces élémens, élection et hérédité, fut donc rarement admis d'une manière exclusive. Presque toujours associés et combinés ensemble, ils se manifestent constamment sous diverses formes, mais en conservant chacun leur nature propre, dans les lois qui règlent la marche et la durée de toutes les institutions sociales. Néanmoins, durant certaines périodes, l'élection acquiert un développement tellement prodigieux, que l'hérédité et toutes ses conséquences semblent momentanément anéanties, et d'autre part, cette puissance de conservation a montré, dans certaines sociétés dont l'histoire nous a conservé le souvenir, une tenacité telle, que nous avons peine à croire à leur étonnante immobilité. Or c'est précisément dans ces positions extrêmes qu'il faut observer nos deux principes, parce qu'on y reconnaît mieux leur caractère et leur nature fondamentale. Mais entre ces deux positions divergentes des sociétés, l'hérédité régissant exclusivement toutes les transmissions de fortune et de pouvoir, l'élection procédant à toutes les créations de la société et de la famille, il y a une infinité de degrés intermédiaires, de nuances, de modifications, de combinaisons diverses. C'est alors que l'on voit se dérouler le vaste tableau de toutes les civilisations, c'est-à-dire, l'histoire entière de l'humanité.

Dans l'antique Orient, où l'idée de l'infini domine partout, rien ne se dégage de la substantialité commune, pour se produire et se diversifier. Une société immobile, un gouvernement despotique, n'admettent nulle part l'élection, principe de mouvement et de progrès. Une théocratie mystérieuse, une police inflexible, une législation invariable, ni assemblées populaires, ni corps délibérans. L'hérédité régla toutes les transmissions. Les empires d'Assyrie, de Ninive et de Babylone, perpétuèrent le despotisme par voie d'hérédité, hors le cas où le souverain se choisissait lui-même un successeur. La Syrie avec ses guerres éternelles, ses nombreuses souverainetés, sa navigation et ses richesses, fut toujours soumise à la plus humiliante servitude, et au milieu des fréquens bouleversemens qu'elle eut à subir, ne connut pas d'élections régulières. L'Egypte, ce pays si policé et qui parvint à un si haut degré de puissance et de fixité, l'Egypte n'eut point d'élections, si ce n'est avant Sésostris. Encore tous les sujets n'y concouraient pas également ; les guerriers et les prêtres y étaient seuls admis, et le vote de l'un de ceux-ci équivalait au vote de plusieurs guerriers. Il pouvait, selon le rang qu'il occupait dans la hiérarchie sacerdotale, équivaloir à celui de cent guerriers (2). L'élection, lorsqu'elle se montra en Egypte, y fut donc considérablement modifiée par l'esprit général de son gouvernement, qui tendait essentiellement à l'immobilité. Tout y était héréditaire, même les professions. En Egypte comme dans l'Inde, les divisions de castes firent descendre le principe absolu de l'hérédité jusque dans le peuple. Le pontificat y fut héréditaire comme chez les Juifs, les terres inaliénables.

L'élection fut également proscrite chez ce dernier peuple; faut-il s'en étonner ? Sa théocratie, ses institutions et ses lois ne permirent jamais de remettre au peuple la puissance publique. Le grand sanhédrin, qui fut le conseil supérieur de la nation, n'était point le résultat d'une élection du peuple. L'hérédité se retrouvait au contraire partout : dans le sacerdoce exclusivement confié à certaines familles, dans l'inaliénabilité des terres, dans la loi du jubilé, dans l'interdiction des alliances et du commerce avec les nations étrangères. Sous les juges il y a bien quelques assemblées des chefs de tribus, quelques élections ; mais ces réunions eurent généralement pour cause un événement extraordinaire ; ces élections eurent le plus souvent un caractère divin. D'ailleurs la récente conquête de la Terre Promise n'avait pas encore permis à la constitution de s'asseoir. Mais jamais l'élection ne fut un mode régulier de l'exercice de la puissance publique. Aussi ce peuple parvint-il à la plus grande stabilité, et demeura, dans son isolement, comme étranger aux doctrines et aux révolutions politiques qui agitaient le reste du monde.

Si de l'Egypte nous nous transportons en Grèce, cette société si agitée, si mobile, ce théâtre de la personnalité et du fini, nous y trouvons l'élément électif dans toute sa puissance et dans son expansion la plus complète, s'exprimant dans toutes les institutions publiques, où il se combine néanmoins avec le principe de l'hérédité selon les diverses modifications du caractère national.

En Crète, berceau du paganisme, la révolution qui substitua la république à la royauté introduisit en même temps l'élection. Les dix cosmes choisis exclusivement dans quelques familles, les sénateurs élus parmi les anciens cosmes, conservèrent la représentation du principe de l'hérédité, en même temps que la démocratie exerçait toute son influence dans les assemblées générales du peuple, où il ne paraît pas que le droit de vote ait été soumis à la nécessité d'aucun cens. Il y avait donc là une sorte d'aristocratie ou même d'oligarchie élective, et ce fut l'élément religieux associé aux habitudes de la guerre et de la navigation qui produisit ces tempéramens dans le principe électoral. Sparte, qui fut aussi un peuple guerrier et religieux, offre avec la Crète de grandes similitudes. Ennemis du commerce et de tout envahissement, mais amis de la liberté et d'une égalité rigoureuse, les Spartiates durent tempérer l'action de l'élément électif par la conservation de l'hérédité dans le gouvernement et dans les lois. Il suffit d'avoir 30 ans et de fournir sa part aux repas communs pour pouvoir exprimer son vote dans les assemblées générales; les terres furent également distribuées à tous les citoyens, l'entrée au sénat fut accordée à l'élection dont le mode était singulier et presque puéril (3), mais la conservation d'une double royauté héréditaire, la difficulté des échanges et le poids des monnaies, les lois restrictives de l'aliénation des terres, consacraient encore l'hérédité, qui fut enfin ruinée complètement par le principe électif représenté dans l'éphorie, après que les envahissemens audacieux de cette oligarchie démocratique, à laquelle tous les citoyens pouvaient parvenir, eurent absorbé la puissance de la royauté et du sénat.

Mais Athènes, cité si populaire, si agitée, si mobile; Athènes qui couvrit les mers de ses vaisseaux, peupla l'Asie-Mineure de ses colonies, exerça long-temps une prééminence orageuse sur toute la Grèce; Athènes qui subit toutes les fureurs de la démocratie, toutes les bizarreries de la fortune, toutes les conséquences d'un gouvernement sans stabilité et d'une liberté sans frein; Athènes fut par excellence le théâtre de l'élément électif. Il y atteignit la plus haute puissance, le plus extrême développement. Il y fut poussé jusqu'à une sorte d'excès destructif de sa nature même, lorsqu'il fit soumettre aux chances du sort la nomination à toutes les magistratures et limiter à quelques mois, quelques jours, un seul jour même, l'exercice de certaines fonctions publiques. Jamais peuple ne poussa plus loin l'inquiétude et la défiance envers les hommes du pouvoir. Le sort remplit les magistratures, le nombre décida des affaires de l'état.

Le monde romain, comme le monde grec, enta la civilisation de l'Asie sur d'anciennes migrations celtiques; comme celui-ci, il allia l'amour de l'indépendance, l'esprit guerrier, l'habitude des assemblées populaires avec les arts, la religion, les lois, les institutions fortes et héréditaires de la civilisation orientale. Il combina aussi le principe de l'hérédité avec celui de l'élection; mais sous la république l'élection domina toujours. Rome guerrière et envahissante, agitée par les discordes civiles et soumise à l'influence presque toujours victorieuse de la démocratie, devait donner beaucoup d'extension au principe électif. L'hérédité y demeura cependant fortement représentée dans la législation successorale, dans la noblesse patricienne, dans l'ascendant si puissant du sénat; mais l'élection n'en disposa pas moins des premières charges, et l'assemblée du peuple par tribus, c'est-à-dire, sans aucun privilége fondé sur la propriété, finit par exercer, concurremment avec le sénat, le pouvoir législatif. Enfin l'élection se perdit avec la liberté, et les empereurs, qui firent passer au sénat toute la puissance du peuple, ne laissèrent bientôt à ce corps illustre qu'un souvenir dérisoire de son ancienne puissance.

On observe constamment dans l'élection telle qu'elle fut admise par les républiques anciennes la publicité des votes, la longueur des délibérations, la fréquence et souvent la permanence des assemblées, la classification suivant un certain cens, ordinairement fondé sur le revenu des propriétés immobilières, enfin l'obligation pour tout citoyen d'assister aux assemblées du peuple.

L'élection, chez les anciens, eut un caractère bien différent de celui qu'elle a acquis de nos jours. Le peuple des républiques s'assemblait pour nommer aux fonctions publiques et élire ses magistrats, mais ce n'était là qu'un des nombreux objets soumis à ses délibérations. Il réglait aussi les affaires de l'état tant à l'intérieur qu'à l'extérieur, accomplissait les rits de la religion, jugeait ses concitoyens, se faisait rendre compte de l'exercice des magistratures, prononçait souverainement et d'une manière directe sur toutes les questions d'intérêt public, en un mot il exerçait un véritable pouvoir administratif. De là la nécessité d'une discussion libre et complète sur toutes les affaires publiques, et par suite ces convocations fréquentes du peuple, ces séances si longues et si orageuses; de là encore la publicité des votes qui s'exprimaient souvent par les cris et les applaudissemens qu'excitait l'orateur, ou par quelque signe extérieur et ostensible, comme en levant la main, en passant de tel ou tel côté; de là enfin l'obligation d'assister et de prendre part aux assemblées du peuple, obligation sanctionnée tantôt par des récompenses et des distributions publiques, tantôt par des peines assez sévères. Le vote n'était pas seulement un droit, mais un devoir impérieux, et chaque citoyen était investi d'une sorte de magistrature qu'il ne pouvait abdiquer sans encourir l'animadversion des lois. Certes il y avait loin de là à cette consultation consciencieuse et calme de l'opinion publique que les peuples modernes voient dans l'élection. Ce n'était pas, comme chez nous, une haute question politique adressée, dans les temps difficiles, par les gouvernans aux gouvernés. En un mot, chez les anciens le peuple administrait directement les affaires publiques, chez nous il s'occupe uniquement de constituer le pouvoir qui doit en surveiller et en régler la direction. Les discussions interminables, les débats tumultueux, les assemblées orageuses des places publiques ont disparu, et dès-lors plus de raisons de conserver la publicité des votes, dont le secret est exigé au contraire par ce violent désir d'indépendance personnelle, cet individualisme absolu qui est le fond de l'élection.

Les mêmes considérations expliquent pourquoi les citoyens furent classés suivant un certain cens électoral, et comment on se vit obligé d'accorder en général une plus grande part d'influence à ceux qui possédaient un revenu plus élevé, en comptant les votes par classes. On ne pouvait abandonner le pouvoir à la multitude sans s'exposer aux derniers excès. Il était nécessaire que la dernière classe, celle des prolétaires, infiniment plus nombreuse que les autres, qui n'avait aucun intérêt à la conservation de l'ordre et ne pouvait au contraire que gagner aux discordes civiles, fût réduite à une très-petite influence sur le résultat général du scrutin. En agir autrement eût été évidemment établir une égalité absolue et de fait entre tous les citoyens. Cette égalité étant inconciliable avec l'existence de l'état social, fut bannie avec raison des républiques les plus librement constituées. Mais aujourd'hui ce n'est plus à l'exercice direct de la puissance publique que le peuple se voit appelé à l'élection ; ce qu'on lui demande n'est pas une opinion raisonnée sur des questions de législation ou de politique au-dessus de sa portée, mais uniquement ce qu'il pense des hommes qui vivent dans son sein, l'estime dont il les croit dignes, le degré de confiance qu'il leur accorde, sa foi en leurs vertus, leurs lumières, leurs talens. En un mot, notre élection n'est que la raison de chaque individu, consultée dans un ordre de choses et d'idées sur lequel tous sont aptes à prononcer en connaissance de cause, et le résultat de la décision est la création du pouvoir constitutif et non l'exercice de l'administration suprême. On sent tout ce qu'une telle différence de position doit mettre de distance entre les règles et le mode de délibérations du peuple dans l'antiquité, et nos systèmes électoraux modernes. Puis viennent les différences de nos idées d'avec celles des anciens sur la puissance publique et le droit en général. Ils ramenaient violemment tous les droits à celui de propriété. Leurs idées sur le pouvoir, *jus personæ in personum*, étaient fausses ou incomplètes. La propriété fut le droit par excellence, celui qui comprenait tous les autres. La constitution de la famille, les lois successorales, l'esclavage, reposaient également sur la propriété. Il n'est pas étonnant qu'ils prissent pour unique base du classement des citoyens un droit qui avait des effets si exorbitans dans l'état civil et dans toute la législation. Mais l'excessive mobilité des fortunes, la puissance des influences morales dont les nuances si variées ont leurs racines dans le christianisme, l'odieux que nous attachons à toute délimitation de la personnalité purement arbitraire et positive, rendent presque impossibles de nos jours ces dures classifications de personnes admises dans les républiques anciennes les mieux ordonnées, et plus on y réfléchit, mieux on demeure convaincu que le cens électoral n'est pas aussi nécessaire qu'il le fut dans l'antiquité; qu'il ne produit pas les mêmes effets, et que son introduction comme condition électorale tient à d'autres causes et se rattache à des faits antérieurs d'un ordre tout différent (4).

IV.

Dans l'Orient et dans tous les vastes empires de la première antiquité, nous avons vu le principe héréditaire seul consacré dans les institutions. L'élection populaire y fut totalement inconnue. Dans le monde grec et romain, théâtre du fini et de la personnalité, l'élection acquit de larges développemens, elle devint toute puissante, et, assise dans les dernières classes de la société, elle disposa en souveraine des affaires publiques et du pouvoir. C'est le règne de l'élément électif. Notre Europe chrétienne va nous offrir un spectacle tout différent. Ici comme dans toutes ses institutions, elle produit l'harmonie du fini avec l'infini. En réalisant ces deux idées, elle les confond dans une unité majestueuse. Elle unit le mouvement à la stabilité, le progrès à la force de conservation. L'hérédité ne sera plus comme dans l'immobile Orient, le mode universel de transmission. L'élection ne sera pas, comme dans les républiques anciennes, un élément purement démocratique, exerçant son omnipotence au milieu d'agitations perpétuelles. Nous la verrons, sagement alliée à l'hérédité, devenir le partage exclusif des sommités sociales, des hommes dont la fortune, la naissance, les magistratures garantissent le respect à l'ordre établi. On ne rencontre plus l'élément électoral séparé de ces conditions, il n'appartient plus qu'aux existences acquises, et c'est par là qu'il est contenu dans les limites que ne lui permettait pas de dépasser le développement constant, mais lent et successif, de toutes les institutions publiques.

En s'écroulant, l'empire romain avait laissé subsister les institutions municipales qu'il avait établies partout (5). Vinrent ensuite les migrations des peuples barbares, qui connurent l'élection et en firent un fréquent usage. Ces peuples apportèrent en Europe l'habitude des assemblées délibérantes, des idées d'égalité et de liberté qui sont au fonds du caractère germanique (6). Leur invasion fut l'époque d'un mouvement immense, d'une migration physique et morale tout à la fois. Leurs habitudes nomades et guerrières appelaient d'ailleurs l'élection dans un état de société nécessairement mobile et imparfait.

La féodalité vint étouffer ces institutions libérales. La féodalité est de tous les régimes celui où l'hérédité a le plus de force, où elle est le plus exclusivement dominante. On sait assez combien les institutions féodales qui couvraient l'Europe au moyen âge, furent contraires à la liberté, à l'égalité, au progrès, et par conséquent ennemies de l'élection. Elles reposaient uniquement sur le privilège, tant dans la transmission des patrimoines que dans la distribution des emplois et des honneurs. L'hérédité était leur caractère tellement distinctif, que la liberté des alliances mêmes fut soumise à de sévères prohibitions. Tout fléchissait devant l'inflexible nécessité de perpétuer le service attaché au fief, service qui était regardé comme essentiellement d'ordre public.

L'église conserva le principe électif au sein de la féodalité et le vivifia de nouveau dans la société européenne. L'élection des évêques, à la fois premiers magistrats, accoutuma les peuples à se regarder comme dépositaires d'un pouvoir constituant, d'une sorte de souveraineté;

et c'est de l'Italie que partit, au douzième siècle, le mouvement de liberté qui détruisit le régime féodal.

La Lombardie vit se développer l'esprit du républicanisme avec une énergie qui rappelle les temps antiques. Il y produisit de sanglantes réactions et s'y éteignit dans le treizième siècle. Venise, Gênes, Florence admirent le principe de l'élection concurremment avec celui de l'hérédité, et leurs constitutions orageuses offrent l'image d'une lutte constante entre ces deux élémens contraires, représentés par l'aristocratie et le peuple. Florence notamment fournit l'exemple d'un développement très-prononcé de l'élection populaire. On observe avec étonnement, au treizième siècle, une souveraine magistrature confiée à six prieurs élus pour deux mois et tirés des six quartiers de la ville. On finit même au commencement du quatorzième, par confier au sort le choix des citoyens portés sur des listes comme susceptibles d'être investis des premières magistratures.

Les Goths, comme tous les Barbares qui s'établirent en Europe par voie de migration, eurent une royauté élective et des assemblées nationales. Dans les petits royaumes chrétiens qui s'élevèrent en Espagne après le renversement de leur monarchie, on vit des assemblées délibérantes désignées sous le nom de conciles et des monarques élus par les grands de la nation. L'histoire a même conservé comme un monument remarquable la formule d'élection du roi d'Aragon : « Nous qui sommes autant que vous et qui pouvons plus que vous, disaient les fiers barons, nous vous choisissons pour notre roi et seigneur, à condition que vous respecterez nos lois et nos privilèges; sinon, non. » L'élément électoral avait acquis un développement assez large dans les cortès, lorsque cette institution fut détruite par Charles Quint. De la tyrannie féodale et d'un gouvernement absolu, l'Espagne avait marché vers la liberté et la civilisation. Elle retombe de nouveau sous le despotisme et reste étrangère au mouvement général de l'Europe. Aussitôt l'élection y est étouffée, la noblesse et le clergé cessent d'être appelés aux cortès, qui ne se composent plus que des représentans des dix-huit villes au nombre de trente-six.

En Russie, gouvernement despotique, point d'élection. En Danemarck, en Norwège, pas d'élection, ou élection réservée uniquement aux fonctionnaires publics et aux grands propriétaires. La Suède a toujours consacré le principe de l'élection dans les diètes et états-généraux. Il perd toute son influence sous Charles XII, monarque absolu, et se ranime à sa mort.

La Pologne, terre de servitude et de féodalité, ne connut proprement l'élection que dans ces derniers temps, où elle reçut une charte qui accordait aux nobles propriétaires et aux communes la participation à la nomination aux conseils supérieurs et aux emplois d'administration par voie d'élection. Dans les Iles Ioniennes, qui n'avaient qu'une aristocratie sans royauté, l'élection disposa seule de tous les emplois, mais cette élection appartint exclusivement à la noblesse.

On attribue à des causes particulières la transmission élective de la couronne impériale en Allemagne. Quoi qu'il en soit, c'était dans une assemblée des grands de la nation que l'élection et le couronnement avaient lieu. Le peuple donnait une espèce de sanction solennelle au choix de l'assemblée par ses acclamations, acclamations qui furent, jusqu'à Conrad III, consignées dans les actes d'élection.

Les institutions féodales et la servitude se sont longtemps conservées en Allemagne. L'élection qui s'y montre dans les diètes ou états-généraux était exclusivement dévolue aux plus hautes sommités sociales. Les prélats, les seigneurs, quelques villes privilégiées y figuraient seuls jusqu'aux événemens politiques amenés par la révolution française, qui imposèrent aux différentes parties de ce vaste territoire, des constitutions plus ou moins libérales, dans lesquelles l'élection était associée au principe héréditaire représenté par la propriété.

En Suisse, la prodigieuse variété du climat, les caractères différens et les influences contraires des nations limitrophes, l'amour de la liberté et de l'indépendance ont produit dans l'état public une grande diversité de formes, et une foule de modifications diverses dans le système électoral. Certains cantons sont une pure démocratie, dans ceux-ci l'aristocratie domine, d'autres enfin sont un mélange diversement gradué d'aristocratie et de démocratie.

Il en était de même des provinces unies avant qu'elles eussent été réunies et constituées en royaumes indépendans. Ce pays, où l'esprit commercial acquit une si étonnante activité, était comme la Suisse un gouvernement fédératif, et admettait, comme celle-ci, la plus grande diversité dans les bases du système électoral. En Frise, par exemple, un petit champ avec une maison ayant cheminée donnait droit au possesseur d'entrer à l'assemblée des états et d'y voter, tandis qu'en Over Yssel, pour avoir entrée aux assemblées générales, un gentilhomme était tenu de justifier d'une propriété immobilière de plus de 25,000 florins.

Une puissante aristocratie domine en Angleterre. La

royauté, la noblesse, la législation successorale y maintiennent par leur fixité le principe de l'hérédité dans toute sa force, et néanmoins la grande mobilité de la constitution, dans certaines de ses parties, rend hommage à l'élément électoral, si populaire d'ailleurs et le plus souvent si tumultueux. Nul ne peut siéger à la chambre des communes s'il n'a un revenu annuel de 600 l. pour un chevalier de comté, de 300 l. pour un citoyen bourgeois ou baron des 5 ports.

En France enfin, jusqu'à Hugues Capet, au dixième siècle, la couronne fut à la fois héréditaire et élective : héréditaire, en ce que le roi était choisi dans la même race; élective, parce que ce choix se faisait entre les enfans du monarque qui venait d'expirer (7).

Ce fut principalement avec la renaissance des communes que le principe de l'élection reprit une nouvelle vigueur. Au nombre des droits stipulés dans les chartes, toujours se trouve le droit d'élire les magistrats. À cette époque l'Europe fit un pas immense vers la liberté. On s'efforçait de s'arracher à la féodalité, soit en achetant pour de grosses sommes l'exemption des assujétissemens onéreux qu'elle prescrivait, soit en repoussant par la force les vaines tentatives que firent les seigneurs pour maintenir leur puissance. Cette crise remarquable dut avoir pour résultat d'asseoir sur des bases plus larges le principe électif. Aussi ce fut à la même époque, l'an 1301, que le tiers-état commença d'être représenté aux états-généraux.

On sait assez que jusqu'en 89 il y eut en France, et notamment dans les circonstances critiques, des tenues d'états-généraux formés des trois ordres de la nation. En vertu de lettres de cachet, les sénéchaux et les baillis faisaient tenir trois assemblées dans leurs sénéchaussées ou leurs baillages respectifs, une du clergé, une de la noblesse et une du tiers-état. Chacune de ces assemblées nommait des députés qui se rendaient au lieu désigné pour l'assemblée générale.

L'élection n'appartenait guère alors qu'aux notabilités. La division de la nation en plusieurs ordres, la hiérarchie de ces ordres, les corporations, les priviléges accordés à certaines dignités, à certaines personnes même, de siéger aux états-généraux, tout cela neutralisait la tendance démocratique de l'élément électif. L'élection n'appartenait en réalité qu'aux sommités sociales; elle était toujours fortement enchaînée au principe de l'hérédité, et c'est cette alliance intime et constante qui forme un des traits distinctifs de notre vieille civilisation européenne (8).

Mais la révolution, dont les résultats gigantesques ont bouleversé le monde, donna une nouvelle impulsion aux institutions électorales, et leur imprima un caractère et une direction qu'elles n'avaient point eus jusque-là. Destruction complète de l'hérédité, ou si après le premier ébranlement on revient à des idées moins rigoureuses, la propriété seule et un cens assez peu élevé représentent cet élément. Puis, élection par mandataires, c'est-à-dire, élection d'élection ou représentation, idée toute moderne sous les formes du moins qu'elle revêt aujourd'hui. C'était un premier pas vers la libre hiérarchie des influences, expression fondamentale de toute société intellectuelle (9).

Il est aisé de sentir que ce changement radical dans la nature de l'élection était devenu inévitable. Tout l'ancien ordre de choses renversé et proscrit sans retour, par conséquent plus d'hérédité. L'hérédité n'est que la conservation. Un élan prodigieux de liberté, l'introduction d'une foule d'idées nouvelles, l'entraînement irrésistible des opinions régnantes ne permettaient pas de chercher autre chose dans l'élection que l'expression de ces opinions mêmes, c'est-à-dire, l'état des intelligences. C'était donc l'image d'une société intellectuelle abstractivement à tout fait antérieur, que l'on devait obtenir. Aussi la législation rechercha l'expression libre et complète des opinions individuelles en tant qu'elles forment l'esprit public. Tel fut le but vers lequel elle marcha, avec des aberrations bien graves, sans doute, mais enfin avec une force de volonté et une rigueur de moyens qu'il est impossible de méconnaître.

Il ne s'agit pas de chicaner ici sur des faits individuels ou sur des erreurs d'application qui ont leur source, soit dans les obstacles que dut rencontrer un système aussi nouveau, soit dans l'ignorance où furent peut-être les législateurs eux-mêmes du grand résultat vers lequel ils marchaient. Il s'agit d'apprécier la tendance générale, le véritable esprit de cette multitude de constitutions diverses, qui ont inondé depuis cette époque la France et l'Europe entière. N'ont-elles pas toutes pour objet immédiat de rechercher et d'exprimer la volonté générale, de la manifester hautement, d'en proclamer la toute-puissance ? Ce n'est point l'opinion de telle ou telle classe privilégiée qu'elles reconnaissent pour souveraine ; tout a été nivelé : on ne tient aucun compte des faits sociaux antérieurs, mais bien l'opinion de la nation, des masses, du peuple enfin, sans privilège exclusif comme sans distinction entre les diverses conditions sociales.

Un pareil système ne proscrit aucune influence légitime, ne détruit aucune existence acquise. Il a commencé par la proclamation de l'égalité absolue parce qu'une idée qui fait époque va toujours au-delà de son but, mais il ne suppose nullement cette égalité. Le système électoral moderne admet au contraire toutes les influences, en tant qu'elles exercent leur empire sur la société sans violence, sans contrainte, sans fraude, par une action toute morale, libre et naturelle. Avant de suivre l'élection sur ce terrain, nous devons nous arrêter sur quelques-unes de ses phases historiques en particulier et observer ses développemens les plus remarquables.

NOTES.

(1) « La liberté, dit M. Stahl, tom 1ᵉʳ, page 20, consiste
« directement à n'être déterminé par aucun être. L'idée
« positive de liberté est que cet être propre qui n'est
« déterminé par aucun autre soit aussi créateur, c'est-
« à-dire, qu'une élection infinie lui compète. »

« Avec l'idée de liberté se présente nécessairement à
« l'esprit celle de choix qui en est inséparable. Personne
« ne saurait appeler libre celui qui n'a aucun choix, et
« la première idée que l'on se fait de la liberté en elle-
« même est toujours celle d'avoir un choix. Tout esprit
« non prévenu sent cette vérité. Liberté est choix,
« mais choix sans bornes, duquel se déduit l'idée de
« choix limité; elle est le choix créateur, celui-ci la
« désignation spécifique. »

» L'élection est l'idée positive de liberté, l'indépen-
« dance son idée négative. La liberté qui détruit procla-
« me l'indépendance et celle qui restaure et qui crée,
« développe le principe électoral. »

Ibid., page 25. « On doit reconnaître le choix comme
« constituant absolument la nature de la liberté, non le
« choix entre le bien et le mal, car ce choix ne subsiste
« pas en Dieu et est en opposition avec la liberté, mais
« le choix illimité, le choix créateur. »

Ibid., page 31. « Point de liberté sans détermination
« de l'être, point de liberté sans sens intime; or la liberté

« n'est ni la détermination de l'être, ni le sens intime,
« mais elle est le choix, telle est son idée. »

(2) « En Egypte, dit M. Pastoret, jamais le trône
« ne fut électif. S'il le fut à quelqu'époque de leur his-
« toire, ce fut avant Sésostris. Cette élection se faisait
« avec une grande solennité, non loin du Nil, sur une
« montagne sacrée. Tous les sujets n'y concouraient pas,
« mais uniquement les guerriers et les prêtres. »

« Les soldats exprimaient leur vœu en élevant la main ;
« les prêtres beaucoup moins nombreux donnaient un
« suffrage : ce suffrage équivalait à une quantité plus ou
« moins grande de mains levées proportionnellement au
« rang que le votant occupait dans la hiérarchie sacer-
« dotale ; il pouvait, suivant Sinesius, équivaloir même
« quelquefois à celui de cent guerriers. »

(3) Plutarque décrit la forme de l'élection des sénateurs à Sparte. « Le peuple réuni enfermait des hommes
« choisis dans une maison voisine ; ils ne pouvaient ni
« voir ni être vus ; ils entendaient seulement le bruit
« de l'assemblée qui en cette occasion comme en toutes
« les autres exprimait son suffrage par des cris. On
« faisait venir ensuite les candidats dans un ordre réglé
« par le sort. Ils passaient en silence ; les hommes en-
« fermés marquaient sur des tablettes les acclamations
« accordées chaque fois, en les désignant par cet ordre
« même, le 1.er, le 2.e, le 3.e Celui qui avait obtenu le
« plus de voix était sénateur. »

(4) « Les anciens peuples, en particulier les Romains,
« n'avaient pas d'idée de ce principe, qu'un petit nombre
« peut être l'organe de toute une nation, parler et pen-
« ser pour elle, ou que des milliers d'hommes puissent
« être représentés par un seul, qui, réuni aux autres
« représentans, décide par ses seules lumières et sa cons-
« cience. Comment eût-il été possible sans le grand moyen
« de la publicité, sans la presse, de mettre les repré-
« sentans, notamment dans un état nombreux, en
« rapport avec leurs commettans et d'imposer par là
« aux premiers le fardeau de la responsabilité. BRENDEL. »

(5) « Tous les peuples scythes et celtes avaient an-
« ciennement le même amour pour la liberté, quoi-

« qu'elle se soit maintenue dans le nord plus long-temps
« que dans les provinces méridionales de l'Europe. L'on
« prouvera en parlant de la forme de leur gouverne-
« ment, qu'ils avaient une idée juste de la liberté et
« qu'ils ne la faisaient pas consister dans une indépen-
« dance absolue.

« Mais les Celtes étaient dans l'idée qu'un peuple libre
« doit avoir lui-même le droit de choisir ses magistrats
« et de leur prescrire les lois par lesquelles il veut être
« gouverné. Aussi leurs princes n'étaient pas revêtus
« d'une autorité souveraine et illimitée. Le particulier
« dépendait du magistrat et le magistrat de l'assemblée
« générale qui l'avait établi et qui se réservait toujours
« le droit de lui demander compte de sa conduite, de
« réformer et d'annuler ses jugemens et de le destituer
« lui-même, lorsqu'il abusait de son autorité ou qu'il
« se montrait incapable d'exercer l'emploi dont il était
« revêtu. »

(6) « Il est remarquable qu'on trouve également chez
« les Gaulois et chez les Francs l'antique usage de ces
« grandes assemblées où la nation était appelée à déli-
« bérer de ses plus importantes affaires et exerçait une
« haute souveraineté, mais on le comprend facilement
« quand on se rappelle que ces deux nations n'avaient été
« probablement dans leur état primitif que deux branches
« de la grande tige celtique. »

(7) Trois idées coexistent dans le mode de succession
admis à l'origine de la dynastie française : l'élection, la
transmission selon le sang, l'égalité de partage.

Pendant la première race, la couronne n'avait été portée que par les descendans de Clovis, sans droit d'aînesse
ni distinction entre les légitimes et les bâtards et avec
partage. Ce n'est que sous la troisième race que ce droit
héréditaire devint indépendant de la volonté des rois et
appartint invariablement à l'aîné.

A Pépin commença l'intervention du pouvoir religieux
par la cérémonie du sacre. En même temps le pouvoir
civil semble prendre un nouveau caractère.

(8) « Je ne crois pas qu'il y ait en Europe de sou-
« veraineté parfaitement absolue en principe dans notre

« société moderne. Toujours quelques limites furent po-
« sées à l'action du sceptre, toujours quelques devoirs
« furent prescrits comme condition à celui dont on pro-
« clamait l'autorité. Les synodes ecclésiastiques, les li-
« gues des barons, les corps des cités, les assemblées
« d'états qui ont existé partout, quelquefois conjointe-
« ment, démontrent la vérité de cette assertion. Le sacre
« et le serment en sont un témoignage manifeste. »

ORIGINES DES PEUPLES.

Quand on contemple les origines des nations et qu'on cherche à soulever le voile mystérieux qui les enveloppe, le premier rayon de lumière qui frappe l'observateur, tombe toujours sur un de ces êtres surhumains, honorés comme des dieux, qui ont apporté aux hommes les premiers arts de la civilisation. C'est, en étudiant les législations anciennes du moins, le trait fondamental et commun qui précède leur histoire. Les migrations, les guerres, les divisions par tribus ne viennent qu'ensuite ou se rattachent directement à ce personnage mythologique.

« Presque tous les peuples, dit M. Pastoret, ont ainsi
« rapporté à un seul homme l'invention de tous les arts ;
« il réunit les hommes en société ; il fonde les villes ; il
« fait connaître et honorer les dieux; il divise et mesure les
« champs, apprend à les cultiver ; il ouvre les canaux,
« partage et fixe l'année; il apporte des remèdes salutaires;
« quelquefois il est autochtone, plus souvent il est venu
« par mer, toujours il est l'ami et l'envoyé du ciel, tou-
« jours d'une race au-dessus de la race humaine. »

A cette apparition phénoménale qui s'observe à la naissance des sociétés, succède immédiatement la division par tribus. C'est le premier rudiment de l'organisation politique, la forme primordiale qui enveloppe un ordre social naissant et marchant à un progrès ultérieur

C'est ordinairement à cet état que se trouvent les peuples émigrans, nomades, livrés à des guerres perpétuelles. Le partage des terres, l'idée de propriété fixe, les lois successorales, les maximes du droit public qui deviennent le fond de la constitution de l'état ne se montrent qu'après cette période, lorsque le peuple s'est établi et a fixé sa demeure dans les contrées par lui occupées ou conquises.

Quelquefois ces états successifs ne se laissent pas tous observer et l'un d'eux manque. C'est ainsi que de l'état de famille la plupart des nations de l'Asie ont passé immédiatement à l'état public, qui chez elles n'est que la famille développée et ne s'est guère élevée au-dessus de l'ordre domestique. C'est encore le cas de plusieurs peuples modernes de l'Europe qui n'offrent aucun souvenir historique antérieur à l'état de migration.

M. Hugo a distingué quatre degrés successifs de formations dans l'homme social : chasseur, nomade, laboureur, industriel. Tous les peuples, dit-il, ont parcouru, sous un nom ou sous un autre, tous les degrés inférieurs à celui qu'ils occupent, à l'exception quelquefois du second. Le degré supérieur de formation conserve toujours quelque chose des degrés inférieurs. Les inférieurs n'ont point de pressentiment des supérieurs.

A l'origine l'idée de propriété se trouve presque toujours confondue avec celle du pouvoir, et le prétendu état de nature est ce qu'il y a de plus contraire au droit naturel. Car depuis la déchéance de l'homme, l'ordre intellectuel et l'empire du fait sont tellement scindés, que ce n'est que par un laborieux effort qu'il parvient à rétablir une image d'ordre sous le nom de société ; le droit n'est que le résultat écrit de cet effort et l'enveloppe extérieure de l'organisme social.

Le caractère le plus prononcé des lois qui appartiennent à l'époque du premier établissement d'une grande nation, établissement qui suit la crise de migration où l'état de peuple nomade, est l'esprit de conservation. Il s'agit après le partage des terres entre les familles et les tribus de conserver l'égalité établie par ce partage, égalité sur laquelle repose la constitution politique et la conservation des patrimoines. De là les priviléges, les exclusions, les retours contraires au droit naturel que l'on observe à cette période dans toutes les législations successorales. Cette législation n'est proprement alors que l'ensemble des règles les plus propres à conserver l'état auquel une nation est parvenue par son passage à la civilisation ou à une civilisation plus avancée.

Trois élémens principaux influent sur la manière dont se constitue le gouvernement d'un peuple : 1° ses habitudes, s'il est agriculteur, industriel, marin, guerrier, sa religion, ses lumières; 2° sa position physique, le montagnard aime la liberté, l'habitant des plaines se familiarise mieux avec la force et la perpétuité du pouvoir, l'habitant des côtes s'arrange mieux de l'oligarchie, le climat, la nature du sol; 3° son origine, s'il doit ses établissemens au développement lent et successif de sa fécondité naturelle ou à la conquête ou à l'occupation, s'il descend d'un peuple agriculteur, pasteur ou nomade. Une foule de causes particulières, comme le mélange de plusieurs peuples, l'introduction de nouvelles idées religieuses, certaines révolutions morales viennent se joindre à ces divisions principales, et il est indispensable de tenir compte de leur influence dans l'histoire des institutions civiles.

ATHÈNES.

La Grèce qui, par sa situation, son commerce, ses nombreuses divisions politiques, sa navigation, n'était que mouvement et vie; qui d'ailleurs ne fut à son origine que l'association des tribus celtiques, nomades, belliqueuses, indépendantes, avec quelques colonies égyptiennes qui lui apportèrent les arts, le culte et les formes des états de l'Orient; la Grèce, dont Athènes était la fleur en quelque sorte et la vive expression, nous offre un développement frappant de l'élément électoral poussé jusqu'à sa dernière puissance, jusqu'à s'abdiquer soi-même pour se transformer en un aveugle hasard. Il serait d'un haut intérêt de suivre pas à pas dans l'histoire les efforts de l'individualisme se dégageant successivement des institutions orientales qui lui avaient été primitivement imposées pour atteindre dans la famille et dans l'état l'expression qui lui convient. Ce travail de développement se fit sentir d'une manière en quelque sorte continue dans toutes les parties de l'organisme social à la fois, mais, plus particulièrement, dans les lois qui réglaient la famille et la transmission des biens. Nous n'avons à l'observer ici que sous le rapport politique.

Dès l'origine, le pouvoir royal s'affaiblit par la création

d'un conseil public, la cession du pontificat, la division du peuple en tribus et une foule d'autres concessions. On le voit se transmettre d'une manière peu certaine, puis se perdre, quelques règnes après Thésée, dans l'archontat perpétuel. L'archontat perpétuel, déféré héréditairement aux descendans de Medon, fils aîné de Codrus, prit fin au milieu du huitième siècle, avant l'ère chrétienne, pour faire place à l'archontat décennal qui dura jusqu'en 684. Ce fut quatre-vingt-dix ans après que Solon donna ses lois.

Solon diminua l'autorité des archontes en augmentant le pouvoir des assemblées du peuple; il la limita par la formation d'un nouveau sénat et les nouvelles attributions données à l'aréopage.

Il institua le conseil des 400 dont les membres étaient élus pour une année. A l'expiration de leur magistrature, on en élisait d'autres pour le même terme. Le *sort* les désignait tous.

« Athènes avait 4 tribus dont chacune devait fournir
« cent membres au nouveau sénat. Quand Clisthènes, 86
« ans après, eut porté à 10 les tribus, le conseil devint
« de 500, chacune en donnant 50. Les sénateurs d'abord
« élus par les suffrages furent ensuite élus par le *sort*. Le
« tirage se faisait dans les derniers jours de l'année; une
« parfaite égalité régnait entre les dix tribus; *alternati-*
« *vement* elles présidaient le sénat tout entier. Le *sort* régla
« pareillement l'ordre dans lequel elles seraient placées;
« trente ans furent l'âge nécessaire pour être éligible au
« conseil des cinq-cents. On appela prytanes les élus de
« la tribu qui présidait; l'espace de temps pendant lequel
« durait cette puissance fut appelé prytanie. »

« Le *sort* ne déterminait pas seulement dans quel ordre

« elle aurait lieu, il déterminait aussi quel serait le chef
« des cinquante citoyens placés trente-cinq jours à la
« tête du sénat. Les cinquante prytanes se partagèrent en
« classes de dix. Sur ces dix qu'on nomma proèdres, le
« *sort* en indiqua sept qui présidaient chacun à leur tour
« pendant la semaine. Ce chef désigné par le nom d'épis-
« tate ne jouissait pas long-temps de son autorité; chaque
« jour en amenait un *nouveau* et on ne pouvait l'être
« qu'une fois. La défiance du peuple envers les magistrats
« ne s'est jamais montrée avec plus d'inquiétude. L'épis-
« tate était pendant la courte durée de son éminente di-
« gnité, le dépositaire du sceau de l'état et le gardien des
« archives nationales. Il avait seul en son pouvoir les
« clefs du trésor public de la citadelle d'Athènes (1). »

NOTES.

(1) Ce n'est pas seulement dans le monde grec que la distribution de certains emplois publics fut conférée au sort. L'histoire nous apprend qu'à Rome ce mode d'élection fut quelquefois en usage ; le sort y disposait des places d'écrivains dans le trésor public. A Berne, les bail-lages étaient tirés au sort dans un certain ordre entre les membres du grand conseil. Dans toutes les autres places électives, le tribunal votant était réduit aux deux tiers au moyen de boules de diverses couleurs afin que quelque chose fût laissé au sort. A Basle, presque toutes les places, même celles de professeur à l'université, étaient tirées au sort entre les candidats. A Fribourg, le tirage au sort eut pareillement lieu pour beaucoup de places : on votait par petites boules dans différentes boîtes juxta-posées dont chacune portait le nom d'un candidat, mais n'avait point de séparation à l'intérieur. Ces boîtes étaient remuées plusieurs fois, puis ouvertes et le candidat dans la boîte duquel se trouvait le plus de voix était élu.

DÉVELOPPEMENT REMARQUABLE.

DE L'ÉLÉMENT ELECTORAL DANS LA GRANDE-BRETAGNE AU NEUVIÈME SIÈCLE.

En Angleterre, après l'invasion des Saxons, qui se fondirent avec les vaincus pour faire avec eux un seul peuple auquel Alfred-le-Grand donna des lois, l'élément électoral revêtit des formes analogues à celles que l'on observe à l'origine de la plupart des peuples germaniques. Au 9ᵉ siècle la population de ce royaume était encore en état de migration, ou dans cet état de crise où, divisée en tribus, elle semble toujours prête à se mettre en marche pour entreprendre des expéditions militaires, et qui précède la fixité d'un établissement fondé sur la propriété. Nous avons vu que ce n'est que pendant cette dernière période que surgissent les maximes de droit public qui proclament l'hérédité du pouvoir et sa concentration.

Une institution remarquable de cette époque fut l'assemblée connue sous le nom de *Wittenagemote*; elle était composée des évêques, des abbés et des alderman ou gouverneurs de provinces. Les wites ou sages en faisaient partie.

C'est à Alfred, suivant l'opinion commune, qu'il faut attribuer la division régulière de l'Angleterre en comtés. Chaque comté est subdivisé en centaines ou cantons et chaque canton en dizaines. La dizaine se composait de dix francs tenanciers avec leurs familles. Ainsi réunies dix familles formaient une communauté soumise à un chef nommé *Thitingman*. Ces familles étaient en quelque sorte solidaires pour la punition des crimes commis par un de leurs membres. Elles étaient obligées de représenter le coupable ou de payer une amende proportionnée à la gravité du délit ; d'ailleurs chaque homme était obligé de se faire inscrire dans une dizaine, et personne ne pouvait en changer sans l'autorisation de son *Thitingman*.

« L'administration de la justice était organisée d'après la division territoriale; les contestations entre les membres d'une même dizaine, étaient jugées par la dizaine assemblée sur la convocation ou sous la présidence du *Thitingman*. Les affaires d'une grande importance, les appels des sentences rendues par les dizaines étaient portées devant l'assemblée du canton présidée par son chef. »

« Au-dessus de ces assemblées de canton était la cour du comté. Elle se composait de tous les francs tenanciers de la province et connaissait, sous la présidence du comte ou alderman et de l'évêque, des appels, des sentences rendues par les cantons et des contestations entre les membres des différens cantons. »

A cette époque la population était divisée en plusieurs classes distinctes : libres et esclaves, nobles ou non nobles, *thanes*, propriétaires de terre, ou francs tenanciers, ceorls ou cultivateurs. La dignité de *thane* était accordée aux commerçans qui ont fait trois grands voyages sur mer.

La constitution reposait sur une hiérarchie d'assemblées représentatives et judiciaires : les assemblées de canton, celles de comté et la *Wittenagemote*.

Des garanties mutuelles et la solidarité entre les membres de ces diverses corporations, comme à l'origine de toutes les sociétés germaniques.

Les principaux attributs de l'ordre intellectuel se montrent ici à découvert : la permanence, l'universalité, la hiérarchie, et l'accord ou consentement commun sur lequel repose le mobile édifice.

CE QUE FUT L'ÉLECTION DANS L'EMPIRE GERMANIQUE.

On sait qu'à la mort de Louis IV, fils d'Arnoul, Charles-le-Simple ne succéda point au trône. Les principaux seigneurs allemands, réunis à Worms, élirent, au mépris des droits des descendans de Charlemagne, Conrad 1er, duc de Franconie, comme le fut peu après en France le fondateur de la monarchie capétienne.

Le résultat de ces deux révolutions fut différent, car tandis que la couronne devint héréditaire en France, elle demeura en Allemagne élective. Montesquieu a vu la raison de cette différence dans la circonstance que l'hérédité, qui ne s'établissait à l'égard des fiefs que comme une condescendance à cette époque, fut admise en Allemagne plus tard, ce qui fit que l'empire fut considéré comme un fief électif. D'autres ont cru en apercevoir une autre raison. La couronne germanique avait été jusque-là héréditaire à la fois et élective, comme en France, tandis que la couronne impériale était déférée par le choix des Romains et par l'adhésion du souverain pontife. Quand la maison de Saxe eut définitivement réuni les titres de ces deux couronnes, leur confusion fit confondre pareillement les deux modes d'y parvenir. Il n'y avait plus que des empereurs; on n'admit que l'élection par laquelle les rois d'Allemagne, d'Italie ou de France avaient été jusque-là faits empereurs romains. L'ambition des maisons électorales et la volonté des monarques eux-mêmes rendirent cet usage, dans la suite, une loi constitutive.

Mais il faut chercher dans un ordre d'idées plus élevé et indépendant des circonstances accidentelles des faits historiques, la véritable raison pour laquelle l'élection demeura le mode constamment mis en usage pour élever à la dignité impériale. L'Allemagne, composée des débris de la féodalité, était réunie par cette couronne comme par un centre commun. D'une part elle servait de noyau à une sorte de lien fédératif entre un grand nombre de souverainetés, tandis que de l'autre, la papauté représentait le pouvoir spirituel. Ce même pouvoir représentait dans l'univers, par opposition au pouvoir papal, le droit de glaive, *jus gladii*. C'étaient comme deux grandes forces qui se partageaient, idéalement du moins, le sceptre du monde. La papauté était élective, il était naturel que l'empire le devînt pareillement. D'ailleurs la couronne impériale ne fut jamais un patrimoine, comme l'étaient à cette époque la plupart des royaumes, mais bien une puissance morale, non pas tant la force matérielle que la représentation de cette force par rapport et opposée à la puissance de l'église. On conçoit dès lors que dans l'ordre naturel des idées et des choses, la dignité impériale appartenait à trois grands titres à l'élément électoral qui en a constamment disposé : comme centre d'un lien fédératif dont le fond est l'accord périodiquement exprimé de ses membres, ou l'élection ; comme puissance antagoniste de l'église et, intellectuellement, branche d'un même pouvoir, se développant sur la scène du monde selon des lois analogues ; comme représentation, par opposition à la puissance spirituelle, de toutes les souverainetés temporelles, ou plutôt d'une seule souveraineté idéalement universelle, et devant, en tant que *représentation*, se transmettre encore, ainsi que nous aurons occasion de le faire voir plus bas, par voie de délégation ou d'élection, plus ou moins complètement périodique et rationnelle.

Il n'est donc pas suprenant que l'élément électoral ait toujours pris, en Allemagne, une grande part aux affaires publiques. Ce n'est pas seulement dans l'adoption du mode électif pour promouvoir à la dignité impériale qu'il montre son influence; ses principaux traits se laissent encore observer dans les formes mêmes qui furent employées pour réaliser ce mode électif. Il s'agite et se meut dans toutes les directions, on sent qu'il se déploie sur son sol natif en quelque sorte et sur un théâtre qui lui convient.

Ainsi c'était à la vérité toujours dans une assemblée des grands de la nation que l'élection et le couronnement avaient lieu; mais le peuple donnait une espèce de sanction solennelle au choix de l'assemblée par ses acclamations. Les acclamations du peuple furent, jusqu'à Conrad III, consignées dans les actes d'élections.

Ces assemblées exigèrent des empereurs, à leur avènement au trône, non seulement un serment solennel, mais la souscription d'une série d'articles, connue sous le nom de *capitulations*, par laquelle elles imposaient des conditions ou mettaient certaines limites à son autorité. Chaque empereur dut dans la suite signer sa capitulation avant d'être couronné.

Les électorats étaient ecclésiastiques; et, si la nécessité d'empêcher de trop nombreux morcellemens fit admettre pour la transmission des électorats séculiers la succession dans l'ordre direct et de primogéniture, ce fut toujours par l'élection que s'obtenaient les électorats ecclésiastiques.

Il se fit au 16ᵉ siècle un changement notable dans la diète ou assemblée des états convoqués par l'empereur pour délibérer et décider conjointement avec lui sur les besoins de l'empire. Jusqu'alors on avait regardé le droit d'y siéger comme appartenant à certaines familles dont les chefs avaient qualité pour y paraître. Dans le nouveau système, le droit de prendre part aux délibérations générales appartint moins aux familles qu'il n'était affecté au pays. On prit pour règle la diète de 1582 : toutes les voix que les différens chefs de branches d'une maison avaient portées à cette diète se réunissaient, par l'extinction des branches, sur la tête des chefs des branches suivantes, auxquelles passait le territoire que les branches éteintes avaient possédé à cette époque.

La diète était partagée en trois colléges : celui des électeurs, celui des princes et celui des villes impériales.

Sous Frédéric III s'introduisit l'usage de se faire représenter à la diète, l'empereur par un commissaire et les princes par des envoyés. Ceux-ci étaient revêtus du double caractère de membres de la diète pour voter au nom de leurs commettans, et de ministres plénipotentiaires pour veiller aux intérêts de leurs cours respectives. Les représentans des villes impériales étaient regardés comme de simples députés.

Enfin l'élément électoral, si anciennement établi dans les institutions germaniques, avait été de nos jours employé comme moyen de despotisme par Bonaparte, dans l'acte fameux de la confédération du Rhin.

Quoique altéré sous une foule de rapports, et faussé par l'asservissement à un protecteur suprême, il s'y retrouvait néanmoins encore, dans les formes du moins, avec ses principaux caractères.

Ainsi, d'après cet acte, il y a des assemblées d'états dans tous les pays de la confédération (généralité).

La distribution des voix est calculée sur l'étendue respective des états individuels (représentation territoriale).

La diète fédérative, formée par les plénipotentiaires de tous les états fédérés, représente la confédération dans son ensemble, elle est l'organe constitutionnel et perpétuel de sa volonté et de son action (permanence).

La diète a le droit d'intervenir dans les affaires particulières d'un pays, en cas de rupture entre le souverain et ses sujets. L'état agité est pareillement en droit de réclamer le secours de la confédération. (pacte fédératif, sorte de solidarité et garantie réciproque, hiérarchie de pouvoir).

EXEMPLES REMARQUABLES
D'UNE ELECTION HIÉRARCHIQUE
DANS QUELQUES ÉTATS DE L'ALLEMAGNE.

L'Allemagne est maintenant un pays d'états; elle ne possède point de véritable représentation nationale. Les droits électoraux y sont déterminés par les influences de la richesse ou de la naissance, ou bien par des électeurs désignés. Cette désignation des électeurs, ou élection d'élection, tantôt se répète plusieurs fois et forme une hiérarchie électorale très-élevée, tantôt elle repose sur des priviléges très-rigoureux, qui privent l'élément électoral de la tendance démocratique qui lui est naturelle.

La principauté de Lippe offre l'exemple d'une semblable hiérarchie. L'acte du 8 juin 1819 porte : « Les « ci-devant états de la noblesse et des villes dans la « principauté de Lippe sont supprimés et remplacés par « une représentation de tous les habitans du pays.

« La représentation du peuple est fondée sur la « propriété foncière et se forme des trois classes sui-« vantes : les propriétaires fonciers, l'ordre des bour-« geois et celui des paysans.

« Chacune de ces trois classes choisira dans son « sein 7 députés qui s'assembleront sous la convoca-« tion du gouvernement, et formeront l'assemblée des « états.

« Les élections des députés du premier ordre se fe-
« ront immédiatement et celles des députés du 2me et
« du 3e ordre médiatement par les électeurs. »

La constitution du grand duché de Saxe-Weimar présente, et sur la détermination hiérarchique électorale et sur la représentation des femmes et des mineurs, des dispositions qui méritent d'être remarquées.

« Les femmes et les mineurs exercent leur droit de
« vote, si elles possèdent un bien de chevalerie, par
« leurs maris ou leurs tuteurs, pourvu que ces derniers,
« les tuteurs, possèdent des biens de chevalerie dans
« le même arrondissement électoral, puis par des
« mandataires; de plusieurs tuteurs, le tuteur féodal a
« la préférence.

« Les mandataires sont admis dans les élections de
« biens de chevalerie non seulement dans les cas cités,
« mais encore d'une manière générale; seulement le
« mandataire doit, comme possesseur de biens de che-
« valerie, avoir une voix propre dans le même arron-
« dissement électoral.

« Aucun électeur ne peut recevoir de mandat de
« plus de deux autres possesseurs de biens de cheva-
« lerie.

« Les pleins pouvoirs qui doivent nécessairement
« être donnés par écrit, peuvent aussi bien être don-
« nés avec désignation de celui pour lequel il vote au
« nom du mandant que d'une manière générale.

« Le choix des députés de l'ordre des bourgeois et
« des paysans devant se faire non immédiatement,
« mais médiatement par des électeurs, il a été déter-
« miné que chaque lieu (ville, bourg ou village) dé-

« signe autant d'électeurs qu'il y a de cinquantaines
« de maisons habitables.

« Un lieu de 50 maisons et au-dessous en désigne
« un, un lieu de 51 à 100 maisons en désigne deux.

« Les femmes et les mineurs qui se trouvent parmi
« les habitans d'un lieu capable de voter, exercent
« leur droit de vote par leurs maris, leurs tuteurs ou
« mandataires.

« Tout électeur doit avoir les mêmes qualités qui sont
« exigées des éligibles en général.... L'élu ne peut
« refuser. La période électorale est de 6 ans.

P. 42. « Après la nomination des électeurs, les élec-
« teurs de chaque arrondissement doivent se trouver
« au jour fixé par le gouvernement au lieu déterminé
« pour les actes électoraux ultérieurs dans chaque res-
« sort et qui est indiqué par les magistrats inférieurs,
« devant une commission qui se compose du *Landrath*,
« d'un officier, d'un juge, d'un bourguemestre ou ad-
« ministrateur de l'arrondissement, à la détermination
« du gouvernement.

P. 43. « Cette commission ne doit se mêler du
« travail électoral ni par proposition ni d'autre ma-
« nière, elle doit seulement représenter aux électeurs
« comparans la raison de leur comparution et leur faire
« connaître les qualités par lesquelles on peut être
« apte aux fonctions de représentant.

P. 44 « Après cela, toute délibération ultérieure
« doit être laissée aux électeurs seuls. L'essentiel con-
« siste en ce que chaque électeur après quelque temps,
« au même jour, fasse dresser procès-verbal du vote
« qu'il veut faire, et que le résultat de l'élection soit

« authentiquement notifié au gouvernement avec en-
« voi des actes.

P. 45. « Chaque électeur vote d'après sa propre
« conviction, sans être lié par une instruction émanée
« de sa commune. Toutes les instructions de cette sorte
« sont déclarées nulles à l'avance.

P. 47. « L'élection terminée, les électeurs dépo-
« sent immédiatement leur charge, et ne conservent,
« comme électeurs, aucune relation entr'eux.

« A chaque nouveau choix d'un représentant du
« peuple, il doit être nommé de nouveaux électeurs.

P. 56. « Pour diriger les états, un *Landmarschall*
« est élu à la pluralité des voix entre tous les députés
« des états dans l'ordre des possesseurs de biens de che-
« valerie, puis entre tous les députés deux aides, lesquels
« trois forment ensemble la présidence, *directorium*.

« Le *Landmarschall*, s'il ne plaît pas au *Landtag* de
« lui transmettre la place pour la vie, est élu la pre-
« mière fois pour 12 ans et à l'avenir chaque fois pour
« 6 ans.

En Bavière l'élection est pareillement hiérarchique.
D'après la constitution de 1818, la représentation se
compose de deux chambres, les conseillers du royaume
et les députés. Il y a un député sur 7,000 familles. Pour
les villes l'élection a deux degrés. Il y a un électeur
par 500 familles. Les électeurs élisent un député de
leur classe pour le ressort du gouvernement. L'élection
des députés pour les propriétaires fonciers ou les juri-
dictions patrimoniales (*Bauernstand*) a trois moments:
L'élection primaire, par 100 familles et pour chaque
commune un électeur au moins. — La nomination des
électeurs du ressort du gouvernement, sur 1,000 famil-

les, un ; puis l'élection des députés pour les chambres mêmes.

L'élection n'a lieu que tous les 6 ans et les assemblées tous les 3 ans pendant deux mois. Le cens vient encore s'ajouter à cette hiérarchie électorale si élevée, qui devient ainsi une véritable aristocratie assise sur la propriété foncière.

Dans le grand duché de Bade, l'élection des députés des villes et des fonctionnaires se fait par des électeurs élus. Dans l'élection des députés propriétaires fonciers sont compris comme électeurs tous les possesseurs nobles et seigneurs qui ont plus de 21 ans ; sont éligibles tous les électeurs au-dessus de 24 ans. Il n'y a point d'états provinciaux.

Le projet de constitution de 1817 pour le Wurtemberg composait la première des deux chambres nécessaires à la représentation nationale au moyen d'une élection à deux degrés, et faite par des colléges électoraux.

LA SUISSE.

La Suisse, habitée par un peuple guerrier et ami de la liberté comme tous les montagnards, pressée par les différentes puissances continentales avec lesquelles elle se trouve en contact par quelques portions de son territoire; la Suisse, dont les efforts pour l'association et la liberté trouvèrent tant de résistance dans la différence d'origine et de langue de ses peuplades, dans les froissemens et les influences contraires qu'elle devait subir sans cesse à l'extérieur, ne pouvait être dans sa constitution qu'un développement de l'élément électoral incomplet, variable, soumis à de fréquentes révolutions, et travaillé perpétuellement par la nécessité d'associer des conditions difficilement compatibles.

Chacun de ses cantons étant séparé de tous les autres par ses antiques usages, par la nature du sol et du climat, par l'origine et la langue de ses habitans, il ne pouvait, de ces élémens hétérogènes, se former un corps de société qui fût un et indivis. Le besoin pour chacun d'eux de se maintenir dans certains rapports nécessaires avec les états voisins, ne permettait pas d'adopter pour tous les mêmes formes politiques. Il fallait qu'ils pussent régler diversement leurs intérêts et leurs relations extérieures. La constitution de chaque canton devait donc nécessairement, quelque puissant que fût le lien commun qui les réuunissait, demeurer extrêmement libre, soit à l'intérieur, soit à l'extérieur; d'un autre côté, pour échapper au joug des grandes puissances, la Suisse devait réunir toutes ses forces, les porter instantanément toutes sur un seul point et les soumettre à une direction commune. De semblables conditions ne pouvaient produire autre chose qu'une sorte de mécanisme fédératif, assez large pour que tous les élémens divers dont il se compose pussent se mouvoir librement dans leurs cercles respectifs, assez fort pour qu'ils pussent être facilement mis à la disposition d'un seul.

Tel est aussi l'aspect que présente la constitution de ce pays remarquable. Chaque canton eut dès l'origine ses usages propres, ses lois, ses magistrats particuliers. Il n'y avait d'autre code en vigueur que la loi des Alemanni. Ce ne fut qu'après l'acte d'indépendance que le gouvernement devint tout à fait démocratique. La diète de chaque canton se tenait alors une fois l'an en pleine campagne. Tel était l'état des choses au commencement du 14° siècle.

Après l'alliance fédérative des huit anciens cantons qui eut lieu plus tard, les trois premiers cantons Schwitz, Uri et Underwald furent unis avec tous les autres et avec chacun en particulier, tandis qu'il n'existait point d'alliance entre Glaris et Lucerne, entre Berne, Glaris et Zug. Chaque canton était indépendant en tout ce qui concernait sa constitution intérieure. Chacun d'eux enfin avait ses engagemens particuliers envers les puissances étrangères.

Les intérêts publics du corps helvétique étaient discutés et fixés dans différentes diètes : 1° Les diètes générales ou assemblées des 13 cantons et de leurs alliés;

2° les diètes particulières, telles que celles des huit anciens cantons, celles des cantons protestans ou conférences évangéliques, celle des cantons catholiques ou l'alliance d'or; enfin celles des cantons particuliers qui pouvaient aussi avoir entr'eux des alliances distinctes et plus étroites.

L'assemblée générale n'était composée que des ambassadeurs des 13 cantons ou de ceux des cantons sur les intérêts desquels on devait délibérer. Les avis étaient recueillis selon le nombre des cantons et non d'après celui des ambassadeurs (ceci est un des caractères du *congrès* par opposition aux assemblées *représentatives*).

En ce qui concerne la constitution intérieure de chaque canton, on y trouve trois formes de gouvernement distinctes: les unes purement démocratiques, tels qu'Uri, Schwitz, Undervald, Glaris, Appenzel et même Zug; d'autres purement aristocratiques, comme Zurich, Bâle et Schaffouse; d'autres enfin qu'on pouvait regarder comme mixtes, Berne, Lucerne, Fribourg et Soleur.

Les cantons forestiers dans lesquels la souveraineté appartenait à tous indistinctement, divisés en un certain nombre de portions, élisaient un nombre égal de membres du conseil de canton. Le magistrat suprême ou chef du conseil portait le titre d'amman (ici le système électoral repose sur la représentation ou sur la division territoriale).

Dans les républiques aristocratiques tout le peuple était divisé en deux classes, les nobles et les roturiers. Indépendamment de cette distinction, il était distribué par compagnies ou corps de métiers d'où l'on tirait, dans une certaine proportion, les membres qui devaient entrer au conseil. Le principal magistrat se nommait bourgmestre ou consul (Le système électoral repose sur la classification des personnes).

Enfin dans certains cantons la souveraineté appartenait aux habitans des villes, mais sans classement par tribus ou compagnies.—Le président portait le titre d'avoyer.

Il faut noter enfin, comme un phénomène qui s'observe dans la plupart des petites républiques, l'existence dans chaque canton d'un grand et d'un petit conseil. Le grand conseil chargé des fonctions législatives, le petit conseil ou pouvoir exécutif.

CI-DEVANT PROVINCES UNIES.

Les provinces unies furent un pays d'états jusqu'à la révolution qui a séparé la Belgique de la Hollande et l'a érigée en monarchie constitutionnelle. C'était proprement une réunion de plusieurs républiques.

Chacune d'elles était diversement organisée à son intérieur.

La constitution de la Frise surtout mérite d'être observée :

« Il y a dans la province trois grands quartiers du plat pays et un quatrième composé de toutes les villes ayant voix délibérative aux états : ces quatre suffrages concourent aux résolutions souveraines.

« Les trois quartiers du plat pays sont divisés en plusieurs petits districts ou griettines ; chaque griettine tient son assemblée particulière, qui est composée de tous les chefs de famille et francs tenanciers du district.

« *Un petit champ avec une maison ayant cheminée* donne droit au possesseur d'entrer à l'assemblée et d'y voter ; sa voix a la même valeur que celle du citoyen le plus riche du canton.

« Les assemblées sont présidées par un citoyen élu à la pluralité des voix de ceux qui assistent à la griettine.

« Quand les griettines ont pris une résolution, le

président ou grietman les porte en qualité de député à l'assemblée générale du quartier dont ressort la griettine.

« Dans cette assemblée du quartier, les résolutions se prennent à la pluralité des voix des griettines représentées par les grietmans, et les résolutions du quartier sont portées aux états provinciaux par des députés qui ne forment qu'une seule voix. Cette voix est une des quatre qui ont force décisive à l'assemblée des états.

Pour l'exécution des ordres de l'état, il y a un collége de députés composé de neuf membres qu'on change tous les trois ans. Les villes fournissent trois de ces membres et les griettines six.

Cette constitution, comme l'on voit, était une pure démocratie.

La représentation y est territoriale.

La propriété n'y est pas admise comme moyen d'influence mais comme un *præsuppositum* indispensable pour compléter en quelque sorte la personne de l'électeur.

Elle y existe dans la forme remarquable sous laquelle on la retrouve dans les anciennes lois germaniques, la maison et le champ qui l'entourent.

Enfin l'élection se montre hiérarchique par la délégation aux états provinciaux des décisions des griettines.

NORWÈGE. ROYAUME LOMBARD VÉNITIEN. POLOGNE.

Le Danemark, la Suède, la Norwège sont pareillement des pays d'états soumis à un régime plus ou moins absolu. En Norwège néanmoins la constitution est assez démocratique. Le peuple y exerce le pouvoir législatif par la diète appelée storthing. Le storthing se compose de deux divisions, le lagthing (corps législatif) et l'adelsthing (assemblée des propriétaires); chaque thing tient son assemblée séparément. Ils se réunissent cependant dans des cas déterminés.

Le lagthing, le sénat proprement dit, est formé du storthing même, qui élit un quart de ses membres, qui alors composent le lagthing.

L'adelsthing se compose des autres trois quarts du storthing qui n'ont pas été élus au lagthing.

L'élection est hiérarchique. Les votans élisent dans les villes un électeur sur 60 et à la campagne un électeur sur 100. Les électeurs des villes et ceux de la campagne de chaque arrondissement électoral élisent ou de leur sein ou parmi les autres votans de leur district, ceux des villes un quart, ceux de la campagne un dixième de leur nombre, députés au sthorthing, de manière cependant qu'il n'y ait pas en tout plus de 75 représentans et que le nombre des représentans des villes de commerce soit à celui de ceux de la campagne comme 1 : 2.

Le pouvoir législatif est exercé par le storthing et le roi. Il n'y a pas d'états provinciaux.

Ce mode d'élection est remarquable 1° par la proportion numérique adoptée pour élire les électeurs de premier ordre ; 2° par la hiérarchie électorale qui fonde la représentation.

Dans le royaume Lombard-Vénitien il existe des espèces d'états provinciaux formés électoralement et correspondant d'une manière hiérarchique à une congrégation centrale, mais l'élection ne part point du peuple pour s'élever par une désignation successive d'électeurs jusqu'à une représentation nationale. Ici l'élection va de haut en bas, ce qui indique qu'elle est entée en quelque sorte sur un système aristocratique préexistant et qui n'a pas été renversé par l'élément électoral.

Il y a, dans chaque province, des congrégations de 8, 6 ou 4 membres, selon leur étendue. Ils sont sous le contrôle des collèges généraux qui forment une triple liste des candidats présentés par les communes, de laquelle la congrégation générale tire les membres de la congrégation provinciale. Ils sont chargés de la répartition des impôts et du reste de l'administration de la province. Ils ne sont pas salariés et ils sont responsables à la congrégation centrale à laquelle ils envoient leurs budgets et protocoles et dont ils reçoivent les décrets.

La Pologne avait aussi des états provinciaux d'après la constitution de 1815. Les 77 diétrines (assemblées de propriétaires nobles d'un arrondissement) et les 51 assemblées communales qui concouraient à l'élection directe des députés à l'une des deux chambres (la chambre des landboten) formaient de véritables états provinciaux convoqués par le prince, qui fixait leur durée et les objets de leurs délibérations.

L'histoire de la Pologne offre la plus grande instabilité dans la transmission du pouvoir et la plus grande incertitude dans les droits des assemblées d'états. Ses déchiremens intérieurs, joints aux guerres perpétuelles qu'elle eut à soutenir contre les Moscovites, les Prussiens, les Bohémiens et même contre l'empire, ne lui laissèrent pas le loisir d'asseoir ces maximes fondamentales de droit public qui règlent la succession au trône et les droits politiques des états de la nation.

« Le royaume de Pologne, dit un historien, n'avait
« aucune constitution fixe; tantôt, suivant la forme
« des gouvernemens gothiques, il était moitié électif
« et moitié héréditaire; d'autres fois il semblait être
« une monarchie purement héréditaire. Il paraît que
« les nobles et le clergé ne se mêlaient de l'élection
« que dans les temps de troubles et lorsque l'ordre de
« succession éprouvait quelques difficultés. »

A la mort de Sigismond Auguste en 1572, la couronne de Pologne devint purement élective. La nation se réserva le droit de confier le sceptre aux mains de celui qu'il lui plaisait de choisir; elle le donna et le vendit quelquefois à la personne du prince qu'elle élisait, sans aucun engagement envers ses héritiers. L'élection se faisait en armes, souvent en rase campagne, et présentait plutôt l'image d'une expédition militaire que d'un acte politique solennel.

Les troubles perpétuels que nourrirent les guerres extérieures et l'état malheureux de ce pays à l'intérieur; la fierté de la noblesse, son esprit d'indépendance, les funestes révolutions qui agitèrent si souvent ce royaume, en firent un champ toujours ouvert à l'action de l'élément électoral. Reconnu en principe et méconnu dans ses règles les plus essentielles, il y déploya une énergie qui ne sut rien fonder, parce que les formes par lesquelles on le laissait s'exprimer ne pouvaient que constater des majorités, opposer des partis, mais étaient radicalement impuissantes à concilier, à fondre ensemble des opinions divergentes, à associer en un mot des élémens divers.

Quand des hommes fiers de leur indépendance, égaux en droits et dont aucun ne croit devoir céder à l'autorité de ses compagnons qu'autant que sa propre raison le lui conseille, se réunissent pour délibérer sur des intérêts communs, la simple supputation numérique des votes n'a évidemment qu'un résultat, celui de constater la divergence des sentimens s'ils ne sont pas unanimes et de diviser l'assemblée en deux camps, celui de la majorité et celui de la minorité. Cette dernière fraction n'a aucune raison de céder à la première ; car l'infériorité du nombre ne prouve rien autre chose que cette infériorité même. L'infériorité de raison n'en est point la conséquence. *Causa diis victrix placuit, sed victa Catoni.*

L'infériorité de forces ne l'est même pas ; car plus d'une fois la valeur et le conseil l'ont emporté sur le nombre. D'ailleurs une noblesse armée et fière, cède difficilement par lâcheté ou par les considérations d'une prudence toute politique. Il ne reste donc à la minorité qu'à se retirer ou à protester le sabre à la main et d'une manière efficace contre une volonté qui ne devient nullement celle du petit nombre par cela seul qu'elle a été celle du plus grand, cette circonstance ne faisant que constater l'opposition et souvent l'accroître.

De là le *liberum veto*, phénomène remarquable qui n'est que la conséquence vivante de l'impossibilité de concilier les opinions par l'élection simple et directe ; son résultat consigné en lettres de sang sur le théâtre de l'histoire.

RUSSIE.

La Russie, quoique soumise à un gouvernement despotique, laisse néanmoins apercevoir dans sa constitution plusieurs traces non équivoques de l'élément électoral.

En premier lieu dans des sortes d'états qui se réunissaient pour procéder à l'élection du souverain dans le cas de vacance du trône. Ces états étaient composés de boyards et autres officiers de la maison du prince, des vaïvodes, des nobles et enfans boyards, des villes, des marchands, des bourgeois et des propriétaires de biens fonds.

En second lieu dans la transmission héréditaire de la couronne qui ne fut jamais fixée d'une manière bien certaine, mais soumise à de fréquentes révolutions, et à laquelle Pierre I⁰, frappé de l'incapacité de son fils, substitua l'élection au gré du prince régnant par une loi qui porte que le souverain de Russie serait maître à perpétuité de nommer à son gré son successeur, de révoquer son choix et d'en faire un nouveau.

En troisième lieu dans le mode par lequel les Cosaques choisissent leur chef ou hetman. Cette élection avait lieu par acclamation plutôt que par suffrage. S'il refusait l'honneur de commander, ils le tuaient sur-le-champ comme un traître qui préfère son repos à l'intérêt général. Ils pouvaient révoquer le commandement qu'ils lui avaient accordé. Le plus souvent il ne le perdait qu'avec la vie. L'autorité du hetman était considérable. Il était chargé d'assembler le conseil où chacun était debout, la tête découverte, sous la bannière de la nation. Il avait droit de vie et de mort sur les autres Cosaques.

Le mode irrationnel de l'élection (par acclamation, comme chez tous les peuples barbares), la nécessité d'en accepter le résultat sous peine de mort, la faculté perpétuelle de le révoquer à laquelle les Cosaques ne croyaient pas avoir renoncé par le choix qu'ils avaient fait, sont des traits dignes de remarque.

Cette nécessité singulière d'accepter, sous de fortes peines, le résultat de l'élection, a existé dans plusieurs états. A Lubek, une des anciennes villes anséatiques, le bourgmestre ou sénateur élu était tenu d'accepter ou de quitter la ville. Venise, Gênes offrent de pareils exemples.

DES RÉPUBLIQUES ITALIENNES.

Le système féodal tout entier n'était que la perpétuation du service public attaché aux terres concédées par le seigneur suzerain. L'hérédité avec tout son cortège de dispositions prohibitives, privilégiaires, restrictives de l'égalité et de la liberté naturelles, en était la compagne nécessaire. Rien de plus contraire à l'élément électoral. L'élection ne pouvait pas se développer sur le terrain de la féodalité ; celle-ci devait disparaître avant que l'élection pût revêtir les formes qui lui sont propres dans le gouvernement des états.

La féodalité garda en Italie un aspect tout particulier. Les institutions municipales d'origine romaine avaient conservé dans plusieurs villes, sous diverses dénominations, des traces visibles, et d'ailleurs les troubles dont ce pays fut constamment le théâtre empêchèrent le système féodal dont la chaîne était incessamment rompue, de s'y établir d'une manière régulière et complète.

Enfin l'espèce d'élection qui, à la vacance d'un siége, était toujours nécessaire et quelquefois plus que nominale, entretenait les citoyens dans l'idée que la puissance de leur évêque et principal magistrat émanait d'eux.

On ne doit donc pas s'étonner de voir partir de l'Italie le mouvement qui renversa l'édifice féodal. Ce fut entre la fin du onzième et le commencement du douzième siècle que les principales villes lombardes recouvrèrent leur indépendance. De funestes divisions la firent bientôt succomber de nouveau en rompant leur ligue fédérative.

Pendant la période de leurs prospérités, ces républiques virent l'élément électoral adopter hardiment, dans leur sein, les formes politiques qui lui sont naturelles. La souveraineté en principe résidait dans la nation et la constitution était démocratique. Des consuls annuellement élus commandaient la milice nationale et administraient la justice. Leur nombre variait suivant les cités. Ici il y en avait deux, là 4 ou 6 ; quelques villes en élisaient jusqu'à 12. La décision des affaires était ordinairement confiée à 1 ou 2 conseils élus par divers modes et aussi diversement organisés. Vers la fin du douzième siècle la fureur des partis fit remplacer les consuls électifs par des *podestats* choisis hors de l'état où ils devaient exercer leur charge et auxquels il était interdit d'y former un établissement.

Après de sanglantes réactions, l'esprit du républicanisme s'éteignit dans la Lombardie. Certaines familles puissantes avaient, par une conduite habile et mesurée, su éviter les atteintes trop violentes des factions. Ces familles tenaient en général au parti gibelin. L'affaiblissement de l'esprit de liberté et la diminution de l'influence de l'église par suite du grand schisme et de l'éloignement des pontifes les laissèrent investir d'une sorte de protectorat dans leurs cités respectives. Ainsi dès le commencement du quatorzième siècle presque toutes ces cités se trouvaient livrées à des capitaines ou chefs héréditaires pour la plupart et investis d'une autorité qui n'était limitée que par des insurrections populaires, mais elles préférèrent à la tyrannie de ces chefs la domination d'un petit nombre de familles puissantes qui formèrent bientôt une brillante aristocratie.

Parmi les constitutions des villes italiennes qui prirent le plus de part au mouvement de liberté que nous venons de décrire, celles de Venise, Gênes, Florence méritent particulièrement d'être observées.

L'élément électoral y prend une attitude remarquable. Pressé par une aristocratie fortement constituée, né au milieu des orages politiques, étouffé par les influences d'une richesse commerciale maritime qui tend naturellement à l'oligarchie, contrarié par les exemples des gouvernemens despotiques ou absolus qui avoisinent ces florissantes cités, il se montre comme une protestation violente de l'esprit de liberté. Il n'a rien de rationnel; à côté des dispositions les plus contraires à la liberté individuelle, des lois les plus favorables à l'arbitraire des gouvernemens, il se déploie souvent avec une sorte de fureur, et s'élève, comme dans la république d'Athènes, jusqu'à s'abdiquer par le sort. Il se rit de l'omnipotence du doge, qui redevient un simple particulier dès qu'il est séparé du conseil; brise l'ascendant de l'aristocratie en rendant tous les emplois publics, électifs et temporaires; asservit à ses caprices les plus illustres citoyens qui ne peuvent, sous peine de bannissement et d'amende, refuser ses faveurs; crée dans le conseil des dix, qui peut déposer, emprisonner, condamner à mort, tous les magistrats et le doge lui-même, une censure terrible, et dans les inquisiteurs qui ne sont assujettis à d'autres règles qu'à celles *de l'humanité* et qui ont le droit de déléguer leurs pouvoirs, une justice secrète digne du gouvernement le plus despotique. L'élection devient l'association bizarre des principes les plus contraires ; ici sacrifiée, là triomphante, mutilée sous un rapport, développée à l'excès sous un autre, elle semble quelquefois vouloir prendre sa revanche et regagner en énergie et en audace la force qu'elle ne peut acquérir par un développement rationnel et complet.

Examinons successivement les principaux traits de ces trois constitutions.

Venise qui, sous le gouvernement généralement modéré de ses ducs, avait vu croître sa population et son commerce, subit en 1171 une révolution qui changea son système constitutif. Le peuple conquit la prérogative de nommer le doge par ses représentans. Grand conseil électif, sénat annuel et conseil privé choisi par le grand conseil, sans l'assentiment duquel le doge ne pouvait rien décider. En 1298, le doge, Pierre Gradengo, fit abroger l'usage des élections annuelles et passer une loi qui fixa irrévocablement dans le grand conseil tous ceux qui étaient investis alors de cette dignité qui demeura héréditaire dans leurs familles. Ainsi fut instituée l'aristocratie vénitienne qui domina d la république jusqu'à sa destruction.

Le gouvernement de Venise se compose de la réunion des autorités qui suivent :

1° La souveraineté qui réside dans le grand conseil ;
2° Le gouvernement proprement dit dans le sénat ;
3° L'autorité judiciaire dans les quaranties ;

4° La police et l'administration dans le conseil des dix.

Les nobles sont la seule classe de citoyens qui prenne part aux emplois de l'état.

Ils ne peuvent, sous peine de bannissement et d'amende, refuser les charges auxquelles ils sont élus.

La réunion de tous les nobles forme le grand conseil.

Le grand conseil est souverain de l'état, toutes les autres autorités dépendent de lui. Il a seul la sanction des lois, la création de nouveaux impôts, le droit de conférer la noblesse.

Le grand conseil est chargé de l'élection des magistrats et du doge.

Il comprend tous les autres conseils qui pour cela cessent quand il se tient. Le sénat lui est inférieur, en ce qu'il peut confirmer ou casser ses élections.

Le sénat de Venise se compose de trois ordres, de sénateurs ordinaires, de sénateurs adjoints et de simples assistans qui ne votent pas, formant en tout un nombre de 300. Les sénateurs se renouvellent tous les ans. Ils doivent être âgés de 40 ans, néanmoins les anciens peuvent être réélus.

Le droit de faire des propositions appartient au conseil du doge, ainsi que l'exécution de toutes les mesures du gouvernement.

Les membres du conseil sont au nombre de six, pris respectivement dans les six quartiers de la ville.

Les trois chefs de la quarantie criminelle prennent séance au collége.

Les conseillers sont élus par le grand conseil pour

huit mois, les présidens de la quarantie, par la quarantie elle-même et pour deux mois seulement.

Le doge ne peut rien faire sans le sénat. Sa condition est celle d'un simple particulier dès qu'il est séparé de son conseil.

Il est chef de tous les conseils. Ses enfans et ses frères sont exclus de toutes les charges de l'état pendant sa vie.

Le doge est électif; il est forcé d'accepter cet emploi lorsqu'il lui est déféré, sous peine de bannissement et de confiscation des biens.

L'administration du doge est examinée après sa mort, par l'inquisition, et ses héritiers sont responsables des abus qu'on y découvre.

Le doge n'a pas le droit de sortir de la capitale sans permission.

Le conseil des dix se compose du doge, de ses six conseillers et des dix membres nommés par le grand conseil. Le conseil des dix ne connaît que des affaires criminelles.

Ses membres se renouvellent tous les ans et sont élus par le grand conseil. Leurs jugemens sont sans appel; leurs arrêts ne peuvent être modifiés que par eux-mêmes. Ils jugent sans entendre la défense des accusés.

Le conseil des dix peut déposer, emprisonner, juger à mort tous les magistrats et le doge lui-même.

Il y a trois inquisiteurs d'état, deux sont tirés du conseil des dix et un d'entre les conseillers du collége.

Le pouvoir des inquisiteurs est absolu.

Ils ont droit de vie et de mort sur tous les citoyens, sur le doge lui-même.

Les inquisiteurs ne sont assujettis à d'autres règles qu'à celles de l'humanité dans les sentences.

Il existe une grande analogie entre la constitution non écrite de Venise et celle de Gênes. Dans cette dernière, le doge n'est élu que pour deux ans.

Le mode d'élection en usage pour être admis au sénat, est digne de remarque. Les gouverneurs sont élus par le sort, sur 120 candidats nommés par 30 électeurs appelés prud'hommes et désignés par le grand conseil. On voit que c'est une élection à deux degrés, mais qui, au lieu d'aller de bas en haut va de haut en bas. C'est le grand conseil qui est ici le pouvoir constituant.

La constitution de Gênes a des censeurs comme les républiques anciennes.

Comme Gênes et Venise, Florence fut le théâtre de nombreuses révolutions. Cette ville offrit, au quatorzième siècle, un développement frappant de l'élément électoral.

« La nation, disent les historiens, se trouvait divi-
« sée, au commencement du treizième siècle, en diver-
« ses classes, suivant les professions exercées par les in-
« dividus. Chaque classe avait son conseil, son con-
« sul ou magistrat et son gonfalonier ou porte éten-
« dard. Un podestat et un capitano del popolo exer-
« çaient concurremment des commandemens et des
« pouvoirs particuliers. Vers le milieu du même siècle,
« les consuls furent remplacés par un conseil d'onzia-
« ni ou de buonuomini dont le nombre varia; et en
« 1282, ceux-ci cédèrent la souveraine magistrature
« à six prieurs élus pour deux mois, tirés chacun des
« six quartiers de la cité. On crut pallier les inconvé-
« niens qui devaient résulter nécessairement d'élec-

« tions si fréquentes en confiant *au sort* le choix entre
« les individus reconnus d'avance susceptibles d'être
« investis des premières magistratures et portés com-
« me tels sur les listes. Cet usage fut introduit au com-
« mencement du quatorzième siècle. »

Le dix-septième établit le despotisme partout en Italie ; ce pays passa sous l'influence autrichienne.

Enfin la révolution française imprima à l'Italie un élan de liberté qui y ranima les anciennes institutions électorales. On peut voir dans les constitutions de la république cisalpine en 1797, dans l'acte constitutionnel de la république italienne du 10 pluviôse an X, dans le statut constitutionnel du 17 mars 1805, dans la constitution ligurienne, dans celle des états de l'église, du royaume de Naples, de Sicile, des îles ioniennes, quelles formes l'élément électoral a revêtues de nos jours sur cette terre antique de la liberté.

ESPAGNE.

L'Espagne, habitée par un peuple fier et guerrier, donna d'assez larges développemens à l'élément électoral. Il y prit des formes hardies et fermes, et y déploya une puissance d'action dont les variations se mesurent sur le degré de liberté que laissèrent au peuple les changemens politiques qu'il eut à subir.

Nous ne pouvons ici qu'en esquisser le tableau.

Il paraît qu'au temps des guerres entre Rome et Carthage, l'Espagne était occupée par plusieurs peuplades indépendantes, se régissant par leurs lois particulières et ignorant jusqu'au nom de princes et de rois.

Après avoir été réduite en province romaine, elle fut envahie comme tout le midi de l'Europe. Les Vandales, les Suèves et les Alains y formèrent des établissemens.

La constitution de l'Espagne, sous les rois goths, fut une monarchie élective, limitée par des assemblées nationales, en qui résidait le pouvoir législatif.

Ces assemblées n'étaient pas toutes composées de la même manière ni convoquées dans les mêmes circonstances. Les unes, dans lesquelles le clergé n'avait aucun privilége sur la noblesse, étaient les états généraux du royaume; à la mort du roi, son successeur ne pouvait être élu que de leur consentement unanime ou au moins ils devaient confirmer le choix qu'avait fait le prince régnant.

Les autres assemblées, composées en grande partie d'ecclésiastiques, étaient des conciles non pas seulement ecclésiastiques, mais en même temps politiques et civils ; c'est à ces conciles que l'on doit les lois des Visigoths, les plus remarquables des lois des peuples barbares par leur sagesse et par l'esprit d'équité qui y domine.

Le roi n'avait que le pouvoir exécutif.

Les petits royaumes qui s'élevèrent en Espagne après le renversement de la monarchie des Goths, conservèrent des traces de leur origine dans la conservation des conciles, l'élection de leurs rois, l'adoption du code des Visigoths.

Mais dans les premiers temps, les institutions électorales furent fort incomplètes. Les députés des villes n'étaient point appelés aux états, et dans la Castille ce fut en 1188, sous le règne d'Alfonse IX, que les communes envoyèrent pour la première fois des représentans aux cortès.

Le fuero ou charte primitive d'une communauté espagnole, était un contrat par lequel le roi ou le seigneur accordait aux bourgeois une ville et son territoire avec divers priviléges, entr'autres celui d'élire des magistrats et un conseil municipal.

Le mode d'élection des députés des communes varia suivant les circonstances. Les assemblées électorales, d'abord composées de tous les citoyens ayant leur résidence dans la commune, furent bientôt restreintes aux magistrats municipaux qui n'étaient qu'au nombre de 24 dans les villes les plus considérables. Puis ce corps se perpétuant par les choix qu'il faisait lui-même pour remplir les places vacantes dans son sein, le peuple n'eut plus de part, même indirecte, aux cortès.

Les principes se modifièrent d'une manière analogue en ce qui concerne la transmission de la couronne, presqu'à l'origine des royaumes de Léon et de Castille. La coutume de reconnaître pour héritiers du trône les descendans des monarques, prit une telle force que le droit de succession fut étendu aux femmes.

Toutefois le principe du droit d'élection n'en subsista pas moins. C'est à lui qu'il faut attribuer cet usage si ancien qui impose à l'héritier présomptif du trône l'obligation de se faire reconnaître par les cortès générales réunies à cet effet et munies de pouvoirs spéciaux par les villes et les communes.

Dans le royaume d'Aragon, le droit d'élire appartenait dans l'origine aux barons (*ricos hombres*) qui formaient le premier ordre de l'état. « Nous qui sommes autant que vous et qui pouvons plus que vous, nous vous choisissons pour notre roi et seigneur, à condition que vous respecterez nos lois et priviléges. Sinon, non. »

L'autorité du roi était donc limitée par celle des barons. Elle le fut aussi par celle des cortès et par l'institution remarquable du justiza.

En 1283, Pierre III, ne pouvant résister au vœu national, accorda au royaume d'Aragon une espèce de charte qui contenait des garanties pour la liberté individuelle, la prohibition des procédures secrètes, l'abolition de la torture.

Cet acte, dont le premier article autorisait les membres de l'union à la résistance armée, ne ressemblait aucunement aux confédérations qui se formaient dans les autres pays soumis au régime féodal. Cette association était revêtue de priviléges légaux et procédait dans toutes ses opérations avec des formes certaines et régulières.

C'est lorsque cet acte d'union fut aboli que s'établit la magistrature civile connue sous le nom de justiza, destinée à réprimer l'esprit dominateur des *hombres* et en même temps à opposer une barrière à la puissance royale. Le justiza, choisi dans l'ordre des chevaliers intermédiaires entre les *ricos hombres* et le peuple, était dans l'origine destituable à volonté, puis il fut nommé à vie. Il était arbitre entre le roi et les différens ordres de l'état; dix-sept personnes désignées par le sort à chaque assemblée des cortès, formaient une cour d'inquisition sur son office.

L'élément électoral se déploie et gagne du terrain dans la même proportion que la civilisation croît et que s'affermissent les libertés publiques. Au quinzième siècle, l'Espagne fut soumise à un mouvement rétrograde. Courbée sous la justice terrible de l'inquisition et sous la domination de princes despotiques, elle demeura étrangère à l'entraînement du reste de l'Europe. L'élection perdit ses conquêtes et disparut presqu'entièrement jusqu'à l'époque où, rappelant ses anciennes vertus, la nation espagnole s'est levée pour repousser l'invasion étrangère et le despotisme.

Les anciennes cortès avaient disparu sous Charles Quint. Les nobles et les ecclésiastiques cessèrent d'y être appelés, et les cortès ne furent plus composées que des mandataires ou représentans de dix-huit villes au nombre de trente-six. Le pouvoir législatif fut usurpé par les rois. Philippe V, après la guerre de la succession, promulgua une nouvelle loi constitutive, où, sans compter pour rien la nation légitimement assemblée, il rendit l'hérédité au trône rigoureusement agnatique.

L'Espagne fut un des premiers peuples de l'Europe à reconnaître la république française et à transiger ainsi avec la révolution.

La constitution politique décrétée par les cortès, proclama de nouveau l'indépendance nationale. Elle repose sur le principe de la souveraineté du peuple.

Le mode d'élection aux cortès est hiérarchique et est établi par les dispositions suivantes :

« Par chaque soixante-dix mille âmes de population, il y aura un député aux cortès.

« Pour l'élection des députés aux cortès, il sera convoqué des juntes électorales de paroisses, de districts et de provinces. Dans les juntes de paroisses, il sera nommé un électeur par chaque deux cents domiciliés.

« Les juntes électorales de district se composent des électeurs de paroisses, qui s'assembleront dans le chef-lieu de chaque district, afin de nommer l'électeur ou les électeurs qui devront se rendre à la capitale de la province, pour élire les députés aux cortès.

« Le nombre des électeurs de district sera triple de celui des députés à élire.

« Les juntes électorales de province se composent de tous les électeurs de tous les districts de la province, qui se réunissent pour nommer les députés aux cortès. »

Cette constitution connaît en outre des assemblées provinciales.

« Le gouvernement politique des provinces résidera dans le chef supérieur que le roi nommera dans chacune d'elles.

« Il y aura dans chaque province une députation

nommée députation provinciale. Elle se renouvelle tous les deux ans par moitié. »

La révolution présente a rendu nécessaire encore de modifier ces formes, et a fait faire de nouvelles conquêtes à l'élément électoral.

SAINT-DOMINGUE ET LES ÉTATS DE L'AMÉRIQUE.

La constitution de Saint-Domingue est toute démocratique. L'élection y est aussi hiérarchique et elle s'exprime d'une manière assez rationnelle.

« Le gouvernement d'Haïti n'est point héréditaire, il est électif.

» La loi est la volonté générale exprimée par la majorité des citoyens ou de leurs représentans.

» Il ne sera promulgué aucune loi que lorsque le projet en aura été proposé par le pouvoir exécutif, discuté et adopté par la chambre des représentans des communes et décrété par le sénat.

« Pour être membre de la chambre des représentans des communes, il faut être propriétaire et âgé de vingt-cinq ans au moins.

« Le sénat est composé de vingt-quatre membres et ne pourra jamais excéder ce nombre.

» La chambre des représentans des communes *nomme les sénateurs*. Leurs fonctions durent neuf ans.

» Le pouvoir exécutif est délégué au président d'Haïti.

» En matière judiciaire, l'arbitrage est mis au premier rang et peut être regardé comme le droit commun. »

Il serait trop long de suivre les formes nombreuses et variées qu'a prises dans le Nouveau-Monde l'élément électoral, depuis les républiques théocratiques du Paraguay instituées par un ordre religieux soumis lui-même à un régime électoral aristocratique, qui sut fonder un état de cent vingt mille individus, sans propriété, sans dépendance personnelle, sans lois ni civiles ni criminelles, jusqu'aux constitutions de Buénos-Ayres, du Chili, du Pérou et du Méxique, qui depuis 1816 ont proclamé leur indépendance. Toutes les républiques de l'Amérique reposent sur l'élément électoral modifié de diverses manières, et tantôt mêlé d'aristocratie, tantôt purement démocratique, presque toujours uni à un cens assez considérable, condition indispensable de l'élection directe, toujours progressif, c'est-à-dire, adopté comme un essai susceptible d'améliorations et soumis à un certain nombre de dispositions qui règlent le mode de révision de la constitution. Nous avons eu déjà l'occasion de comparer cette dernière précaution, commune à la plupart des constitutions modernes, à celles que prenaient les législateurs de l'antiquité pour éterniser les leurs et les rendre complètement immuables. Ces deux positions législatives appartiennent à deux ordres de choses ou à deux esprits tout différens. L'un est la voie d'autorité qui s'impose au nom du ciel et ne permet ni l'examen ni la désobéissance, l'autre est l'esprit philosophique qui procède par des essais systématiques imparfaits sans doute, mais pouvant, à l'aide d'améliorations successives, approcher de l'idéal d'une société universelle, à un point que personne ne saurait assigner, sans avoir la prétention d'atteindre jamais une perfection absolue.

Par le cens, condition commune à tous les modes d'élection directe, la propriété se trouve associée au pouvoir et devient sa base nécessaire. A l'origine des sociétés et chez presque tous les peuples peu avancés dans la civilisation, le pouvoir n'est que la propriété ; l'idée de propriété est appliquée aux personnes, l'homme devient son objet, la justice et les autres attributs de la souveraineté ne sont qu'une portion du patrimoine. A l'autre extrémité du cercle, après que ces deux idées séparées ont repris chacune la place qui leur convient, que la personnalité s'est dégagée du substantiel et a fait reconnaître ses droits, on retrouve la propriété rentrant comme élément du pouvoir par une nouvelle issue. Elle n'est plus le *præsuppositum* du pouvoir personnel, le mesurant et se confondant avec lui de manière à n'être qu'une seule et même chose, mais une garantie que les droits de souveraineté qui dans ce dernier système appartiennent à chaque citoyen seront exercés d'une manière conforme au bien de l'état, une sorte de complément de la personnalité. Elle ne se confond plus avec la souveraineté, elle est une condition de son exercice ; elle n'en est plus l'objet, mais la base. Loin qu'il se confonde avec elle, le système auquel elle appartient, reconnaît que l'intervention de la propriété est une imperfection, et que le développement complet de l'élément électoral serait de manquer de cette condition sans laquelle il n'ose guère se produire sur le champ orageux des constitutions politiques.

TRACES D'INSTITUTIONS ÉLECTORALES EN FRANCE DÈS LA PLUS HAUTE ANTIQUITÉ.

A l'origine de notre histoire nationale, nous voyons apparaître trois grands peuples : les Gaulois ou anciens Celtes ; les Romains, qui conquirent la Gaule dans le siècle qui a précédé l'ère vulgaire ; les Francs, nation germanique qui, partie des bords du Rhin, s'établit d'une manière stable et définitive dans les provinces du nord, vers la fin du cinquième siècle, et y fonda la monarchie française.

Le gouvernement des Gaules était aristocratique.

Avant l'invasion des Romains, les offices publics y étaient héréditaires.

Les cités indépendantes et souvent en guerre entr'elles, se réunissaient contre l'ennemi commun par une confédération.

Les druides, dépositaires de toutes les connaissances de la nation et chargés de l'éducation, dirigeaient par leurs conseils les affaires publiques ; ils étaient juges dans toutes les causes capitales.

Les druides élisaient un chef. Il était à vie. Il présidait le grand conseil qui se tenait tous les ans dans les forêts du pays chartrain. Son autorité était très-grande, le gouvernement gaulois était fortement mélangé de théocratie.

On ne peut guère douter que les assemblées générales de la nation n'eussent lieu en même temps que celles des druides, puisque l'on ne faisait rien d'important sans l'avis de ces prêtres. Les délibérations ne commençaient qu'après qu'ils avaient offert les sacrifices. On ne sait pas quel nombre de députés les cités envoyaient à ces assemblées.

La Gaule fut réduite en province romaine par Auguste, l'an 725 de la fondation de Rome. Cette circonstance prouve que la fusion des deux peuples était assez avancée pour que les Romains n'eussent plus besoin de déguiser une sujétion qu'ils avaient décorée jusque-là du nom d'alliance.

Vingt-deux ans après, l'an 43 de l'ère vulgaire, l'empereur Claude abolit la religion druidique, qui ne subsista plus que dans les dernières classes du peuple et chez les paysans. Une administration militaire acheva d'effacer les anciennes institutions nationales. Sous Constantin, le christianisme devint une institution politique et un moyen de gouvernement. Tous les chrétiens prirent part à l'élection des évêques.

Au cinquième siècle, le peuple se composait d'esclaves attachés aux personnes ou aux terres et d'affranchis qui étaient artisans. Il ne paraît pas que les *nobiles*, qui étaient tous propriétaires, eussent aucuns privilèges. Ils étaient la plupart *curiales*.

Chaque cité avait des biens fonds et des revenus sur

lesquels les curies furent autorisées à établir des octrois, *vectigalia*. Ces curies étaient un instrument si commode pour la perception de l'impôt, que les rois francs, bourguignons et visigoths, les conservèrent. On connaissait en outre la capitation et les contributions extraordinaires que l'empereur seul pouvait lever.

Sous les empereurs, les Gaules furent tellement pressurées, que la dépopulation se faisant sentir, on porta plusieurs lois pour retenir le peuple ou les colons au service des terres. Les maîtres eurent le droit de poursuivre leurs colons fugitifs : ainsi les colons étaient esclaves de la glèbe. L'élément électoral dut demeurer muet sous une telle oppression.

Néanmoins l'empereur Alexandre Sévère établit des corporations privilégiées de métiers. Ces corporations ou colléges nommaient leurs syndics. Elles étaient pour la plupart composées d'affranchis.

Long-temps étouffé par le despotisme militaire des Romains, le principe de la liberté reparut dans les Gaules avec des caractères inquiétans pour l'empire. L'insurrection avait commencé dès l'an 284. Soutenue par les petits propriétaires des campagnes que ruinaient les exactions et l'inégalité de répartition des impôts, elle força la noblesse à se réfugier dans les cités. Elle fut apaisée par les troupes régulières, mais elle laissa un levain de fermentation qui amena sous Tibuton la confédération de l'Armorique. En 497, cette confédération comprenait tout le pays entre la Seine et la Loire, depuis Nantes jusqu'à Paris. On croit que Clovis se rendit maître de l'Armorique, mais la soumission de ce pays fut volontaire et déguisée sous la forme d'une alliance.

Il paraît certain qu'à l'époque de l'établissement des Francs dans les Gaules, ils avaient déjà fait de grands pas dans la civilisation et qu'ils étaient loin de l'état de barbarie où on se les représente d'ordinaire. La loi salique rédigée outre Rhin est un véritable pacte ou contrat social, quoiqu'elle ne contienne, comme la loi des douze tables, l'organisation d'aucun pouvoir politique. Elle est intitulée au nom de la nation, signe non équivoque que le pouvoir des rois était dès-lors extrêmement minime et qu'ils n'avaient pas la puissance législative.

Le jugement par jury, tant en matière civile qu'en matière criminelle, formait les bases de leur système judiciaire.

Les affaires de peu d'importance étaient décidées dans chaque localité par trois jurés présidés par le centenier et par le dizainier.

Celles d'un ordre supérieur, telles que les compositions pour crimes ou délits, l'étaient par sept jurés nommés *rachimbourgs* présidés par le *grafion*.

Certaines affaires épineuses étaient jugées par une cour composée de trois magistrats nommés *sagbarons*.

Enfin, l'assemblée générale, présidée par le roi, connaissait de tous les appels, des accusations capitales, des affranchissemens. La loi salique, supérieure à celle des douze tables, autant qu'on peut en juger par les fragmens qui nous sont parvenus, avait proclamé comme elle ces deux maximes fondamentales de toutes les constitutions démocratiques : *privilegia ne irroganto. De capite civis, nisi per maximum comitiatum ne ferunto.*

On ne pouvait se pourvoir par appel que pour déni de justice et pour violation de la loi salique. En cas de cassation, les premiers juges étaient punis. Il n'y avait qu'un degré de juridiction.

Ainsi le système judiciaire des Francs était fondé sur le jugement par les pairs : il a subsisté dans les Gaules, pendant près de 600 ans jusqu'à la fin du neuvième siècle.

L'élément électif se déploie avec plus de puissance encore et de régularité dans la constitution du clergé catholique.

Les terres du peuple vaincu avaient été partagées par les divers peuples barbares, avec des conditions diverses.

Chez les Bourguignons, il y eut un partage à moitié, à titre d'hospitalité ; chez les Visigoths, une expropriation des deux tiers, en vertu du droit de conquête. Chez ces deux peuples, le partage eut lieu par la voie du sort, mais les Visigoths et les Romains ne se fondirent jamais, cette grande confiscation les avait désunis sans retour.

Le caractère principal de la royauté mérovingienne consistait dans l'exercice du pouvoir souverain sur les diverses nations soumises à sa domination, en respectant les lois de chacune d'elles.

Au milieu du désordre causé par la diversité de législations qui en résulta, par les guerres civiles et par les exactions en tous genres d'un pouvoir despotique, le clergé toujours en paix, soumis uniformément à la loi romaine, formait le seul lien qui réunit tant de nations et d'élémens divers.

Sous Clovis, il arrivait souvent dans les villes épiscopales que le pouvoir souverain passât dans le chapitre, et les évêques devinrent les premiers barons.

Les évêques étaient élus par le clergé et le peuple. La nomination royale n'était autre chose que la déclaration de la validité de l'élection.

La constitution du clergé était essentiellement démocratique, puisque tout s'y faisait par élection et que les premiers pasteurs de l'église étaient les élus des notables de la ville épiscopale et du clergé.

Cette constitution était alors fort régulièrement établie, la hiérarchie bien marquée, et elle formait incontestablement la société la mieux organisée qui existât dans le monde.

Lorsque le gouvernement féodal s'établit, il ne put, quelqu'ennemi qu'il fût des institutions électorales, demeurer totalement étranger à leur principe. Dans le gouvernement fédératif qui le constituait, il y avait de véritables républiques démocratiques et théocratiques ayant des serfs et des domaines dont elles disposaient patrimonialement.

L'ÉLÉMENT ÉLECTORAL S'EXPRIME DANS LES MAXIMES DE NOTRE ANCIEN DROIT PUBLIC.

On le voit en premier lieu dans le mode de transmission de la couronne. Sous la première et la deuxième race, les rois étaient pris dans la race royale, et en cela on rendait hommage au principe de l'hérédité, mais on les *tisait* parmi les enfans du roi défunt ou même ses parens collatéraux, et en tant on reconnaissait la puissance du principe électoral. Ce n'est que sous la troisième race que la transmission de la couronne s'est fixée à la descendance mâle par droit d'aînesse, sans division du royaume (1).

L'intervention du pouvoir religieux dans le couronnement des rois, qui fit dériver leurs droits d'une autre source, peut aussi être regardée comme une conquête de l'élément électoral, et c'est une chose assez remarquable que la cérémonie du sacre commença à Pepin, époque où le pouvoir sembla changer de nature par la reconnaissance du principe que la dévolution patrimoniale n'emporte pas nécessairement celle du pouvoir et que ce pouvoir peut changer de mains pour des causes de nécessité publique.

L'occupation du trône par le maître d'un des fiefs qui composaient la France, à l'exclusion de l'héritier légitime, amena dans l'hérédité de la couronne l'introduction du système féodal. Ce changement eut lieu au dixième siècle. Il était de la nature des fiefs amovibles ou à vie de ne pouvoir être sujets au partage. Devenus perpétuels ils durent conserver cette qualité, le service attaché à la possession en faisant une conséquence presque nécessaire : de la perpétuité des fiefs suivit le droit d'aînesse. La royauté sous Hugues Capet n'étant autre chose que la possession d'un fief, elle fut soumise par analogie à la loi de la primogéniture dont l'expérience des peuples fit une loi sacrée et constitutive de la monarchie.

On le voit en second lieu par les assemblées nationales qui, dès la plus haute antiquité, furent fréquentes chez les Francs et les Gaulois, et qui, régularisées plus tard, devinrent le contre-poids et le modérateur du pouvoir royal (2).

Charlemagne établit deux sortes d'assemblées différentes : 1° le champ de mai, qui n'était que l'ancien champ de mars régularisé ; 2° le *placitum* ou *parlamentum*, qui n'était guères que le conseil des leudes de la première race.

La première de ces assemblées cessa d'avoir lieu quand le système féodal s'établit, la seconde continua de subsister sous le nom de cours du roi ou des plaids royaux.

Philippe-le-Bel porta en 1302 une ordonnance fameuse qui rendit la cour sédentaire à Paris et lui assigna deux assises par an. « *Propter commodum subditorum nostrorum et expeditionem causarum proponimus ordinare, quòd duo parlamenta Parisiis tenebantur in anno.* »

Ainsi le parlement remplaça la cour du roi ou du moins une portion de la cour du roi. C'est à ce titre qu'il devint la cour des pairs quand les pairs y assistèrent.

Tant que la troisième classe de la nation n'exista pas politiquement, il y eut des conseils de leudes et de barons, mais point d'assemblées nationales. Anéanties avec la liberté de tout ce qui ne pouvait être compté parmi la noblesse ou le clergé, elles devaient reparaître avec l'affranchissement des communes.

Ce fut en 1301 que Philippe-le-Bel crut devoir grouper autour de lui la nation tout entière et opposer à l'ambition de Boniface VII, la première de ces réunions des trois ordres de l'état qui furent depuis appelées états-généraux.

La convocation des états appartenait au roi.

« En vertu de lettres de cachet du roi, les sénéchaux
« et les baillis font tenir chacun dans sa sénéchaussée
« ou dans son bailliage trois assemblées, une du clergé,
« une de la noblesse et une du tiers-état.

« Chacune de ces assemblées nomme des députés
« qui se rendent au lieu que le roi à marqué pour
« l'assemblée générale.

« Le mandat des députés peut être exprimé ou tacite.

« La chambre du clergé, celle de la noblesse et
« celle du tiers-état s'assemblent chacune séparé-
« ment et choisissent un ou plusieurs présidens, un
« ou plusieurs secrétaires et deux ou trois assesseurs ;
« elles nomment aussi quelqu'un pour haranguer le
« roi. »

Aux états appartenait :

1° La nomination du régent lorsqu'il n'y a pas été pourvu par le roi; 2° l'élection d'un nouveau monarque lorsque le roi meurt sans laisser d'héritier; 3° l'élection du régent lorsque plusieurs personnes prétendent à la régence; 4° l'élection entre plusieurs prétendans à la couronne; 5° l'approbation ou le rejet d'une déclaration de guerre offensive; 6° enfin la connaissance de tous les projets de loi ou de toutes les déterminations pour la validité desquelles leur concours est déclaré néces-saire par les lois ou les usages du royaume.

Ces états étaient convoqués toutes les fois que le roi le jugeait nécessaire. Toutefois il y avait des cas où la nation pourrait les convoquer elle-même, c'est-à-dire, où les grands du royaume, les princes et les pairs pouvaient faire cette convocation, sans attentat contre l'autorité souveraine.

NOTES.

(1) « Quant à l'ancienne école je lui nie sa doctrine « des rois de la première et de la seconde race; je sou- « tiens que l'élection était partout, qu'il ne pouvait y « avoir usurpation là où il y avait élection. Il y a plus: « j'avance que l'hérédité est une chose nouvelle dans « les successions souveraines ; que l'antiquité euro- « péenne tout entière l'a ignorée, que cette hérédité n'a « commencé qu'à Hugues Capet, au dixième siècle, « par une raison que j'indiquerai dans un moment. » Chateaubriant, *Études historiques*, préface, pag. 116.

(2) « De grandes ou de générales assemblées du peu- « ple où se rattachaient des sacrifices païens furent « tenues à des époques annuelles et à des lieux déter- « minés. On choisissait ordinairement le voisinage « d'un fleuve ou une île dans le fleuve, ou bien encore « un lieu où aboutissaient les limites des différens « cantons. Les princes francs réunissaient ordinai- « rement le peuple en un lieu du Bas-Rhin, par « exemple, Anderbach, Ingelnhiem ou d'autres con- « trées. Les Mérovingiens, dans le merz ou champ de « mars. De ces grandes assemblées en Franconie et en « Saxe et dans le reste de l'Allemagne qui sans doute « coïncidaient avec les trois sacrifices annuels du pa- « ganisme, sont nées depuis les justices volontaires « qui se tenaient deux ou trois fois l'an, ordinairement « au printemps ou à l'automne.

ANALYSE DES DIVERSES CONSTITUTIONS QUI SE SONT SUCCÉDÉES EN FRANCE DEPUIS 1791.

La constitution de 1791 est la plus rationnelle de toutes celles qui ont été promulguées pendant la révolution. Néanmoins elle fait une scission si violente avec l'empire du fait ou l'ordre de choses existant à l'époque de sa promulgation, qu'elle ne pouvait évidemment être qu'un état passager, une crise politique.

1° La représentation y est proclamée en principe et par elle la souveraineté du corps de la nation : « La « constitution française est représentative : les repré-« sentans sont le corps législatif et le roi. »

2° Le gouvernement est encore monarchique : Le pouvoir exécutif est délégué au roi, pour être exercé sous son autorité, par des ministres et autres agens responsables. Le pouvoir judiciaire est délégué à des juges élus à temps par le peuple.

3° Unité et permanence de la représentation nationale :

« L'assemblée nationale formant le corps législatif, « est *permanente* et n'est composée que d'une *seule* chambre. »

« Elle sera formée tous les deux ans par de nouvelles élections, sept cent quarante-cinq représentans.

4° Élection à deux degrés et nécessité du cens; assemblées primaires. Pour en faire partie, il suffit de payer une contribution égale à trois journées de travail.

Les assemblées primaires nomment les électeurs. Pour l'être, il faut être propriétaire ou usufruitier d'un bien évalué à un revenu égal à deux cents journées de travail.

5° La représentation est souveraine: le refus du roi aux décrets du corps législatif qui lui sont présentés, n'est que suspensif.

L'acte constitutionnel de 93 a une tendance encore plus prononcée à la démocratie. Il fait participer le peuple directement à la décision des affaires publiques, comme dans les républiques anciennes. Il met les armes à la main de tous les citoyens et atteste par là l'état de crise extraordinaire où se trouvait la société. Enfin il réduit la justice civile à un par arbitrage.

Art. 58. « Le projet de loi est imprimé et envoyé à toutes les communes de la république, sous ce titre : Loi proposée.

Art. 59. « Quarante jours après l'envoi de la loi proposée, si dans la moitié du département plus un, le dixième des assemblées primaires régulièrement formées n'a pas réclamé, le projet est accepté et devient loi. »

Le conseil exécutif est composé de vingt-quatre membres. Cette division du pouvoir exécutif détend encore le nerf de l'autorité publique en même temps qu'elle aggrandit la tyrannie.

La justice civile est rendue par des arbitres. Tous les Français sont soldats, ils sont tous exercés au maniement des armes.

Vient ensuite la constitution de 95. Ici, la royauté

est détruite, mais la démocratie recule visiblement devant la puissance militaire du pouvoir exécutif. L'empire du fait étouffe l'ordre intellectuel dont l'idéal s'était présenté au législateur de 91. La représentation est scindée en deux corps.

Le corps législatif est composé d'un conseil des anciens et d'un conseil des cinq cents.

Le corps législatif est permanent.

Les résolutions du conseil des cinq cents adoptées par le conseil des anciens, s'appellent lois.

Le pouvoir exécutif est délégué à un directoire composé de cinq membres nommés par le corps législatif faisant alors les fonctions d'assemblée électorale, au nom de la nation.

Le conseil des cinq cents forme au scrutin secret, une liste décuple du nombre des membres du directoire qui sont à nommer, et la présente au conseil des anciens, qui choisit, aussi au scrutin secret, dans cette liste.

Enfin, la constitution de 99 fit encore rétrograder l'élément démocratique. Le pouvoir public se concentre et s'affermit tout à la fois : se concentre par l'institution de trois consuls, par la hiérarchie électorale dont chaque degré n'émet que le dixième des éligibles, les listes de confiance, la nécessité d'un cens très-élevé; s'affermit, se fixe par l'institution d'un sénat à vie, de consuls pour dix ans, des conseils électoraux à vie. C'est en quelque sorte un commencement d'aristocratie.

Voici quelles furent les principales dispositions de la constitution de 99.

« Les citoyens de chaque arrondissement communal

désignent, par leurs suffrages, ceux d'entr'eux qu'ils croient les plus propres à gérer les affaires publiques. Il en résulte une liste de confiance contenant un nombre de noms, égal au dixième du nombre des citoyens ayant droit d'y coopérer.

Les citoyens compris dans les listes communales d'un département, désignent également un dixième d'entr'eux. Il en résulte une seconde liste dite départementale, dans laquelle doivent être pris les fonctionnaires publics du département.

Les citoyens portés dans la liste départementale désignent pareillement un dixième d'entr'eux : il en résulte une troisième liste qui comprend les citoyens de ce département, éligibles aux fonctions publiques nationales.

La représentation se divise en trois corps, le sénat conservateur, le tribunat et le corps législatif qui participent à la confection des lois et dont les sessions sont intermittentes.

La nomination à une place de sénateur se fait par le sénat qui choisit sur trois candidats présentés, le premier par le corps législatif, le second par le tribunat, et le troisième par le premier consul.

Toutes les listes faites dans les départemens en vertu de l'article 9, sont adressées au sénat : elles composent la liste nationale. Il élit dans cette liste les législateurs, les tribuns, les consuls, les juges de cassation, et les commissaires à la comptabilité.

Le gouvernement est confié à trois consuls nommés pour dix ans et indéfiniment rééligibles.

Les collèges électoraux d'arrondissement ont un membre pour cinq cents habitans domiciliés dans l'arrondissement. Le nombre des membres ne peut excéder deux cents ni être au-dessous de cent vingt.

Les colléges électoraux de département ont un membre par mille habitans domiciliés dans le département, et néanmoins ces membres ne peuvent excéder trois cents ni être au-dessous de deux cents.

Les membres des colléges électoraux sont à vie.

Pour parvenir à la formation des colléges électoraux de département, il est dressé dans chaque département une liste de six cents citoyens les plus imposés au rôle des contributions foncière, mobilière et somptuaire, et au rôle des patentes. »

A ces différentes constitutions, succéda le sénatus-consulte organique du 18 mai 1804, qui conféra la couronne à la descendance directe, naturelle et légitime de Bonaparte, de mâle en mâle, par ordre de primogéniture et à l'exclusion perpétuelle des femmes et de leur descendance.

Seconde partie.

DE LA NATURE DE L'ÉLÉMENT ÉLECTORAL.

Quel serait le système de gouvernement qui satisferait le mieux toutes les opinions?

Dans les républiques comme dans les monarchies, c'est toujours, par le fait, plusieurs hommes et toujours le petit nombre qui gouvernent les autres.

La question, qui doit être ce petit nombre? est répondue ou par le hasard ou par la libre détermination, ou par l'un et l'autre à la fois.

En désespoir de trouver aucun homme qui agisse toujours d'une manière raisonnable, on ne veut pas que la décision appartienne à un seul; on partage le pouvoir.

De là viennent les résolutions par assemblées, l'alternat qui limite à un certain temps la durée des emplois, l'accord que l'on exige quelquefois entre plusieurs individus ou plusieurs corporations, la division du pouvoir en fractions qui soient, autant que possible, indépendantes les unes des autres.

C'est plutôt reculer la difficulté que la résoudre. En

effet, tant qu'un petit nombre d'hommes dispose du sort des autres, rien ne peut garantir à ceux-ci, que ceux qui disposent d'eux agiront toujours d'une manière raisonnable.

Le seul moyen de résoudre cette difficulté serait de trouver un état dans lequel chacun prononcerait sur son propre sort, c'est-à-dire, où le citoyen, dans la sphère d'activité ou d'influence qui lui appartient ou qu'il a acquise, emploierait toute sa puissance à déterminer dans le sens qui lui semble le plus convenable, les élémens de sa destinée future. Si un pareil résultat était obtenu, on pourrait soutenir, d'abord, que le citoyen qui se détermine ainsi dans le cercle de sa compétence est (humainement parlant), souverain, et même revêtu d'une sorte d'infaillibilité, par rapport à ce qui se passe en lui-même, parce que tout être est présumé posséder la mesure de connaissances et de ressources qui lui sont nécessaires pour pourvoir à sa conservation et atteindre le degré de bonheur dont il est susceptible : En second lieu, qu'il est non recevable à se plaindre de ce résultat, parce qu'il a été libre d'employer sa puissance en tel ou tel sens, et que, s'il n'a pas acquis un degré d'influence supérieur à celui qu'il exerce dans la société, il ne peut l'imputer à personne en particulier, et qu'il ne doit s'en prendre qu'à lui-même. Telle serait une constitution dans laquelle tous pourraient participer au gouvernement, en raison exacte de leur influence naturelle dans la société; tous élisant tous dans la mesure de leur influence sociale respective.

Tous les autres modes de constitution imaginables ne satisfont pas aux conditions du problème; celui-là le résoud, autant qu'il est humainement résoluble. Chacun y prononce sur son propre sort avec toute l'influence qu'il a su acquérir. D'où infaillibilité relative ou du moins impossibilité de se plaindre, si ce n'est de soi-même. Alors on pourrait dire au peuple avec vérité, ce que les ministres disent souvent aux chambres, dans nos gouvernemens constitutionnels : Ce que vous avez, vous l'avez bien voulu. Ce qui paraît être le but et le résumé de tous les efforts du gouvernement représentatif. Avec une élection universelle, périodique, incessante, on pourrait ajouter : et vous ne l'aurez que pendant le temps et de la manière que vous le voudrez; ce qui, joint à l'impossibilité morale d'une révolution, paraît être la perfection idéale de la démocratie.

L'ÉLECTION VRAIE EST L'EXPRESSION DE TOUTES LES INFLUENCES.

On ne saurait trop se pénétrer de cette vérité, qu'aujourd'hui l'opinion publique est, si l'on ose s'exprimer ainsi, le seul critère de la légitimité. Toute influence naturelle sur la société est donc un pouvoir légitime et il est évident que s'il était possible de constater toutes ces influences et d'en recueillir l'expression, on aurait obtenu le véritable vœu de l'opinion publique. La difficulté consiste dans l'appréciation et dans l'expression de ces influences.

Rien n'est plus opposé à un pareil résultat que d'admettre l'égalité absolue des votes. On ne peut, sans fouler aux pieds l'opinion publique, considérer l'influence de l'ignorant manœuvre comme égale à celle de l'homme éclairé dont le savoir exerce un ascendant si raisonnable sur les décisions de ses concitoyens; celle du malheureux qui vit de son travail et dans la dépendance de tout ce qui l'entoure, à l'exception de sa propre famille, comme égale à celle du riche propriétaire, du négociant industrieux dont les entreprises et les vastes exploitations répandent l'abondance dans des provinces entières. L'égalité des votes est donc injuste, déraisonnable, en opposition formelle avec l'opinion publique, qui n'est que l'expression de toutes les influences naturelles.

Si notre i i électorale avait posé comme base du droit à l'élection, uniquement la propriété foncière, on concevrait l'admission de ce système dans un état de société qui tendrait à se fixer. Une pareille vocation n'est autre chose en effet que la consécration publique et solennelle de la propriété foncière, de l'hérédité. C'est l'hérédité en tant qu'elle constitue la propriété qui serait appelée à élire les représentans de la nation. Mais admettre d'une manière privilégiée, comme on l'a fait, la science ou la petite fortune mobilière à l'élection, ce n'est plus respecter l'hérédité, c'est proscrire au contraire ce vieux principe des légitimités; c'est seulement admettre une influence à l'exclusion des autres. C'est une injustice et une bizarrerie.

En un mot, si vous représentez une nation par ses grands propriétaires fonciers, je respecte votre loi parce que j'y reconnais un élément de conservation; mais si vous donnez toute l'influence à la petite propriété mobilière, je ne vois qu'une ridicule déception dans une loi qui présente comme un élément d'hérédité ce qui lui est le plus contraire, et je me plains d'une injustice qui admet, à l'exclusion des autres influences, la propriété mobilière, celle de toutes qui est le plus souvent dépendante de l'aveugle hasard et qui suppose le moins l'aptitude aux hautes fonctions publiques.

Une fois le principe de l'hérédité sacrifié, il devient nécessaire, à moins d'admettre le vote universel avec égalité de voix absolue, de recourir à l'ordre des influences. Un système d'élection qui serait le résultat fidèle de toutes les influences morales, serait sans contredit le plus parfait.

Or il n'existe qu'un moyen d'approcher de ce résultat. C'est l'établissement de plusieurs classes d'électeurs dont les uns seraient élus par les autres : un ordre électoral hiérarchique restreint dans les limites qui lui sont tracées par la nature même des choses, et produisant comme une manifestation graduée et successive, un développement systématique et régulier de la raison publique. Nous avons vu ce mode admis, mais avec l'élément hétérogène du cens, dans un grand nombre d'états modernes.

Et qu'a donc un pareil système de si contraire à la raison et aux idées dominantes? L'établissement d'une égalité absolue ne peut entrer dans la tête de personne, elle est aussi contraire à la nature qu'incompatible avec la conservation de la société. Or si quelqu'inégalité doit exister entre les citoyens du même état, ou, ce qui revient au même, s'il est nécessaire que quelques influences se fassent remarquer et sentir, n'est-ce pas aux influences morales, à ces existences spontanément créées par l'opinion publique qu'appartient le plus haut caractère de légitimité.

Nous admettrions la possibilité d'une représentation nationale, c'est-à-dire, que nous regarderions, sur les grandes questions qui concernent nos familles et nos propriétés, la sûreté et la morale publiques, nos intérêts les plus chers en un mot, le vote d'un député comme équivalent à celui de tous les citoyens du département ou de l'arrondissement qu'il représente, et sur une question secondaire, le choix d'un électeur, nous n'admettrions pas la possibilité d'une pareille représentation ! Quand il s'agit de voter l'impôt, c'est-à-dire, de m'enlever une partie notable de ma fortune, l'opinion d'un seul homme me paraîtra équivalente à celle de deux ou trois cent mille, et quand il s'agira seulement d'exercer une influence très-limitée sur le choix de cet homme, je ne croirai pas que le vote d'un de mes concitoyens puisse équivaloir à celui de cent ou de deux cents personnes. Quelle inconséquence et quelle bizarrerie !

D'un autre côté, la question à résoudre pour arriver à l'élection, n'est qu'une question de fait, et du fait le plus simple, le plus facile à constater, un fait sur lequel tous les citoyens peuvent prononcer et prononcent en effet à chaque instant. Quel est le degré d'attachement, d'estime, de respect que mérite par sa conduite publique et privée un de leurs concitoyens, quelle confiance il leur inspire, quelle influence morale il a su se concilier. C'est une sorte de censure à la portée de tout le monde, du bas peuple lui-même, qui apprécie sainement les qualités morales et se méprend rarement sur le caractère de l'honnête homme et du bon citoyen.

Donc, deux conséquences importantes auxquelles nous devons nous attacher : Tout citoyen, à quelque classe de la société qu'il appartienne, est apte à résoudre la question électorale. — Il n'est pas déraisonnable, il est même juste et naturel que tous les citoyens n'exercent pas la même mesure d'influence dans les affaires publiques.

CLASSIFICATION DES INFLUENCES.

Dans notre état présent de société et dans nos mœurs, il semble que l'on peut ramener à trois ordres ou moyens termes, les influences morales dont nous recherchons l'expression. Quelqu'infinies qu'elles soient en nombre et en variétés, il est nécessaire pour mieux fixer nos idées de considérer exclusivement quelques-unes des principales : la richesse, le savoir, la naissance, la vertu, le talent.

L'influence de la richesse se range naturellement sous trois catégories : l'homme qui vit de son travail, le propriétaire aisé, le grand propriétaire. On sent que la distinction des rangs n'existe réellement qu'entre ces trois classes. Il est plus difficile d'établir, et surtout de nommer les classifications des autres influences. Nos oreilles et notre esprit ne sont point accoutumés à ces divisions. Cependant elles existent dans la société, pourquoi ne les nommerait-on pas ? L'influence du savoir se classe assez naturellement en ignorant, homme instruit, savant ; celle de la naissance, bas peuple, famille honnête, noblesse ; de la vertu, homme ignoré, homme d'une probité reconnue, saint ou héros ; du talent, médiocre, distingué, supérieur. Sans doute ces degrés n'ont rien d'absolu et ils sont liés les uns aux autres par une foule de degrés intermédiaires, mais ils peuvent être regardés comme des termes moyens auxquels il est commode de ramener l'effet social de ces influences; comme constituant seuls, dans le cours ordinaire des choses, des classes distinctes qui ne peuvent être franchies que par la combinaison et avec le secours de plusieurs autres moyens d'influence réunis sur le même individu. Tel homme de la basse classe du peuple a fait une action héroïque, il a rendu un service éminent à la patrie. Pourquoi n'irait-il pas prendre place à côté du grand propriétaire ? S'il s'est acquis une grande réputation, si l'admiration qu'il inspire est universelle, pourquoi ne serait-il pas admis à prendre aux affaires du pays la même part que celui qui descend des plus illustres aïeux ou qui occupe un rang distingué parmi les savans de l'Europe. Cette censure publique ne serait-elle pas un noble encouragement à la vertu, une leçon aussi morale qu'efficace et juste ? Tel autre n'appartient qu'à la classe des propriétaires aisés, mais il est d'une haute naissance, il a de l'intégrité, des lumières, pourquoi n'irait-il pas s'asseoir parmi les électeurs de premier ordre, à côté des plus grands talens et des plus illustres notabilités littéraires ? On sent, en un mot, que les influences diverses qui agissent sur la société, peuvent se combiner de mille manières et qu'elles peuvent avoir pour effet d'élever le citoyen qui les exerce, d'un ou même de deux degrés à la fois. Il est aisé de rendre cette proposition sensible à l'aide du tableau suivant :

	Richesse.	Naissance.	Vertu.	Savoir.	Talent.	
5	Vivant du travail de ses mains.	Bas peuple.	Ignoré.	Ignorant.	Médiocre.	3
1000	propriétaire aisé.	Famille honnête.	Probité reconnue	Instruit.	Distingué.	2
50,000	Grand propriétaire.	Noblesse.	Sainteté ou héroïsme.	Savant.	Supérieur.	1

On pourrait rendre ce tableau beaucoup plus complet, en écrivant un plus grand nombre d'influences et en divisant chacune d'elles dans toutes ses variétés.

Si l'on suppose que le nombre des électeurs de troisième ordre soit le cinquième de la population, c'est-à-dire, que chaque électeur de troisième ordre exerce une influence moyenne sur cinq personnes, cinq sera la valeur numérique d'un électeur de troisième ordre. Si l'on suppose de même que chaque influence de la deuxième classe en vaille deux cents de la troisième, mille sera la valeur numérique des influences de deuxième classe. Enfin si l'on suppose que chaque influence de première classe vaut cinquante influences de la seconde, on aura 50,000 pour la valeur des influences de cette première classe. C'est ce qu'expriment les chiffres qui se trouvent à gauche du tableau correspondant aux trois ordres d'influences ou d'électeurs, classés par les chiffres qui sont à droite.

En général 500 étant le nombre des électeurs de premier ordre, ou des représentans, x et x' le rapport des électeurs ou des influences de seconde classe à celles de la première et de celles de la troisième à celles de la seconde, A la population totale, on a : $5\,x\,x'\times 500 = A$. En faisant varier les quantités x, x', et A, on pourra obtenir telle autre classification que l'on pourra souhaiter.

Ce tableau, malgré sa grande simplicité, suffit pour rendre sensible à l'œil, 1°. l'énorme injustice que produit le privilége de la propriété admis exclusivement ou le cens électoral, puisqu'il ravit à chaque électeur tous les autres moyens d'influence qu'il possède, chacun desquels peut être égal en valeur à ce moyen d'influence privilégié ; 2°. que si tous les moyens d'influence restaient rigoureusement renfermés dans leurs classifications, il faudrait pour s'élever à une classe supérieure, sans posséder une influence de cette classe, cumuler un nombre d'influences de la classe à laquelle on appartient, égal au rapport dans lequel la classe d'influences que l'on veut atteindre surpasse celle dans laquelle on se trouve. Il faudrait, par exemple, 50 influences de seconde classe pour équivaloir à la première dans l'hypothèse que nous avons faite ; 3° mais que ces classifications n'étant pas rigoureuses, et chaque influence s'étendant dans l'application, et se développant d'une manière continue depuis la troisième classe jusqu'à la première, une seule influence de deuxième classe, impuissante pour arriver à la première classe, peut cependant être assez forte pour que, combinée avec une autre influence de deuxième classe très-élevée, ou même de première incomplète, elle produise une valeur numérique égale à cette première classe. Propositions qui ne sont pas oiseuses sous le rapport de la théorie, et qui, à l'aide du petit tableau qui précède, n'ont besoin que d'être énoncées.

On a demandé souvent ce que représente l'élu dans les chambres, et l'on a dit qu'il représentait des intérêts et non des opinions.

Ce mot, qui paraît heureux au 1er abord, n'est cependant rien moins que juste ; l'illusion qui le fait adopter sans réflexion, tient à plusieurs causes : chacun sent qu'il est impossible de représenter des opinions, l'opinion de chaque citoyen étant nécessairement différente de celle de ses concitoyens, puisqu'il y a autant de nuances dans les opinions qu'il y a de variété dans les esprits et les caractères. Or si l'on ne représente pas les opinions, on est conduit à dire que ce sont les intérêts ; car il est convenu que l'on doit représenter ses commettans ou quelque chose qui leur est propre, et les intérêts sont la partie matérielle et positive de la société. Puis les habitudes mercantiles se mêlant aux principes politiques, et la moyenne classe de la société arrivant aux affaires publiques avec des idées renfermées ordinairement dans le cercle des rapports domestiques, on assimile naturellement la grande société publique qui forme l'état à une société de commerce, dans laquelle on stipule et on représente en effet des intérêts.

On dit donc et l'on répète avec assurance que l'on représente des intérêts et non des opinions. Pour nous il nous semble que l'on ne peut pas plus représenter dans un gouvernement les intérêts que les opinions. Quelles sont en effet les limites tracées au député dans la stipulation des intérêts de ses commettans, quelles règles lui sont imposées par eux? L'homme de leur choix ne demeure-t-il pas le maître absolu de sa conduite politique et de sa pensée? n'est-il pas indépendant de ceux dont il tient ses pouvoirs, sauf les chances de non réélection? On représente des intérêts et non des opinions; mais le député représenterait souvent des intérêts contraires, comment concilierait-il les rôles incompatibles qui lui seraient imposés? Qu'il s'agisse d'une loi de contribution, par exemple, il serait précieux de connaître quels intérêts il représente. Est-ce ceux des propriétaires fonciers ou bien les intérêts du commerce et de l'industrie? d'une loi sur l'instruction publique, représente-t-il l'intérêt des pères de famille ou celui des instituteurs et du monopole universitaire? d'une loi sur les douanes, sera-ce l'intérêt de nos manufactures ou celui des commerçans, que les douanes entravent dans leurs entreprises? Le député est l'élu, ou est censé l'élu de tous. Il représenterait donc mille intérêts divers et contraires, entre lesquels il n'a d'autre guide que son opinion personnelle, variable, indépendante de celle de ses commettans. Il est vrai que la conduite politique antérieure d'un citoyen, son caractère, sa moralité, font apprécier à l'avance, d'une manière approximative du moins, les opinions qu'il défendra et la conduite qu'il devra probablement tenir à la chambre; c'est donc son opinion que les électeurs adoptent principalement et le député est l'homme de telle opinion, de tel parti. Il semble que dans l'état présent des choses, ou représente plutôt des opinions que des intérêts.

Cependant, il faut le reconnaître, on ne peut représenter ni l'un ni l'autre de ces élémens. Ce que le résultat électoral représente ou plutôt ce qu'il exprime est l'influence. L'influence d'un citoyen est moins variable que ses opinions. L'influence qu'il exerce sur une population s'exprime par son choix même, si la loi d'élection est bien faite, et ainsi disparaît, dans un système d'élection rationnel, l'impossibilité absolue qui existe à représenter les intérêts ou même les opinions.

Le cens, considéré comme unique base du droit électoral, confond tous les moyens d'influence et leurs classifications diverses. C'est une espèce de mécanisme aveugle dont le résultat, si l'on fait abstraction des affaires de parti, n'est guère qu'un produit du sort; c'est-à-dire, que les élections sont précisément, et ne peuvent être que l'expression d'influences frauduleuses et illégitimes que la loi devrait réprimer.

Lorsque le cens exigé est très-élevé, le résultat électoral est une sorte de représentation de la longue possession ; cette représentation offre une garantie puissante, l'intérêt au maintien de l'ordre établi. C'est une sorte d'aristocratie fondée sur la propriété. Mais quand le cens est abaissé à 200 fr. ou même au-dessous, la longue possession ni la grande propriété ne sont aucunement représentées ; car rien de si instable aujourd'hui que les fortunes de cette nature ; elles peuvent se composer en grande partie de valeurs mobilières, le commerce et quelquefois l'agiotage y ont la plus grande part. Evident dès-lors que toute idée de fixité et de conservation disparaît. Vous n'obtenez qu'un fantôme d'aristocratie dérisoire. D'une part vous ne représentez pas la grande propriété, lorsque vous admettez l'égalité de votes entre le propriétaire qui paie mille francs de contributions moins quelques centimes, et celui qui en paie 200 ou moins; de l'autre vous ne représentez pas les masses lorsque sur 200 individus, on le suppose, vous en admettez un seul au privilège de l'élection, estimant ainsi à zéro la volonté et la force de 199 citoyens dont les bras et l'industrie servent et défendent l'état.

Il y a oppression et injustice, et l'opinion publique l'a compris. Il y a oppression, parce que tout moyen à l'aide duquel une influence morale, juste et naturelle est anéantie, est une destruction, une violence faite à l'opinion. C'est, dans la réalité, l'anéantissement d'une existence sociale. Ceci n'est point une subtilité. Le citoyen qui a une influence égale à 1000 a le droit d'exercer cette influence dans les affaires publiques. On ne peut sans injustice méconnaître sa puissance. Si on la compte comme égale à celle du citoyen qui n'a qu'une influence égale à cinq, il est clair qu'on lui ravit, non pas seulement les 199/200 de son existence sociale, mais beaucoup plus que cette portion, parce qu'à mesure que l'influence s'élève, elle devient plus rare et a plus de valeur. Et de même, si l'on ne tient aucun compte de l'influence d'une multitude de citoyens utiles à la patrie et dont l'influence morale est de nos jours très-réelle, encore bien qu'ils n'exercent d'autre droit politique que celui de porter les armes avec un dévouement digne d'éloges pour la défense commune, on commet une autre injustice, parce qu'on méconnaît une influence qui n'est pas détruite par cela seul qu'on la nie, influence naturelle et légitime tant qu'elle demeurera à sa place et qu'elle pourra s'exprimer régulièrement.

Encore une fois admettre à l'élection la petite propriété et la propriété mobilière à l'égal de la grande propriété territoriale, c'est, non pas accorder à la petite propriété une faveur; car le pouvoir ne crée point, il ne peut que conserver ; il n'environnera jamais, quoi qu'il fasse, l'électeur de 200 fr. ou au-dessous de la considération dont jouit le citoyen dont les ancêtres ou les vastes entreprises ont assis sur le territoire une fortune imposante, mais c'est détruire, c'est réduire à 200 fr. l'électeur de 1000 fr. C'est lui enlever toute son influence, anéantir en un mot son existence sociale, politique aussi injuste qu'elle est absurde et ridicule. Aussi qu'arrive-t-il ? Il proteste et il proteste avec énergie. Le plus souvent il déserte l'élection, se réservant, si l'attaque à son existence politique devenait plus tard une attaque à son existence sociale toute entière, de déserter le territoire comme il a déserté les affaires publiques. Car tel est le mode naturel de protestation de toute puissance légitime et forte. Elle n'a qu'à se retirer.

Quant aux masses, car les masses sont bien aussi quelque chose dans l'état, on devrait comprendre enfin que leur influence mérite d'être prise en considération et d'être régularisée. Les masses sentent leur puissance; parce qu'on leur refuse tout moyen d'en manifester l'action sur la direction des affaires publiques elles ont recours à un mode de protestation terrible, et dont nous avons trop souvent fait l'expérience, l'émeute ; l'émeute est le moyen à l'aide duquel le bas peuple fait connaître son opinion, c'est sa protestation, comme la protestation de la haute propriété est la fuite des emplois du gouvernement et des élections.

LA PERMANENCE ET LA MOBILITÉ DE L'ÉLECTION CONVIENNENT A NOTRE ÉTAT DE SOCIÉTÉ.

Nos ancêtres ont admiré comme un chef-d'œuvre de mécanique la machine de Marly que le cri et les froissemens de ses rouages font regarder aujourd'hui comme le monument d'un art encore imparfait. C'est qu'en effet le triomphe de l'art est d'obtenir, avec le moins d'efforts, de danger et de bruit, des résultats utiles et vastes.

Les gouvernemens représentatifs modernes avec leur opposition parlementaire, la fréquence des changemens dans le pouvoir, le retour périodique des élections par assemblées, où se produisent constamment les artifices les plus coupables et les plus scandaleuses manœuvres, nous paraissent ressembler fort à cette machine. Le nerf de l'état s'use par tant de froissemens, la raison et la morale publiques s'altèrent au milieu de ces éternels débats, et l'on ne voit pas qu'ils aient su reconstituer jusqu'ici l'ordre social ébranlé par les révolutions. Il est vrai que leur mission n'est pas de créer, mais de concilier, ou plutôt de réaliser dans le gouvernement, l'association des élémens contraires qui travaillent la société et s'y disputent l'empire. Le jour où les idées nouvelles qui font incessamment de nouvelles conquêtes auront obtenu l'assentiment général et trouvé dans les institutions publiques l'expression qui leur convient, cette mission sera terminée et il se fera nécessairement d'importantes modifications dans leur organisme.

Le meilleur gouvernement, le seul vrai, est celui qui sans effort, sans malaise, sans choc, est et demeure à tous les instans l'expression fidèle de la société qu'il régit.

Dans une société en état de développement ou de crise, la force de progrès dépasse infiniment celle de conservation. Le pouvoir public doit revêtir ce caractère de mobilité qui se retrouve dans tous ses élémens. L'élection annuelle semble satisfaire à cette condition.

Mobilité dans les fortunes nées pour la plupart du commerce, des jeux de la banque, de la facilité des transmissions de la propriété, soit par acte entre vifs, soit par l'effet seul de la législation successorale. La propriété ne peut donc faire exception ou obstacle à la loi d'élection annuelle. L'élection doit reconnaître et constater les fortunes nouvelles, en même temps qu'elle conserve aux anciennes leur légitime influence.

Mobilité dans les illustrations. Les guerres de la révolution, les débats parlementaires, la vocation de tous aux emplois publics, font apparaître des hommes de talent, de capacité, de génie, ou mettent le gouvernement dans la nécessité de reconnaître d'éclatans services rendus à la patrie. L'élection libre placera ces hommes à côté de nos plus vieilles gloires, qui verront leur élévation sans jalousie, et cette majestueuse alliance retracera pour ainsi dire toute l'histoire d'un peuple destiné à marcher toujours en tête de la civilisation de l'Europe.

Mobilité dans les opinions philosophiques, dans les habitudes nationales, dans les idées dominantes, et cette mobilité s'exprimera également dans l'appréciation de l'influence que doivent exercer la science, les talens, la vertu.

En un mot, liberté la plus complète dans le mouvement et l'expression des diverses influences qui se sont fait reconnaître au sein de la société.

Ainsi devra disparaître cette misérable classification du cens qui n'est bonne que dans les petites républiques ou bien lorsqu'elle sert à consacrer le principe contraire à l'élection, la longue possession et la légitimité.

Sans doute la grande propriété foncière exprime efficacement une influence infiniment respectable, une influence qui peut suffire seule aux besoins d'une société fixée ; mais la petite propriété, la propriété mobilière, n'a aucune raison exclusive d'influence.

Pour s'en convaincre il suffit d'observer que la tendance politique de telle ou telle classe d'électeurs, la direction qu'elle imprime aux affaires, ne s'établit pas précisément sur la nature des intérêts de cette classe même, mais plutôt sur la nature de ses principes. On n'a donc pas suffisamment justifié le droit exclusif de la classe moyenne, de la petite propriété à l'élection, quand on a dit qu'elle a plus d'intérêt que le bas peuple à la conservation de l'ordre. Le peuple a aussi cet intérêt. C'est au sein de la paix et quand la confiance renaît ou s'établit, que se multiplient pour lui les ressources et les moyens d'assurance. Le peuple est naturellement bon et patient. Le pain et quelques égards lui suffisent. L'expérience démontre même qu'à part les influences supérieures qui le harcèlent et le mutinent, il supporte sans se soulever les plus extrêmes privations, l'excès même de la misère, et que le plus souvent il ne se porte à la révolte que lorsqu'on attaque son moral. Mais la classe moyenne, la classe industrielle, la petite bourgeoisie et le bas commerce sont remuans, haineux, avides d'élévation. Existences d'hier, qui ne rattachent à rien, qui ne reconnaissent presqu'aucun frein moral, qui ne sont pas convenablement assises dans notre état présent de société; hommes tourmentés d'un malaise continuel, dépourvus de l'esprit de famille, sans aucun sentiment des arts, manquant des habitudes nobles, des traditions d'honneur que fait ordinairement naître la longue possession; ils n'ont pas d'idée des affaires publiques, ils y portent la plus ridicule ambition ou la haine la plus fâcheuse contre tout ce qui les efface; ne savent point s'élever à la hauteur de ces idées générales d'ordre et de justice dont doivent être pénétrés tous les dépositaires du pouvoir; conservent dans les emplois publics des habitudes mercantiles, des vues étroites et souvent dangereuses et surtout sont le plus souvent étrangers à cet esprit de désintéressement et de sacrifice qui fait le plus bel apanage de l'homme public. Telles sont les influences qu'admet notre législation électorale, non seulement avec une préférence marquée sur la grande propriété dont elle viole par là les droits, mais avec un privilége d'exclusion absolue sur toute la basse classe du peuple, à laquelle elle n'accorde aucun moyen légal d'exprimer sa volonté.

De la mobilité de la société découle la nécessité d'en manifester à tous les instans la volonté variable, et de rendre l'élection permanente. S'il était possible d'obtenir ce résultat, ce serait, il faut en convenir, le moyen le plus efficace de réaliser la souveraineté électorale dans sa plénitude. On verrait le dernier des citoyens soumettre chaque jour à sa censure, l'électeur de premier ordre qui lui paraîtrait avoir démérité de la patrie. Image vivante de ce pouvoir censorial que l'on observe dans toutes les républiques bien réglées, et qui n'est autre chose que l'opinion publique armée de sa toute-puissance, décimant le pouvoir qu'elle a créé et le frappant sans relâche du stigmate flétrissant. Mais quelque rapide que l'on suppose l'entraînement des événemens et des idées, il faut bien se résoudre à ne constater l'opinion publique qu'à des époques plus ou moins éloignées, dont le retour périodique suffit pour sanctionner ses arrêts.

L'élection ne suppose pas l'impossible. Elle n'exige pas ce qui n'exista jamais dans aucun état de société, l'égalité absolue de rang et de fortune, le nivellement des influences. Elle reconnaît au contraire leurs forces respectives et ne les reconnaît qu'en les exprimant ; l'égalité dans le système électoral n'est donc et ne peut être que l'admission de tous à l'élection et l'admissibilité de tous à l'ordre le plus élevé d'élection.

L'admission de tous à l'élection, parce que la simple raison dit assez que l'élection est d'autant plus parfaite, d'autant plus complète, d'autant plus sûre, qu'elle est exercée sur un plus grand nombre d'individus et par un plus grand nombre d'influences. L'élection est le triomphe de la volonté et de la raison individuelles, c'est sans contredit le plus hardi développement de l'individualisme. Or la volonté individuelle qui ne s'exprime jamais et ne peut s'exprimer, dans quelqu'ordre de choses et d'idées que ce soit, que par voie d'élection, s'exprime d'autant mieux que son choix porte sur un plus grand nombre d'objets. Toute distinction de classes, tout établissement du cens est évidemment un obstacle au système électif. Tous seront admis à l'élection, tous seront admissibles au plus haut degré d'élection.

L'expression de la volonté est d'autant plus complète, que toutes ses graduations et ses nuances les plus imperceptibles sont mieux respectées, qu'elle est plus abandonnée à elle-même, plus dégagée de tout élément hétérogène, plus indépendante et plus libre ; or, sous tous ces rapports, les meilleurs garanties consistent dans la formation des listes de préférence, l'absence de toutes assemblées tumultueuses, le secret des votes et des précautions légales sévères pour le maintien de l'ordre. Quel spectacle que celui d'une grande nation faisant dans le silence un appel à sa propre raison, se consultant elle-même sans assemblées, sans discours, sans tumulte, et exprimant sans inquiétude comme sans effort le résultat infaillible de l'opinion publique ! Quand Moïse délibérait des affaires du peuple de Dieu, il se retirait seul dans le sanctuaire et y recueillait dans le silence les oracles du seigneur.

Certes si un pareil ordre politique est possible, s'il est donné à notre civilisation moderne d'atteindre à de semblables résultats, rien de plus imposant n'aura jamais laissé de traces dans les annales des nations.

DU DÉPOUILLEMENT DU SCRUTIN.

Le problème électoral ne consiste pas seulement à recueillir la volonté des influences sociales, il faut encore former ou plutôt formuler, c'est-à-dire, constater légalement ces influences. L'ascendant qu'un citoyen exerce sur ses semblables, l'influence qu'il s'est acquise sur la société, se révélant par le nombre de voix qu'il obtient, il est aisé, en faisant passer à l'ordre d'électorat supérieur celui qui réunit un nombre déterminé de voix, de personnaliser politiquement son influence, qui, sous cette forme, pourra appliquer elle-même, d'une manière analogue, toute sa force d'action à la formation d'influences ou à la création d'actes politiques ultérieurs. On conçoit donc comment, au moyen d'une élection d'élection ou hiérarchique, un très-petit nombre de dispositions législatives pourraient tout à la fois reconnaître les influences sociales, les constater ou les former politiquement, obtenir ou exprimer leur vœu.

Si des listes sur lesquelles sont inscrits par rang d'âge les noms de tous les coélecteurs du même arrondissement électoral, sont remises à chacun de ces électeurs, et que ceux-ci assignent, chacun sur la liste, par de simples n°°, le rang qu'occupent respectivement dans leur estime tous leurs coélecteurs, il est évident tout d'abord que tous les électeurs auront le même nombre de voix, puisque chacun d'eux sera écrit une fois sur chaque liste.

La préférence entr'eux ne pourra donc s'établir que par le rang d'inscription, et quoiqu'il soit assez difficile d'apprécier exactement la différence qui existe entre un rang déterminé et celui qui le suit immédiatement, cet intervalle consistant dans une différence d'estime ou d'appréciation qu'il est impossible de soumettre à un calcul rigoureusement exact, si cependant on adopte un nombre quelconque pour exprimer cette différence, les résultats comparatifs seront exacts, pourvu que le même nombre soit employé dans toutes les proportions à établir.

Représentons cette différence par l'unité : 1 sera la valeur estimative du premier rang, 2 celle du second, 3 celle du troisième, et en général celui qui obtiendra les rangs les plus élevés, aura toujours la plus basse expression numérique.

Si l'on cherche l'expression des rapports des divers rangs entr'eux, on aura pour expression du rapport du premier rang au second 1 . 2, pour expression du rapport du premier rang au dix-huitième 1. 18, 1. 300, pour expression du rapport du premier rang au dernier s'il y a 300 électeurs sur la liste, et en général le cercle dans lequel se meut l'expression des préférences relatives de chaque électeur, se développe et s'agrandit à mesure que s'accroît le nombre des électeurs.

Pour obtenir l'expression numérique d'un électeur, il suffit de réunir les différentes expressions numériques de toutes les voix qu'il a obtenues. Il faut donc additionner tous les numéros qu'il occupe sur toutes les listes, ou multiplier le nombre de voix qu'il obtient dans chaque rang par le numéro de ce rang ; la somme ou le produit sera l'expression numérique de l'électeur.

Les électeurs seront inscrits sur une liste définitive, dans l'ordre que détermine le chiffre de cette somme ou de ce produit, en commençant par les moins chargés de chiffres ou par les numéros les moins élevés. Cette liste est le résultat général du scrutin.

Ce mode de scrutin, par listes de préférence, rend difficile qu'il se glisse dans l'opération électorale des erreurs qui soient de nature à altérer sensiblement la véritable expression de l'opinion publique.

Les préférences en effet se concentrent naturellement sur un petit nombre d'hommes. Or il est impossible que le choix d'un électeur, s'il est fait de bonne foi, s'égare assez complètement pour qu'un citoyen digne d'occuper les premiers rangs soit placé aux derniers. L'opinion que l'on se fait de telle ou telle personne, est quelque chose de positif, c'est une donnée formée de longue main par sa conduite antérieure, ses habitudes, ses facultés intellectuelles, son caractère moral. Ainsi abstraction faite de tout concert frauduleux, les éligibles se trouveront placés à peu près vers les mêmes rangs par tous les électeurs. Du moins c'est ce qui arrivera généralement pour le petit nombre de citoyens qui ont des chances raisonnables d'admission à l'ordre supérieur. Que s'il en était autrement, si l'un ou quelques-uns des électeurs, portaient aux derniers rangs ceux qui seraient dignes du premier, leur erreur contrôlée par l'immense majorité des autres électeurs se perdrait dans le résultat général ou ne produirait pas une différence numérique de nature à l'altérer notablement. Il est évident, par ex., que le citoyen porté au premier rang par toute une commune et qui par le mauvais choix d'un petit nombre d'électeurs aurait quelques numéros très-élevés, se trouverait néanmoins compris en définitive parmi les éligibles les moins chargés de chiffres ou les premiers élus. En un mot, pour que le résultat de l'opération soit satisfaisant, il n'est pas nécessaire que l'opération soit parfaitement exacte dans toute son étendue, il suffit qu'elle le soit à l'égard des 5 ou 6 premiers selon la quantité d'éligibles que l'on veut tirer du sein d'un arrondissement électoral.

Si l'on oppose à l'application d'un système aussi simple, la difficulté résultant de la longueur des listes, on répond que les citoyens habiles à l'élection ne faisant guère que le cinquième de la population totale et la plupart des communes étant de 12 à 15 cents âmes, il sera facile d'organiser des arrondissemens électoraux dont les listes soient au-dessous de 3 ou 400 noms ; la difficulté pour les gens de la campagne, la basse classe du peuple, d'exprimer leurs choix par écrit, on répond que le numérotage est sans contredit le mode le plus facile de tous. On peut ne pas savoir écrire, savoir lire à peine, et cependant savoir former des chiffres, du moins pour les nombres les moins élevés. La plupart des artisans, des laboureurs, des gens de métier se servent du numérotage dans les travaux de leur profession, et l'idée de préférence qui s'attache à ce classement est si simple et si naturelle, qu'il n'est pas d'esprit grossier qui ne la saisisse. Enfin les électeurs qui ne sauront ni lire ni former des chiffres et qui n'ont dans leur famille personne qui le sache, s'adresseront à leurs voisins, à leurs amis, à des bureaux qui pourraient être établis à cet effet. Il sera difficile qu'ils soient induits en erreur dans l'expression de leur vote. La liste demeurant aux mains de chaque électeur, pendant le délai de quinzaine accordé pour l'opération du scrutin, il pourra vérifier ou faire vérifier autant de fois et par qui il lui plaira si l'ordre qui se trouve établi sur sa liste est sa volonté. Les faussaires retomberont d'ailleurs sous l'empire de la législation pénale ordinaire (1). Enfin ces inconvéniens ne peuvent guère se présenter que dans la classe d'électeurs la moins élevée. Que si plusieurs n'expriment pas leur choix dans toute l'étendue de la liste, ils l'exprimeront du moins pour les premiers rangs, et cela suffira dans la plupart des cas où les chances d'élection ne se balancent qu'entre un nombre très-limité de citoyens.

Nul doute, au reste, que ce mode de scrutin n'ait quelques inconvéniens ; quelle institution humaine n'en présente pas ? mais en est-il de plus facile, de plus simple, de moins dangereux et surtout où l'on puisse se flatter d'atteindre avec autant d'exactitude l'expression de l'opinion publique, de la saisir dans ses nuances les plus délicates, de la suivre dans son infinie mobilité, dans toutes ses variations, dans toutes ses phases ?

Il serait toujours facile d'appliquer l'élection à deux degrés et par ordre de préférence au système administratif qui se trouverait en vigueur dans le pays dont on veut modifier les institutions électorales. Rien n'empêcherait, par ex., de réunir au chef-lieu de département les électeurs de second ordre pour procéder au premier degré d'élection. On aurait ainsi une élection départementale, révisant et contrôlant l'élection communale, et l'homme qui aurait subi ces deux épreuves sans demeurer chargé d'un nombre de chiffres suffisant pour l'exclure, présenterait certainement les plus fortes garanties que ses opinions, ses mœurs, son caractère, ses talens, ont mérité le suffrage et la confiance de la nation.

Au premier degré d'élection, on le répète, la plupart des inconvéniens que l'on vient de prévoir disparaîtraient nécessairement. Il est certain que l'élite des communes donnerait dans l'élection départementale un choix éclairé et complet, et la fixation d'un certain délai moral pour la consommation de l'opinion électorale, l'isolement, le secret des votes, l'inutilité ou même la prohibition de toute réunion qui aurait l'élection pour objet, exclurait complètement ces menées et ces artifices coupables qui souillent trop souvent la plus auguste des fonctions auxquelles puisse se voir appelé le citoyen d'un état libre et policé.

NOTE.

(1) On pourrait en outre porter une disposition pénale ainsi conçue :

Tout citoyen convaincu d'avoir par dons, promesses, menaces ou tout autre moyen illégitime d'influence, capté les suffrages de ses concitoyens, sera déchu du titre et de la qualité d'électeur s'il appartient au troisième ordre, ou passera à l'ordre immédiatement inférieur s'il appartient à l'un des deux premiers ordres, et y demeurera jusqu'à ce qu'il ait été réélu.

DU CENS.

L'ÉLECTION, là même où elle appartient au souverain, entre toujours pour quelque chose dans la distribution des emplois publics ; mais souvent cette élection ne peut se faire que dans une classe de citoyens : ce sont ordinairement dans les états constitutionnels fixés, ceux qui paient un certain cens. C'est en effet le mode le plus régulier. Il respecte à la fois les existences acquises et accorde au mérite personnel la part qui lui appartient.

Quelquefois l'élection commence et la propriété suit, lorsque, par ex., une majorité ou une propriété déterminée, plus ou moins considérable, est attachée à telle dignité, et que pour arriver à cette dignité il ne faut autre chose que le choix du peuple ou celui du prince.

Cette marche nous paraît irrégulière et funeste. Elle met à la charge du pouvoir la création tout entière de ces nouvelles existences, qui ne pourront lui servir d'appui qu'après que de longs services leur auront mérité la considération publique et auront justifié son choix. Il nous semble, pour le dire en passant, que c'est pour cette raison que notre chambre des pairs n'a point dans l'opinion publique l'influence et la considération dont on voudrait l'investir. Elle repose tout entière sur le choix du monarque, et si ce choix ne se porte pas sur de grandes illustrations ou sur des existences sociales déjà formées, loin d'être un appui, cette création est une charge pour sa dignité. Il faut que le monarque soutienne par sa propre force, qu'il anoblisse par sa grandeur personnelle le corps qu'il fixe auprès de lui à un tel titre. Ce corps ne peut remplacer la noblesse qui doit être un intermédiaire entre le peuple et le prince, puisque par lui-même il n'a ni force ni considération.

En y réfléchissant, on sent que la propriété et le mérite personnel sont deux conditions considérables pour le bien du service public. La force morale qu'un citoyen exerce sur ses semblables, son influence, est la mesure des services qu'il peut rendre à l'état. Or cette influence, cette force morale se compose sans contredit de ces deux élémens : *propriété*, puisque dans la société tout ce qui excède le strict nécessaire pour notre subsistance personnelle devient immédiatement un moyen d'action sur ce qui nous environne, et *mérite personnel*, parce que sous les noms de valeur chez les peuples conquérans et barbares, de science ou de talent, d'intégrité, de vertu, chez ceux qui sont arrivés à un plus haut degré de civilisation, il est lui-même un moyen non contesté d'influence sur nos semblables, et en même temps aussi parce qu'il rend le citoyen plus capable de s'acquitter dignement des fonctions que l'état lui confie.

Mais il est des temps et des états de société où le cens est regardé comme une condition moins essentielle ou même doit être totalement rejeté. Qu'il s'agisse d'élire un dictateur, par exemple, personne ne songe à jeter les yeux sur le citoyen qui a la plus grande fortune ou de plus illustres aïeux, mais on choisit celui qui a le plus de génie ou de force d'âme.

Pourquoi? C'est qu'il ne s'agit plus alors de maintenir les règles ordinaires d'un état fixé, mais de rétablir ou de sauver les existences sociales dont la destruction ou le danger cause le bouleversement auquel on cherche un remède; c'est qu'encore la grandeur des conceptions et la force de la volonté sont les plus sûrs, sont les seuls moyens de sauver l'état, et non l'étalage de titres pompeux ou de vastes propriétés qui dans ces temps critiques imposent rarement le respect. Un général d'armée n'a pas besoin non plus de se rattacher à une existence acquise. Pour lui la valeur et le génie sont tout. Il ne peut être promu à cet honneur que par voie d'élection ; ses fonctions et sa puissance cessent avec l'expédition qu'il était chargé de conduire. Chez les peuples nomades et guerriers on accordera donc beaucoup plus au principe électif qu'à l'hérédité (1). Il est encore un autre cas où l'élection domine, c'est celui où le pouvoir n'a qu'une force toute morale, comme dans l'église. Cette société spirituelle a tant de vitalité qu'elle n'a pas besoin de se fonder sur des existences acquises. Si elle cherche à se rattacher aux influences temporelles, si elle s'abaisse aux mêmes calculs politiques que les autres sociétés, elle méconnaît sa grandeur, oublie sa dignité et tombe dans une sorte de dégradation. Elle doit vivre indépendante, puisqu'elle se proclame dépositaire du principe de toute autorité (2).

NOTES.

« (1) Ces gouvernemens (des barbares) paraissent
« avoir été en général des espèces de républiques mili-

» taires, dont les chefs étaient électifs ou passagère-
» ment héréditaires par l'effet de la tendresse, de la
» gloire ou de la tyrannie paternelle. Toute l'antiquité
» européenne du paganisme et de la barbarie n'a
» connu que la souveraineté élective : la souveraineté
» héréditaire fut l'ouvrage du christianisme; souve-
» raineté même qui ne s'établit qu'au moyen d'une
» sorte de surprise, laissant dormir le droit à côté du
» fait. »
M. de Chateaubriant, *Études historiques*, t. 3, p. 143.

(2) « Dans les conditions d'éligibilité on considère
» la plus grande vraisemblance, c'est-à-dire, la volonté
» et la capacité d'accomplir des devoirs imposés. On
» cherche à prévenir par là les erreurs de la multi-
» tude des électeurs ou à les rendre moins nuisibles.
» Cependant nous prouverons en son lieu que d'après
» les véritables principes républicains et même selon
» les règles d'une saine prudence, on ne peut exiger
» pour cette aptitude représentative (il en est autre-
» ment pour les charges et services réels) autre chose
» que la jouissance d'un droit complet de bourgeoisie
» et tout au plus un âge déterminé ; que toutes les au-
» tres règles positives et les exclusions ne font que
» produire de plus grands inconvéniens, des jalousies
» et des discordes, et qu'aussi elles sont la plupart il-
» lusoires ; qu'en général toutes les conditions néces-
» saires ou désirables doivent plutôt être imposées pour
» l'admission dans la communauté même, mais qu'elles
» sont odieuses et presqu'impraticables quand il ne
» s'agit plus que de la jouissance des droits acquis.
» Enfin, en ce qui concerne les formes de l'élection,
» leur régularité et surtout leur perfection consiste en
» ce qu'aucun électeur ne soit privé de son droit de
» vote ou de proposition, qu'aucun ne soit exclu de
» l'éligibilité, et qu'avec une brièveté dans l'opération
» et une liberté de vote les plus grandes possible, le ré-
» sultat de l'élection soit toujours le résultat d'une vraie,
» absolue majorité ; problème difficile, mais qui n'est
» pas insoluble et auquel nous essaierons de satisfaire
» dans la section de la politique des républiques. » M. HAL-
LER, page 181.

OBLIGATION D'ÊTRE PRÉSENT AUX ASSEMBLÉES POLITIQUES.

Partout où il y a exercice du pouvoir public, il doit se rencontrer deux choses : obligation d'y prendre part imposée aux personnes auxquelles il appartient, émolumens ou dédommagemens attachés à l'accomplissement de cette obligation. Ces deux conditions sont dans la nature des choses. La première a pour principe l'esprit de dévouement que suppose le service public, la seconde résulte de ce qu'on ne trouverait personne qui voulût remplir de pareilles charges si l'on n'y attachait quelques émolumens. Ces émolumens sont à la fois une concession faite à la faiblesse et à l'imperfection de l'homme et un juste retour de reconnaissance de la part de l'état. Ces deux annexes à l'exercice du pouvoir se laissent observer même dans ces gouvernemens où le pouvoir en se répandant à l'excès semble se déplacer et changer de nature. A Athènes, par exemple, et dans la plupart des républiques anciennes, les assemblées du peuple, qui d'ailleurs prenait une part directe à la décision des affaires publiques, étaient *obligées* et *rétribuées* (1). Les largesses faites au peuple assemblé et la pénalité ou même les persécutions dirigées contre les absens ne sont qu'une application de ces principes, blâmable à la vérité, mais conséquente pourtant et que l'on retrouve dans les états les plus populaires.

En France, quoiqu'on ait cherché par divers moyens à rendre obligatoire la présence aux assemblées politiques, on n'a guère osé employer pour y contraindre une pénalité légale. Tout ce qu'on peut dire pour inviter tous les citoyens à prendre part aux élections, c'est que cette présence leur est honorable par la considération que procure naturellement l'émission d'un vote sur la grande affaire publique, et éventuellement lucrative par l'espérance de la faveur du député dont on a fait choix; mais l'insuffisance de ces motifs s'est toujours fait sentir par l'absence habituelle d'un nombre plus ou moins considérable des citoyens appelés au travail électoral, à ces époques surtout où une opinion voulait se détacher ostensiblement du gouvernement ou de son système.

Il faut en convenir, il existe sous ce rapport, dans les législations de nos gouvernemens représentatifs, une lacune difficile à combler. Ce que nous allons en dire est plutôt un essai propre à mettre sur la voie d'une heureuse solution, qu'une solution définitive que d'autres trouveront sans doute beaucoup mieux que nous.

Il est évident tout d'abord que des largesses faites au peuple ou des gratifications régulières et publiques, outre qu'elles sont toujours immorales et onéreuses à l'état, répugnent complètement et à nos idées et au mode d'existence de nos grandes sociétés modernes. La pénalité est également inadmissible, parce que d'un côté elle détruirait la liberté des élections, les citoyens n'accomplissant le devoir d'y prendre part que sous l'impression fâcheuse d'une menace qui les irrite, et que de l'autre cette contrainte légale empêcherait en un certain sens le scrutin d'être rationnel. Il ne serait pas exact de dire en effet que l'inscription sur les listes de préférence du citoyen dont le n° est le plus chargé, emporte la *volonté* d'adhérer à cet éligible plutôt qu'à aucun d'eux, ou la reconnaissance implicite de l'utilité d'une élection générale, quelque juste et naturel qu'il puisse être d'ailleurs que celui qui prend part aux avantages sociaux soit tenu de participer aux délibérations publiques et de veiller pour sa part au salut commun.

L'extrême difficulté de conserver ici comme dans l'assignation même des rangs de préférence sur les listes une volonté au moins relative, sans laquelle il n'existe aucune espèce d'assentiment, porterait facilement à rejeter du résultat du scrutin ceux qui refusent de voter. On pourrait dire pour légitimer cette omission qu'il est juste de priver de toute influence dans les affaires de leur pays ceux qui refusent d'y prendre part, mais il faut observer en premier lieu qu'en ne comptant point ces influences on ne les détruit pas, on obtient seulement un résultat nécessairement inexact; en second lieu, que cette inexactitude est d'autant plus grande qu'elle ne consiste pas seulement dans le manque des voix des absens, mais encore dans l'augmentation de l'influence des présens qui s'accroît de toute la part de ceux qui refusent de voter ; en troisième lieu enfin, que l'omission de participer aux assemblées électorales est une faute grave qu'il serait impolitique et même inconstitutionnel de tolérer dans une démocratie surtout qui renferme essentiellement un pouvoir censorial.

Toutes les mesures puisées dans une pénalité légale ou dans une récompense directe étant écartées, il ne reste, pour atteindre le but proposé, que de placer les votans dans une alternative telle que, sans être précisément contraints à un acte qui doit toujours émaner d'une volonté libre, il soit moralement certain, d'après les habitudes et les inclinations connues de presque tous les hommes, qu'ils se porteront spontanément à accomplir le devoir qui leur est imposé. Il faut en outre que ce moyen soit aussi simple que possible, et que tout en suppléant le vote que l'on cherche, il établisse une garantie morale que cette omission ne se répètera pas. Telles seraient, ce nous semble, les conditions du problème si on le suppose résolu. L'imposition pure et simple aux absens de la liste par rang d'âge qui est envoyée à tous les électeurs, nous paraît y satisfaire. L'électeur qui refuse de voter serait censé avoir approuvé la liste qui lui a été adressée et qu'il n'a pas remise dans l'urne électorale.

Une semblable disposition une fois connue (et on pourrait l'exprimer formellement sur les listes notifiées aux électeurs) n'aurait rien d'injuste, puisqu'il serait facile à chacun de se soustraire à son application en faisant ce que la loi exige de lui. Elle serait une puissante garantie contre l'omission de voter parce que beaucoup de personnes qui se soucient peu de voir négliger leur vote dans le résultat électoral, ne verront pas avec la même indifférence qu'on leur attribue dans ce résultat une opinion qui n'est pas la leur, ou qui lui est même directement contraire, et que rien n'est plus difficile à supporter à l'amour-propre que de se voir imposer comme sienne une volonté que l'on repousse. Elle serait enfin le mode le plus simple à la fois et le plus juste de suppléer le vote que l'on cherche 1° parce qu'il n'y a aucun changement à faire aux listes qui demeurent dans l'état où elles ont été distribuées aux électeurs (comment en effet et d'après quelles données établir sur ces listes d'autres préférences ?); 2° parce qu'il est naturel de penser, surtout après la notification du résultat légal de l'omission de voter, que l'électeur négligent a approuvé purement et simplement la proposition qui lui a été faite par l'envoi d'une liste par rang d'âge; 3° enfin parce que la préférence due à l'âge est la plus naturelle, la plus facile à établir, la moins dangereuse et celle qui est la plus généralement approuvée.

Si l'imposition des listes par rang d'âge paraissait renfermer une sorte de contrainte morale et de violence en opposition avec l'esprit de liberté qui doit présider aux opérations électorales, on pourrait lui substituer le suivant :

Chaque citoyen qui se présente pour déposer son vote est reconnu par l'officier public qui consigne sur un registre à ce destiné qu'il a satisfait à l'élection, c'est-à-dire, qu'il a déposé dans l'urne son bulletin cacheté. Par là on peut, sans porter atteinte au secret des votes, savoir quels sont les citoyens qui ont voté, constater leur capacité pour le faire, et s'assurer en même temps qu'il n'y a ni fraude ni double emploi dans le dépôt des listes électorales.

Connaissant les citoyens qui ont satisfait à l'élection, on dresserait la liste des absens ou de ceux qui n'y ont pas satisfait et on pourrait leur infliger une peine pécuniaire plus ou moins grave.

Mais il nous semblerait préférable encore et plus en harmonie avec le reste du système, de flétrir par une sorte de censure publique les citoyens qui se seraient abstenus de voter. Il suffirait pour cela d'imprimer et d'afficher la liste des absens avec une note défavorable et l'invitation à tous les électeurs d'avoir égard à cette circonstance pour leur assigner un rang plus reculé dans leurs listes à la prochaine période électorale. On sent qu'on pourrait, à l'aide de quelques modifications fort simples, rendre ces dispositions applicables au cas d'absence indue des membres d'une assemblée législative.

NOTE.

(1) Periclès fit donner trois oboles pour venir aux assemblées du peuple.

DE L'OLIGARCHIE.

L'oligarchie est à l'aristocratie ce que la tyrannie est à la royauté. Leur différence n'est pas dans le nombre de ceux qui gouvernent, mais dans la légalité de leur pouvoir. C'est une aristocratie illégitime. Pourquoi rencontre-t-on si fréquemment l'oligarchie dans les états fondés sur le commerce maritime ? C'est sans doute que les jeux de la fortune y créent plus facilement qu'ailleurs de grands capitalistes dont l'importance politique n'est pas due, comme dans les autres gouvernemens, aux services rendus à l'état. Dans son origine et dans sa conservation, une pareille influence est toute dans l'intérêt des particuliers qui la possèdent. Le commerce n'enfante pas cet esprit de dévouement et de sacrifice qui s'attache nécessairement aux illustrations de la guerre ou des autres emplois publics. Le même esprit d'intérêt personnel qui a présidé à son origine se conserve dans ses développemens et mène naturellement à l'oligarchie. Semblable au despotisme, elle n'est que le pouvoir public exploité dans l'intérêt de quelques individus.

DES DÉMOCRATIES.

La démocratie est l'état naturel de toute société non fixée, de toute société qui se meut rapidement, qui est dans un état de passage, de crise, de fermentation, de progrès. La monarchie héréditaire exprime au contraire la fixité et elle est modérée ou despotique selon qu'elle est plus ou moins complètement pénétrée de l'ordre intellectuel.

M. Haller a prouvé que l'état monarchique est l'état le plus permanent et le plus général des sociétés, mais il ne s'ensuit pas qu'il soit l'état primitif du genre humain, ni qu'il ne doive pas naturellement se transformer en démocratique dans certaines crises sociales.

Il nous semble que ce célèbre publiciste attribue la formation des républiques à des causes trop particulières et qui dans la vérité ne doivent être considérées que comme causes secondaires. Il suffit de jeter un coup-d'œil sur leur histoire pour se convaincre qu'elles doivent leur naissance à une nécessité sociale dont la raison est une crise déterminée par leur situation présente ou par les circonstances où elles se trouvent placées.

Rome, après avoir assuré son existence contre les attaques des populations voisines, se transforme en république pour étendre ses conquêtes et acquérir cette force d'envahissement et ce caractère guerrier qui lui valurent l'empire du monde.

La Grèce paraît avoir adopté les formes républicaines par suite de sa position méditerranée, du mélange des colonies égyptiennes avec les naturels du pays qui étaient Celtes, par l'effet surtout de l'accroissement du commerce et de l'isolement de chaque état.

Dans le moyen âge, ce fut la nécessité de se soustraire à une oppression intolérable, ou l'introduction du commerce et de l'industrie, ou le besoin de résister aux incursions des Huns, des Normands ou d'autres peuples barbares qui leur donna naissance.

Dans l'église, la formation des divers ordres religieux correspondit toujours à une nécessité sociale. Ils ne durent point en général leur origine, comme l'insinue M. Haller, au caprice de leurs fondateurs ni à l'ambition des individus qui s'y engageaient.

La république de Venise se forma en 452 de réfugiés italiens. Ils n'étaient pas réunis sous un chef, mais épars, et ils ne furent réunis que par la nécessité. Environ 900 ans auparavant, la ville et commune de Marseille fut fondée par des émigrés ioniens qui s'enfuirent de l'Asie, conquise et ravagée par le grand Cyrus. La Suisse, s'il faut en croire la tradition, doit son origine à une colonie de suédois fugitifs ; le besoin de résister aux entreprises hostiles en fit une confédération.

Ces derniers états doivent bien leur origine à une migration extraordinaire et par là ils rentrent dans l'application du principe général énoncé en commençant, que la démocratie est l'état naturel d'une société en état de crise; mais ils ont ceci de particulier qu'ils ont acquis de la fixité comme républiques. Sous ce rapport ils forment de véritables anomalies qui ne s'expliquent que par cette observation faite si souvent, que ces petites républiques ne se maintinrent pas par leurs propres forces, mais qu'elles étaient soutenues par les grands états environnans, dans lesquels elles puisaient le principe de leur vitalité. On peut remarquer en outre que quelle que soit la fixité à laquelle elles aient pu atteindre dans les formes, au fond leur état a été une crise industrielle ou militaire permanente.

« Il y a enfin, dit M. Haller, des sociétés ou des
» communautés que l'on peut appeler intellectuelles,
» parce qu'elles ont pour premier et principal but la
» propagation d'une doctrine, l'accomplissement d'un
» vœu utile ou considéré comme tel, l'avancement des
» arts et des sciences. Ici se rangent la plupart des
» ordres de chevalerie ecclésiastiques ou séculiers,
» dont plusieurs, par exemple, les chevaliers de Malte
» et les chevaliers Teutons en Prusse, jouirent pendant
» long-temps d'une complète indépendance ; un grand
» nombre d'autres ordres monastiques et commu-
» nautés cloîtrées, consacrées à la vie spéculative et à
» la pratique des vertus religieuses, toutes les sociétés
» savantes, les académies dites des sciences et des
» arts, enfin les universités qui, du moins dans les pre-

» miers temps, furent de libres corporations de profes-
» seurs, et reçurent des princes de grands priviléges,
» des biens et une juridiction propre, mais qui, dans
» la suite, étant fondées et payées par eux, tombèrent
» dans une plus grande dépendance ; sous un certain
» rapport les corps d'artisans, puis toutes les sectes ou
» sociétés savantes, destinées à la propagation de doc-
» trines spéciales ou à atteindre des buts intellectuels
» qui, comme les ordres religieux, sont, il est vrai,
» monarchiques dans leur origine et leur administra-
» tion, mais qui par rapport à leur but dirigé unique-
» ment à l'avantage de la communauté et aussi à cause
» de l'éligibilité de leurs chefs, doivent plutôt être
» rangés au nombre des républiques. »

Dans les temps modernes, les formes démocratiques sont évidemment dues à la fermentation extraordinaire des esprits et à la prédominance de l'intellectuel, qui, expulsé violemment de la société, s'efforce d'y rentrer par cette voie.

La démocratie peut être regardée comme un effort, un retour vers l'ordre peremptoire, qui a lieu dans tous les cas où le provisoire est expulsé par une grande nécessité sociale, des formes stables et conservatrices qu'il avait revêtues.

NOTE.

« En résultat général, les républiques ne peuvent
» durer autant que les principautés, et cette observa-
» tion est confirmée par l'histoire de tous les temps et
» de tous les pays. Elles subsistent souvent, il est vrai,
» fort long-temps comme simples communautés, soit
» avant soit après avoir acquis l'indépendance et parce
» qu'elles ne meurent point et parce que leur obscurité
» même leur épargne des ennemis dangereux, mais
» leur vie comme communautés indépendantes est or-

» dinairement beaucoup plus courte et elles finissent
» par se transformer en despotisme militaire ou elles
» sont soumises par d'autres puissances. Carthage doit
» avoir duré 744 ans à compter de la reine Didon,
» mais les commencemens de son histoire sont remplis
» d'obscurité et l'on ne sait pas exactement quand elle
» a commencé d'être proprement une république.
» Athènes dura, de Solon à Philippe, roi de Macédoine,
» ou tout au plus jusqu'à Antipater, c'est-à-dire 272 ans.
» Sparte fut moins une république qu'un royaume
» gouverné par deux princes héréditaires quoique non
» absolus. Les météores des colonies grecques ne peu-
» vent être comptées comme des états indépendans ;
» elles étaient presque toujours asservies par les rois
» de Lydie, de Perse et de Macédoine, ou soumises par
» eux à l'impôt. Rome dura comme république depuis
» l'expulsion des rois jusqu'à Jules César, 465 ans ;
» mais dès auparavant elle avait été dominée par les
» dictateurs et divisée par les guerres civiles. La liberté
» de la plupart des villes italiennes du moyen âge
» périt promptement. Gênes parvint à l'indépendance
» en 1528 et la perdit en 1797, conséquemment après
» un laps de 269 ans. Venise au contraire conserva
» l'existence et la liberté 1343 ans, exemple unique
» dans l'histoire et que l'heureuse position de cette
» ville a seule rendu possible. L'indépendance des villes
» et campagnes suisses ne peut être comptée tout au
» plus que de l'époque où elles eurent établi leur al-
» liance contre l'empereur et l'empire et que celui-ci
» ne put plus les réduire à l'obéissance, ainsi de 1356
» ou 1371 à 1798, 442 ou 427 ans. Elle fut formelle-
» ment et diplomatiquement reconnue par la paix de
» Westphalie, en 1648. Les provinces unies durèrent
» depuis l'union d'Utrecht jusqu'en 1595 — 207 ans.
» Les républiques révolutionnaires de nos jours ont péri
» rapidement et le temps seul peut apprendre combien
» durera le petit nombre de celles qui subsistent en-
» core et qui reposent sur des bases contradictoires ;
» néanmoins selon toutes les apparences il leur est ré-
» servé une existence plus courte encore que celle des
» républiques dont nous avons parlé. » M. Haller, page 293.

L'IDÉE DE POUVOIR INJUSTEMENT CONFONDUE AVEC CELLE DE PROPRIÉTÉ.

Haller insiste longuement sur cette proposition dont il fait le fondement de sa théorie, que les monarchies et le pouvoir en général commencent par la propriété. Toutes les formes que le pouvoir public emploie dans ses actes, toutes les charges ou dignités qu'il crée, reposent, dit-il, sur cette idée fondamentale.

Cette assertion est vraie de certaines sociétés considérées à leur origine, mais non de toutes ni de toutes les positions qu'elles doivent successivement occuper. A mesure que la civilisation se développe au contraire, la propriété fait place à l'obligation morale soit que le prince octroie lui-même ses terres à ses sujets sous certaines conditions féodales, soit qu'il autorise l'émancipation des communes et qu'enfin au lieu de faire reposer sa puissance sur la propriété, il reçoive lui-même du peuple les sommes nécessaires à l'entretien de sa maison sous le nom de liste civile.

Dans ces transformations successives, le pouvoir change de nature et il repose sur des principes tous différens. Dans l'état primitif l'idée de propriété est appliquée à tout, même à ce qui lui résiste par nature, les droits de l'homme sur l'homme. C'est un véritable *dominium* qui donne au prince le droit de mettre son royaume dans le commerce. Il le partage entre ses enfans, le donne, le vend comme son bien propre, et, il faut le reconnaître à la honte de l'espèce humaine, l'histoire nous fournit une foule d'exemples où non seulement l'homme est mis dans le commerce, comme nous le pratiquions naguère encore dans la traite des noirs, mais même des contrées considérables et des royaumes entiers.

Dans la deuxième transformation qui s'exprime par la féodalité, l'idée de propriété domine encore, ou plutôt elle est toujours le fondement de la souveraineté, mais cette souveraineté se morcelle et elle ne se résume dans l'idée de propriété qu'à l'égard de chaque seigneur particulier. Les différens seigneurs dans leurs rapports entr'eux et avec le prince se placent dans des relations conventionnelles. L'obligation de prêter main forte au seigneur suzerain est toute morale et ne tient rien de la propriété ; ce n'est au contraire qu'en s'abstrayant de la propriété pour s'élever à une puissance purement morale que le pouvoir s'élève et se généralise.

Dans la troisième transformation enfin, celle de l'émancipation des communes et de la nation, le pouvoir public non seulement n'est pas la propriété, mais il s'en détache entièrement et demeure presqu'absolument dépourvu de cette propriété fixe et patrimoniale qui avait fondé le pouvoir du prince ou des premiers seigneurs, s'il faut en croire M. Haller. Le pouvoir n'est pas même, comme dans la seconde hypothèse, une obligation morale entée sur la propriété, il n'est qu'une obligation morale née d'un contrat librement consenti entre le peuple et le souverain : tel est du moins le sens des constitutions écrites. Et dans ce dernier cas le pouvoir se généralise tellement, que ce n'est plus l'homme, mais la loi qui gouverne, et en même temps il s'élève si haut, que la personne qui en est revêtue perdant tout caractère d'individualité pour se fondre dans la loi elle-même, devient sacrée et inviolable.

On pourrait soutenir, il est vrai, que même dans les constitutions écrites le pouvoir ressort toujours d'abord de la propriété, puis des transactions conventionnelles, et que ces deux élémens contribuent toujours à sa formation. Elles reposent toutes sur l'électeur et l'électeur y est ordinairement propriétaire.

Nous répondons que l'électeur n'est pas nécessairement propriétaire foncier, par conséquent sa souveraineté ne dérive pas du domaine ; que l'électeur peut même n'avoir aucune propriété, si cette condition contraire à la nature de l'élection n'est pas imposée par la loi ; alors le pouvoir ne sera dans la réalité qu'une obligation morale fondée sur la convention, et c'est même le développement ultérieur et dernier du système constitutionnel.

Faire dériver les droits personnels de l'homme sur l'homme de la propriété, est une absurdité et une dégradation de la nature humaine. Le pouvoir ne peut naître que d'une loi morale ou d'une convention. L'une et l'autre ont leur source dans l'ordre intellectuel.

LE POUVOIR EST UNE PROTECTION.

« Le pouvoir, c'est la justice. La société en effet
» n'établit de supériorités que pour fixer des droits et
» des rapports, pour maintenir les règles par lesquelles
» elle doit exister. Voilà pourquoi la justice est l'attri-
» but constant de la royauté, ou, dans un sens plus
» étendu, pourquoi elle émane dans tout état de la
» souveraineté. »

En fait, le pouvoir n'est à son origine qu'une protection accordée et reçue ou *acceptée*; dès que le besoin de protection cesse ou que la force ou la volonté de protéger manque, le pouvoir disparaît, il perd toute force morale. Les sujets sont obligés alors ou de recourir à un autre pouvoir qui puisse les protéger d'une manière efficace, ou de reconstituer un nouveau pouvoir dans leur sein à l'aide de la confédération ou d'associations publiques ou secrètes qui se montrent aux époques de crise, sous des dénominations diverses.

« Quoiqu'*unilatérale* par le droit, dit un auteur,
» toute dépendance est heureusement *bilatérale* par
» rapport aux avantages qu'on doit en retirer et à la
» jouissance qu'elle procure. Celui qui peut disposer
» d'une chose est intéressé à la conservation de cette
» chose, et si c'est un être sensible et raisonnable qui
» soit dans notre dépendance, l'utilité qu'il produit ne
» peut être aussi grande au cas où nous sommes forcés

» de lui refuser la liberté que fait accorder la confiance
» qu'il n'en abusera pas, qu'elle le serait sans cette
» circonstance. »

La vérité de ces principes est incontestable. La difficulté ne réside que dans leur application. L'émancipation de l'Amérique nous en a laissé, dans les temps modernes, un exemple à jamais mémorable.

« Comme toute l'autorité constitutionnelle que les
» rois de la Grande-Bretagne ont jamais possédée sur
» les colonies ou sur leurs autres domaines, était éma-
» née du peuple et tenue de lui en vertu d'un contrat
» pour l'avantage commun de la société entière ; il
» s'ensuit que l'obéissance d'un côté et la protection
» de l'autre sont deux obligations réciproques, égale-
» ment dépendantes l'une de l'autre, en sorte que le
» lien de l'une est rompu par cela seul que l'autre est
» refusée ou retirée. » New Jersey.

Véritable raison de tout pouvoir et de toute soustraction au pouvoir : nécessité d'une protection, refus ou insuffisance de cette protection.

La même considération se trouve reproduite dans la constitution de Pensylvanie.

« La doctrine de non-résistance contre le pouvoir
» arbitraire et l'oppression, est absurde, servile et des-
» tructive du bien et du bonheur du genre humain. »
(Constitution de Maryland.)

« Prenant en conséquence le scrutateur des cœurs
» à témoin de la sincérité des déclarations ci-devant
» faites qui expriment notre désir de conserver la liai-
» son avec cette nation, et protestant que nous n'a-
» vons été arrachés à cette inclination que par ses
» mauvais desseins et par les lois éternelles qui obli-

» gent de pourvoir à sa conservation. » (Constitution de Virginie.)

Art 1. « Tous les hommes sont nés également libres
» et indépendans ; ils ont des droits certains, essen-
» tiels et naturels, dont ils ne peuvent par aucun con-
» trat priver ni dépouiller leur postérité : tels sont le
» droit de jouir de la vie et de la liberté, avec les
» moyens d'acquérir et de posséder des propriétés, de
» chercher et d'obtenir le bonheur et la santé. »

Art. 2. (Maryland) « Aucun homme libre ne doit
» être arrêté, emprisonné, dépouillé de ses propriétés,
» immunités ou priviléges, mis hors de la protection
» de la loi, exilé, maltraité en aucune manière , privé
» de sa vie, de sa liberté ou de ses biens, que par un ju-
» gement de ses pairs en vertu de la loi du pays. »

DE L'IDÉE PRÉDOMINANTE D'UN ORDRE DE CIVILISATION.

Tout ordre de civilisation, quelle que soit son idée prédominante, sacrifie à cette idée et au but qu'elle se propose les intérêts individuels. Toujours l'individu est immolé au service public de la société. Si l'état social est un état de guerre habituel, le service militaire absorbe toutes les forces de l'état et exige impitoyablement le sacrifice de tous les droits naturels incompatibles avec son accomplissement. C'est ce que fit la féodalité. Aucun régime ne paraît avoir admis aussi complètement que le féodal le sacrifice des droits et des intérêts individuels au service public. La loi successorale fut excessivement rigoureuse et exclusive : les mariages mêmes furent soumis à une foule d'entraves nécessaires pour assurer la perpétuité du service féodal. Elle reposait plus sur l'idée du juste que sur l'idée de l'utile ; ce n'était toujours que l'accomplissement d'un service en vertu de la foi jurée. Si l'état social est industriel au contraire et que ce soit l'époque du développement de l'idée de l'utile, plus de mobilité, plus de latitude s'introduira dans les lois successorales et de transmission ; sous ce rapport le droit naturel d'égalité fera des conquêtes, mais des sacrifices d'un autre genre seront imposés aux individus ; ce sera, par exemple, l'emploi aux travaux les plus pénibles, les plus insalubres, une dépendance complète de la classe des artisans, la traite des noirs, la négligence des intérêts religieux et moraux ; ce sera enfin, si l'on veut, une sorte de féodalité industrielle. Mais toujours on retrouve comme un principe élémentaire de tout état social, principe dont on abuse souvent, mais qui n'en est pas moins nécessaire et vrai, le sacrifice des intérêts et des droits individuels aux intérêts et aux droits du corps social. Seulement il s'exprime différemment et revêt des formes diverses selon les divers états de la société.

Il semble que ces abus tiennent principalement à ce qu'à certaines époques le développement d'une idée s'effectue d'une manière trop énergique et trop exclusive. Une société qui ne voit de puissance que dans la force militaire, sacrifie au déploiement de cette force les droits les plus imprescriptibles de l'humanité. Une société qui place la gloire et le bonheur exclusivement dans les richesses sacrifie pareillement à leur acquisition tous les droits naturels. Le mal dans les états comme dans les individus, ient donc ordinairement de la prédominance trop exclusive d'un élément sur tous les autres. La civilisation est leur progrès lent, régulier, simultané. C'est à régler et à combiner sagement leur action que se réduit la science du gouvernement.

Chacun des élémens qui prédominent dans une société exigeant le sacrifice de tous les autres dans une certaine mesure, et cela dans toutes les ramifications de l'ordre social où la présence de cet élément se fait sentir, on doit retrouver dans toutes les lois constitutives de cette société, cette mesure et ce mode fondamental de combinaison. On peut donc rechercher quelle est la tendance naturelle de tel élément que l'on observe dans un ordre de civilisation, puis par l'état des lois constitutives de cet ordre, apprécier le mode et le degré dans lequel s'y combinent et s'y unissent les divers élémens de l'ordre social.

Si après avoir choisi une idée sociale, on considère ce qu'elle a constamment voulu chez tous les peuples où elle s'est manifestée avec énergie, on connaîtra quelle direction doit prendre la législation au moment où cette idée tend à prédominer. C'est un point de départ, une base posée, un pas fait dans le grand art de traduire les opinions de la société dans le langage de la législation, ou, ce qui est la même chose, d'y réaliser les idées prédominantes, art d'autant plus indispensable que le mouvement de l'opinion publique est plus rapide.

Que s'il vient un moment où toutes les opinions et

les doctrines soient tellement confondues et incertaines qu'il soit impossible d'apercevoir la prédominance de l'une d'elles, la législation ne consacrera aucune prédominance ; car elle ne crée point, elle conserve. Son rôle se réduira donc à la protection des intérêts matériels. Toute tendance exclusive sera proscrite.

DES ASSEMBLÉES LÉGISLATIVES.

Dans un état de société fixée, le législateur doit être un comme le pouvoir, et si son œuvre exige parfois des déplacemens et des réunions d'hommes, ces assemblées n'ont d'autre objet que le conseil ou l'enquête. Une seule tête aidée des ressources qu'exige la partie matérielle du travail, conçoit mieux le vaste ensemble d'une législation crée et un corps de dispositions plus systématique ; un législateur unique sait mieux discerner ce qui est accessoire et de circonstance, du véritable esprit des coutumes sur lequel il assied son édifice ; il n'est dominé ni par l'ambition de faire triompher ses propres idées, ni par la nécessité de céder aux exigences de ses collaborateurs. Pour lui plus un usage est ancien, plus il se perd dans les origines nationales, plus il est respectable et sacré. C'est de cette manière qu'ont été créés les plus beaux monumens de législation (1).

Dans un état de société instable et progressif, les besoins et les rapports changent incessamment ; il faut incessamment y satisfaire et les constater ; d'où la nécessité des assemblées délibérantes qui ne sont que de vastes enquêtes dans lesquelles le pouvoir public interroge la société sur ses besoins et ses ressources, sur la tendance respective des divers élémens qui la composent, en un mot sur son état présent. Elles deviennent permanentes si le mouvement qui entraîne la société est rapide.

L'homme en réunion gagne en énergie et en puissance d'exécution, il perd en intellect et en réflexion. Cela est manifeste. La législation ne veut que l'intelligence et le conseil, elle est donc ennemie naturelle des assemblées délibérantes. La nécessité seule peut les rendre légitimes, la nécessité providentielle, qui fait subir aux sociétés des crises de transition pendant lesquelles, changeant de position chaque jour, chaque jour aussi elles doivent rechercher et recueillir leur propre expression. Les assemblées politiques appartiennent essentiellement à un état de société instable. Les peuples nomades et les peuples en révolution y ont également recours.

On peut indiquer une autre raison encore de leur existence. C'est la faiblesse du pouvoir public qui, en groupant autour de lui toutes les influences de la société qu'il est chargé de régir, esquive la responsabilité qui lui incombe naturellement et rejette ainsi sur la masse du peuple un poids qu'il se sent hors d'état de porter. Telle est de nos jours la véritable raison de ces commissions nombreuses que l'on crée au sein des chambres sur toutes les questions d'un intérêt tant soit peu général, comme un préliminaire indispensable aux mesures législatives qui doivent les résoudre. Ce n'est pas de la législation, c'est de l'enquête.

A une époque où la société française était fixée, lorsqu'on sentit le besoin de donner aux usages anciens et généralement admis la sanction de l'autorité, on fit dans les localités respectives des enquêtes par turbes, pour constater ce qui s'y était pratiqué de tout temps. Ainsi furent écrites nos coutumes. Aujourd'hui que notre société est progressive et qu'elle marche rapidement vers un ordre nouveau qui n'est que l'idéal d'une société universelle, on fait des enquêtes par délégués ou représentans, pour constater aussi ce que veulent toutes les localités et l'écrire. On se propose de connaître et de constater l'opinion du moment. On voit donc qu'au fond ce n'est toujours que la même idée, idée qui dans ses phénomènes extérieurs a subi diverses formes pendant le cours de son évolution ; c'est-à-dire, la recherche, par des procédés analogues, selon qu'ils conviennent à une société fixe ou instable, des opinions et de la volonté nationales.

Cette analogie puissante que nous venons d'observer ne suffit pas néanmoins pour lever les scrupules qui se présentent naturellement quand il s'agit, même en vertu des décisions d'une assemblée politique, de porter atteinte à la constitution de l'état.

Une société existe à la fois dans l'espace et dans le temps. Pour rencontrer son expression, surtout lorsqu'il s'agit des formes constitutionnelles sur lesquelles repose l'organisme social tout entier, il semblerait donc nécessaire de consulter non seulement toutes les localités, mais aussi tous les âges, tous les instans de sa durée. Or si dans le vote sur un changement de constitution les familles éteintes étaient admises à concourir, la pluralité actuelle, l'unanimité même de la génération présente de laquelle on consulte tout au plus un quart, disparaîtrait dans son immense minorité, surtout en observant que ceux qui ne peuvent pas voter doivent être comptés en faveur de la conservation de la constitution présente.

La conséquence de ce raisonnement serait qu'un peuple ne peut jamais changer sa constitution. Cependant, dans tous les ordres de civilisation, le temps et les circonstances peuvent rendre certains changemens indispensables. Il faut qu'une société vive, dans toutes les positions où elle se trouve successivement entraînée. La raison du droit qu'a la société d'opérer ces changemens et de statuer sur ses propres destinées n'est donc pas sa souveraineté ou la faculté qu'elle s'attribue de décider en dernier ressort sur tout ce qui concerne ses intérêts généraux, mais la *nécessité* qui exige qu'elle use de cette souveraineté, c'est-à-dire, quelque chose de supérieur à toutes les constitutions, quelque chose qui s'exprime par les événemens ou les grands faits sociaux que l'homme ne peut ni prévoir ni maîtriser, la providence, en un mot, développant ses éternels décrets selon les plans qu'elle a conçus dans sa sagesse infinie.

Que si ce principe est vrai dans les temps ordinaires, combien ne le devient-il pas davantage aux époques de crise où tout tend à un renouvellement général? Un peuple n'est-il pas compétent pour se tracer les règles d'une nouvelle vie et renverser celles qui se rattachent à un ordre de choses désormais inapplicable? La génération présente, en ce cas, ne devient-elle pas omnipotente? ne s'isole-t-elle pas de tout ce qui l'a précédée ? Dès-lors les familles éteintes ne peuvent plus entrer en ligne de compte puisque ce n'est plus la même société. Il est vrai que la position prise par une génération qui s'isole de tout ce qui l'a précédée pour se tracer une route nouvelle dans l'immensité de l'avenir est extraordinaire ; qu'elle ne doit être elle-même que le résultat d'une nécessité, d'une grande nécessité sociale ; mais cette nécessité, il est aussi dangereux de la repousser que de la faire naître, et malheur à ceux qui lui résistent ou qui la proclament avant que les temps soient venus.

NOTE.

(1) Il est à remarquer que les plus beaux textes que nous ait transmis le corps du droit romain émanent des plus despotiques de tous les princes, les empereurs romains et même des plus intraitables, et des plus sanguinaires d'entr'eux.

DES CHARTES.

À cette époque de notre histoire où l'opposition d'intérêts politiques et l'état de guerre qui en est la suite, existaient entre les bourgeois et les seigneurs, les traités de paix qui intervinrent furent les chartes des communes. Depuis que cette guerre, prenant un caractère plus général, subsiste entre les gouvernemens et les peuples, les chartes qui la terminent ou la régularisent ne sont aussi que de véritables traités de paix. Ceux qui font émaner les chartes uniquement de la volonté du prince, ceux qui ne leur reconnaissent d'autre force que la spontanéité de la volonté nationale, sont donc également dans l'erreur. Une charte est un traité de paix ; une transaction qui consiste en exigences d'une part et en concessions de l'autre ; c'est un contrat entre deux parties qui traitent d'égal à égal, la transition d'un ancien état de choses à un ordre nouveau.

Voilà ce que sont les chartes par le fait. Quant aux principes, ceux qui refusent au peuple dans tous les cas le droit de résistance à la volonté souveraine ne peuvent reconnaître d'autre force à ces traités que celle qui résulte du consentement libre et spontané du souverain. De là, les partisans de la non-résistance attribuent au prince le droit de modifier la charte, de l'abroger même sans le consentement de la nation, en vertu de la puissance éminente qui est inhérente à sa personne. C'est le pouvoir absolu. Les partisans de la résistance qui établissent en principe la souveraineté du peuple ne leur reconnaissent au contraire d'autre force que celle que leur donne le libre consentement de la nation, d'où ils tirent la conséquence que la nation, juge de l'exécution et du sens de la charte, a toujours la faculté de reprendre cette souveraineté qu'ils prétendent lui appartenir de droit naturel.

Jus ex facto oritur. La séparation des gouvernans et des gouvernés et leur opposition particulières aux sociétés modernes, sont l'ouvrage et le résultat du catholicisme. C'est ce qu'a parfaitement démontré M. Guizot. Ce grand fait qui apparaît au berceau de notre civilisation, une fois pris pour constant et légitime, il faut reconnaître qu'en fait les gouvernans et les gouvernés sont deux puissances constamment en présence qui s'entre-choquent et se combattent, ou s'associent et se combinent en diverses manières, mais enfin deux puissances absolument distinctes.

La conséquence nécessaire, irrécusable d'un pareil état de choses qui est aujourd'hui un fait général, c'est qu'aucune de ces deux puissances ne peut s'arroger sur l'autre un pouvoir plus étendu que celui que lui accordent les traités; que dès qu'il y a de part ou d'autre violation du traité, il y a incompétence, excès de pouvoir, ou, ce qui est la même chose, tyrannie.

Point d'autre remède à cette usurpation que la violence ou la justice. La violence se manifeste d'une manière brusque, irrégulière, souvent sanglante. Elle produit le despotisme si elle vient du gouvernement ou l'anarchie si elle part du peuple.

La justice veut des délais, des règles, des formes légales, une grande autorité morale surtout qui fasse acquiescer les parties à la décision qu'elle est appelée à rendre. Il est bon que cette justice politique soit placée en dehors du territoire où se passe la lutte: 1°. pour mieux conserver son indépendance; 2°. afin que vue de loin sa majesté grandisse aux yeux des peuples. Elle appartenait autrefois au pouvoir religieux.

Ainsi c'est l'église qui par son influence et ses doctrines fit naître le grand fait de la séparation des gouvernans et des gouvernés, fait dont il est impossible de méconnaître ni l'existence ni l'ancienneté. Ce fut l'église aussi qui, offrant le remède auprès du danger, s'interposa avec son immense force morale comme une puissante conciliatrice.

Un des résultats de l'œuvre révolutionnaire, a été

d'expulser de la sphère des débats politiques l'intervention du pouvoir religieux. Nos gouvernemens l'ont remplacée par des fédérations ou alliances conservatrices de l'ordre, qu'ils ont appelées *saintes* comme pour rendre hommage au principe religieux qui fonde leur mission. L'activité de la diplomatie et l'intervention armée sont les deux grands moyens à l'aide desquels ces alliances conservatrices exercent leur action sur le monde moderne.

LES INFLUENCES DOIVENT S'ORDONNER EN TOUTE LIBERTÉ.

Il existait chez les peuples d'origine germanique une foule de nuances différentes dans l'état et la condition des personnes, composant une sorte de classification hiérarchique sur laquelle les antiquités ne nous ont rien conservé de bien précis. Un nombre considérable de graduations sous des dénominations diverses, existait chez ces peuples, de l'esclave à l'homme libre (en y comprenant plusieurs sortes d'affranchissemens et plusieurs classes de personnes attachées à la terre) et de l'homme libre au prince et à ses égaux en noblesse (en y comprenant les divers degrés de noblesse, de ministérialité et les dégrés intermédiaires entre l'homme libre et le noble). Toutes ces différentes conditions n'ont aucun caractère légal bien déterminé, elles varient selon les temps et rencontrent leurs limites plutôt dans les mœurs que dans les lois.

Dans le monde Grec et Romain, l'état des hommes et leurs classifications sont mieux définis et moins variables. Les diverses catégories sont plus nettement opposées les unes aux autres. Elles sont aussi beaucoup moins nombreuses. Politiquement, il n'y avait guère que les hommes libres et les esclaves, les étrangers et les citoyens, puis les classifications du cens.

Cette opposition des diverses classes ne s'observe pas chez les peuples germaniques. Non seulement les conditions des personnes sont assez nombreuses pour former une hiérarchie très-étendue (1), mais elles sont liées par des graduations successives dont les nuances et les expressions varient selon les époques et les circonstances. Ce n'est plus l'individualité faisant reconnaître ses droits dans le cercle des attributions politiques, ou, si l'on veut, c'est l'individualité des influences, après qu'elles ont été fixées par d'odieux priviléges.

Les influences désignées seulement par de vagues qualifications sans délimitation légale dominaient également et dans l'état des personnes (noblesse indéterminée), et dans la propriété (partage des terres conquises non réglé entre les hommes libres), et dans les élections (les sommités sociales, tout-à-fait indéterminément, y figuraient en première ligne; le peuple ne faisait guère que ratifier).

Cette indétermination des influences sociales, abstraction faite du privilége qui les fixe et qui arrête leur développement libre et progressif, est au fond plus près de la nature peut-être que ces dures classifications du cens employées chez les modernes comme elles le furent dans l'antiquité païenne, et qui mutilent tant d'existences pour les réduire à une sorte d'uniformité géométrique.

La loi en effet ne peut agir sur les influences sociales que de deux manières, en les détruisant ou en les protégeant. Elle les protége si elle réprime toute atteinte frauduleuse et violente à la liberté des opinions et des suffrages. Elle les détruit, si elle les monopolise au profit d'un petit nombre ou si elles les *abstrait* au profit de tous. Ce dernier cas a lieu, lorsque, ce qui est impossible dans l'exécution, mais ce qui a été le but de quelques législateurs égarés, la loi reconnaît à tous les citoyens la même part d'influence, ou, ce qui revient au même, de pouvoirs et de droits politiques. Une loi qui égaliserait toutes les influences les anéantirait toutes. L'égalité de droits est, rigoureusement parlant, destructive de toute liberté, comme réciproquement la plus grande somme de liberté chez un peuple consiste dans le plus libre développement de toutes les influences sociales. Mais alors la loi devient impuissante et inutile ; ce qui se rattache à cette vérité d'ailleurs connue, que le peuple le plus libre est celui dont les lois sont dans ses mœurs.

L'intervention de la loi pour opérer la classification des influences sociales en section absolument distinctes, est donc toujours injuste et funeste. Si elle les *égalise* elle les détruit, si elle les *fixe* elle les privilégie au détriment des influences qui tendent à se manifester ; si elle les *limite* à un certain nombre choisi parmi celles existantes, elle les privilégie encore au détriment de toutes les autres. Elle doit se borner à écarter tout ce qui peut arrêter leur libre développement et faire obstacle à leur juxta-position naturelle.

NOTE.

(1) Grimm énonce jusqu'à 35 noms exprimant les diverses conditions de gens qui n'étaient pas complétement libres ou les rapports différens sous lesquels on considérait leur état.

DROITS POLITIQUES DES FEMMES ET DES ENFANS.

L'Élection rationnelle, appliquée dans toute sa rigueur exigerait la représentation de toutes les individualités, par conséquent celle des femmes et des enfans comme des autres membres de l'état; nous n'admettons pas néanmoins cette conséquence quelqu'exacte qu'elle soit. Outre qu'elle est inexécutable dans la pratique, elle n'est pas nécessaire pour arriver à un résultat moralement exact. On peut en donner plusieurs raisons :

D'abord, les femmes et les enfans peuvent être considérés comme des moyens d'influence. Un père à la tête d'une famille respectable obtiendra plus facilement la considération et l'estime de ses concitoyens que ne le fera le célibataire ou l'homme marié qui n'a pas d'enfans. La valeur de ces individualités négligées dans l'expression des listes, se reporte naturellement sur la mesure d'influence exercée par le père de famille. Cette influence lui donnera un plus grand nombre de voix et réparera l'apparente inexactitude.

En second lieu, les femmes et les enfans, quoique formant dans l'ordre de la famille des individualités distinctes et substantielles, dont les intérêts doivent être garantis et exprimés dans leurs rapports entr'eux et dans leurs rapports avec le père de famille, ne forment, par rapport à l'état, qu'un tout indivis. Tous les membres d'une famille ont ordinairement à peu près le même intérêt politique. L'inconvénient de ne pas consulter l'opinion personnelle de chacun d'eux, sera donc rarement une injustice, surtout si l'on considère que l'on n'a à consulter cette opinion que sur le mérite et la capacité de leurs concitoyens.

En troisième lieu enfin, les femmes et les enfans profitent indirectement de la part d'influence acquise par le père de famille, puisqu'ils partagent ou héritent de sa position sociale. Leur union est tellement intime et naturelle qu'il paraît tout simple qu'ils n'aient tous, par rapport à l'exercice de leurs droits politiques, qu'une représentation commune. Il n'existe donc aucun motif suffisant de violer les convenances sociales telles qu'elles existent dans nos mœurs, par la présence aux assemblées électorales des personnes que leur âge ou leur sexe en excluent naturellement, encore bien que, selon la rigueur des principes, leur intelligence et leur volonté dût avoir une influence explicite sur le résultat électoral.

NOTE.

Nous avons vu que dans le grand-duché de Saxe-Weimar, « les femmes et les mineurs qui se trouvent « parmi les habitans d'un lieu capable de voter, exer- « cent leurs droits de vote par leurs maris, leurs tu- « teurs ou mandataires. »

L'ÉLECTION INDIRECTE OU A DEUX DEGRÉS ENGENDRE LE POUVOIR.

Les Publicistes qui ont écrit sur la nature du pouvoir, ont puisé leurs principes dans un ordre d'idées trop exclusivement, et n'ont pas assez observé la nature ; comme si l'histoire du genre humain, régi en société depuis quatre mille ans, ne contenait pas tous les élémens nécessaires à la direction et à la conservation des sociétés. Il en est résulté que malgré l'exactitude logique de leurs conséquences, ils ont la plupart créé des théories ou absurdes ou inapplicables.

Bentham, avec la plupart de nos modernes écrivains, part de la souveraineté du peuple et fonde le gouvernement représentatif sur la délégation que fait chaque citoyen sous certaines conditions de sa souveraineté ou d'une portion de sa souveraineté. La conséquence systématique de cette position prise comme point de départ, est l'élection immédiate et directe qui ne produit qu'une inquiète et turbulente démocratie.

M. Haller, qui se fonde sur les faits historiques, mais

qui n'a voulu voir dans l'histoire que le fait seul de la supériorité matérielle des gouvernemens, quoiqu'il soit forcé d'avouer néanmoins que leur pouvoir repose en grande partie sur la *reconnaissance* des gouvernés, rejette cette théorie qui repose sur un contrat social et fait résider en quelque sorte la légitimité dans la raison du plus fort ou du plus puissant. Le premier de ces écrivains oppose constamment l'ordre intellectuel à l'empire du fait ; le second, l'empire du fait à l'ordre intellectuel : ni l'un ni l'autre ne paraissent avoir compris que dans le travail artificiel des législations comme dans la nature, le grand objet doit être d'associer et d'unir étroitement ces deux ordres, l'empire du fait et l'ordre intellectuel, de manière à les confondre dans une complète unité.

M. Haller fait consister la souveraineté dans une haute indépendance qui serait l'attribut exclusif de la royauté, et critique avec force une fiction selon laquelle chaque citoyen d'un état libre est un souverain, déléguant sa puissance à qui et sous les conditions qu'il lui plaît ; comme s'il n'était pas évident que dans l'ordre intellectuel tous les hommes sont égaux, partant indépendans et souverains, si ce n'est en tant qu'ils peuvent être subordonnés les uns aux autres par l'intermédiaire d'une raison générale, commune, supérieure à tous. La délégation de cette souveraineté lui paraît aussi absurde que son existence, et ici nous ne pouvons nous empêcher de reconnaître avec lui qu'il n'est ni permis ni possible à l'homme d'aliéner à perpétuité ou à temps cette souveraineté qui est une portion de lui-même ou sa substantialité personnelle. Enfin nous confessons encore avec l'éloquent écrivain que la délégation ou le mandat qui s'exprime par l'élection directe produit naturellement la division des pouvoirs, une dure opposition de formes et tous les abus qui s'attachent au mécanisme laborieux de nos gouvernemens représentatifs.

Il n'en est pas ainsi de l'élection permanente, graduelle ou indirecte, fondée sur l'ordre des préférences. Son but n'est pas la délégation du pouvoir, mais simplement son expression ou pour mieux dire sa *génération*. Chaque citoyen ne dit pas à celui qu'il a élu : J'abdique ma souveraineté et vous la transmets d'une manière irrévocable, ou pour toujours, ou pour un temps et sous certaines conditions; mais il lui dit : De tous les hommes qui m'entourent, vous êtes celui qui me semble le plus *digne ;* je me range parmi vos adhérens. Je n'aliène point ma propre souveraineté qui consiste dans la mesure de mon influence sociale, je n'y renonce aucunement, je me réserve au contraire d'exprimer toutefois et quantes mon opinion sur tous vos actes publics et de sanctionner, si je le juge convenable, mon mécontentement par votre révocation dans toute l'étendue de mon influence. Ce n'est pas parce que je vous choisis que vous êtes le plus digne, mais je vous choisis parce que vous êtes le plus digne et je vous soumets mon influence sociale autant et en tant que vous continuerez de me paraître tel.

L'élection doit être indirecte et permanente parce qu'elle n'est point un mandat, mais une véritable génération du pouvoir. Ce que la nature a fait jusqu'ici par des moyens souvent violens et funestes, l'élection doit le réaliser par une marche uniforme, persistante et mesurée. L'empire du fait doit être expulsé autant que possible, ou plutôt, son existence ne doit être reconnue qu'autant qu'il est conforme à la raison, ce qui est la véritable légitimité.

Ce système, bien loin d'être en opposition avec l'histoire du genre humain, en est au contraire la conséquence et le perfectionnement ultérieur. Forcé de reconnaître l'empire du fait, on a toujours considéré jusqu'ici le consentement le plus général comme le *criterium* de sa légitimité. L'église surtout, la plus rationnelle comme la plus intellectuelle des sociétés, a hautement proclamé ce principe d'éternelle raison. Les grands faits sociaux ne furent jamais considérés comme légitimes qu'autant qu'ils étaient revêtus du sceau du consentement général; mais il existe une opposition habituelle entre le fait et le droit. Le premier l'emporte souvent sur l'autre. Il s'agit aujourd'hui de faire cesser, autant que possible, cette opposition, de ne reconnaître le fait et de ne l'admettre que précisément dans la mesure qu'il s'acquiert le consentement le plus général, d'obtenir enfin la *génération rationnelle* du pouvoir.

Nous ne concevons pas qu'on puisse apercevoir rien d'incohérent dans l'enchaînement de ces idées. Tout homme est roi, en tant qu'il jouit d'une substantialité propre. Son existence, sa domination sur la nature physique, sa force et la part d'influence qu'il exerce sur ses semblables, sont des faits; mais il se voit forcé de soumettre cette existence à des existences supérieures. Cette subordination est nécessaire, c'est le fond même de la société hors de laquelle il ne saurait vivre. N'est-il pas naturel qu'il cherche les moyens de se rendre cette subordination moins onéreuse ? et le moyen de la rendre telle, n'est-il pas de confier le pouvoir à celui qu'il en croit le plus digne ? Il n'aliène pas son indépendance, il ne peut y renoncer sans se détruire ; il subordonne seulement cette influence en tant que cela est nécessaire à sa conservation;

Un pareil acte ne renferme rien qui soit contraire ni à la raison ni à la nature. Une fois posée la nécessité de certaines graduations sociales et admis que l'égalité absolue est essentiellement destructive de toute société, en telle sorte que société et égalité absolue sont des termes incompatibles, il ne reste qu'à ordonner cette graduation de la manière la plus raisonnable. Le pouvoir ne se transmet pas, il s'engendre ; il s'engendre et naît de la seule soumission spontanée d'une existence à une autre existence. Celui qui est jugé le plus digne par le plus grand nombre d'influences, a un pouvoir propre et non délégué, consistant dans sa propre influence. Cette influence n'est elle-même que la supériorité qui lui a été reconnue par toutes les influences individuelles qui s'y subordonnent. C'est donc ici l'ordre même de la nature, dépouillé, autant que faire se peut, de la part que la violence, la fraude et la précipitation prennent trop souvent aux affaires publiques.

Par cela seul que je suis né dans un pays civilisé, j'ai une existence sociale, je suis avec les hommes qui m'environnent dans certains rapports qui me sont plus ou moins favorables. Je reconnais la nécessité d'ordonner ces rapports d'après un certain mode pour conserver les avantages qu'ils me procurent ; mais je trouve cet ordre abandonné fréquemment au hasard ou à la violence. Je cherche le mode le plus rationnel de le soumettre uniquement à la raison générale. Je n'aliène rien, je n'aliène aucunement mon indépendance ou ma substantialité, cela est impossible ; je ne délègue rien aussi et je n'ai pas besoin de mandataire ; j'indique seulement celui de mes concitoyens auquel je subordonne le plus volontiers mon influence, celui que je crois le plus *digne*: chacun en fait autant. Cette élection est périodique, graduée sur la force des influences sociales qui ne sont elles-mêmes qu'un fait, et le résultat général, porté au plus grand degré d'exactitude que puisse admettre le calcul des probabilités est certainement la véritable souveraineté, la légitimité, l'expression rationnelle de l'approbation générale. Une pareille opération, qui est le fond même de l'élection élevée à sa plus haute puissance et considérée dans sa nature la plus intime, n'est rien autre chose que la substitution permanente du droit au fait, substitution impossible à la rigueur, mais dont la perfectibilité humaine peut approcher indéfiniment.

ELLE SEULE CONCILIE.

tion par laquelle on regarde l'acte émané de la majorité des membres d'une assemblée comme émané de l'unanimité de cette même assemblée est une fiction contraire à la vérité. Au cas où la majorité ne l'emporte que d'une voix, l'absurdité de cette fiction est frappante. Or dans toutes les questions controversées où la décision des assemblées délibérantes est du plus haut intérêt et la plus féconde en grands résultats, la minorité est toujours imposante. Il est donc vrai de dire que le plus souvent et dans les circonstances les plus graves, le votant est contraint, dans l'état présent des choses, d'adopter et de proclamer sienne une opinion qui non-seulement n'est pas la sienne, mais qui lui est même directement contraire.

Que si au contraire, au moyen des listes de préférence que nous proposons, les votes sont toujours gradués et relatifs; si, par suite d'un système d'élection générale, tous sont appelés à statuer sur tous, cet inconvénient ne peut jamais se présenter. Il ne peut arriver jamais que le votant se voie forcé de regarder comme sienne une opinion qui n'est pas la sienne ou qui même lui soit directement contraire. En effet, par cela seul que j'inscris sur ma liste les éligibles selon le rang qu'ils occupent dans mon opinion personnelle, j'exprime à l'égard du premier que je le préfère à tous les autres ou que je veux adhérer à lui plutôt qu'à tout autre ; à l'égard du second, que je veux adhérer à lui plutôt qu'au troisième et à tous les suivans ; à l'égard du dernier enfin, que je veux adhérer à lui plutôt qu'à aucun ou que je reconnais la nécessité d'une élection générale et que j'y adhère. On voit donc qu'il n'en est point à l'égard duquel le votant n'ait une volonté d'adhésion; à la vérité une volonté relative, mais enfin toujours une volonté réelle et expresse. Or tous les éligibles étant sur la liste de préférence, et le numéro de chacun d'eux concourant à former le résultat définitif du scrutin, il est évident que toutes les préférences ou volontés d'adhésion relatives seront nécessairement exprimées dans ce résultat définitif. Il est donc exact de dire qu'on y a eu égard, lors même qu'il s'écarte le plus de son choix, et que le scrutin le plus contraire aux objets de sa prédilection est toujours sa volonté relative et subordonnée, il est vrai, mais qui n'en est pas moins sa propre et libre volonté.

Si l'on veut se donner la peine d'y réfléchir, on sentira que ce n'est point ici une affaire de mots. Dans le système électoral admis aujourd'hui, le résultat est toute ma volonté ou bien il lui est directement contraire, point de milieu. Dans celui que nous proposons, le résultat est *toujours* ma volonté, quel qu'il puisse être, nuancée et graduée depuis le moindre degré d'assentiment jusqu'à sa plus haute puissance, par une série croissante composée d'autant de termes qu'il y a d'éligibles. L'omnipotence individuelle se meut en toute liberté dans la sphère de son influence, elle n'a d'autres restrictions que l'étendue de cette sphère même ; c'est-à-dire, que la liberté absolue et la spontanéité de l'élection ne sont limitées que par la seule nécessité.

Ici encore nous nous trouvons d'accord avec la marche habituelle des affaires, avec la nature même de l'humanité. Dans le monde l'homme ne peut jamais avoir de volonté absolue. Il ne peut avoir que des volontés relatives ou des préférences, parce que sa nature est bornée et qu'il se sent toujours circonscrit par l'empire de la nécessité. Ce n'est jamais au bien absolu que l'homme peut atteindre, mais seulement au bien relatif. Cette condition indestructible de la volonté de l'homme, cette nature se révèle et se retrouve dans notre système électoral. Là comme partout la puissance du moi humain se voit limitée, mais on le respecte jusque dans ses restrictions mêmes, et quelque faible que puisse être la préférence exprimée, quelqu'insensible qu'elle doive devenir dans le résultat définitif, le législateur la recueille avec respect à cause de la source d'où elle émane ; la liberté de la volonté humaine; et cette préférence si insensible, si subordonnée aura sa part explicite dans le dépouillement du scrutin.

Le mode actuel de procéder n'est-il pas au contraire celui d'une raison superbe qui méconnaît l'empire de la nécessité, qui refuse de s'y soumettre et voit briser violemment l'opposition ridicule qu'elle ose former à cette grande maîtresse des hommes et des choses ? Je veux tel homme, telle mesure, dit la moitié moins un d'une assemblée délibérante. Je n'en veux pas, dit la moitié plus un de cette même assemblée : la personne ou la mesure est repoussée, et l'orgueil individuel, par une fiction absurde, est obligé de souscrire comme sien le rejet de l'homme ou de la mesure proposés.

Et une preuve matérielle en quelque sorte que ce mode de procéder part d'un faux principe et qu'il est essentiellement vicieux, c'est la possibilité qu'il conduise dans certains cas à une expression insoluble. It une assemblée composée d'un nombre pair. Il peut arriver que l'assemblée se partage entre deux avis directement contraires. L'expression mathématique du résultat électoral, l'infini ou zéro, vient apprendre au politique déçu que ses données étaient fausses ou que ses équations contenaient des rapports contradictoires. N'est-ce pas là une véritable réduction à l'absurde ?

Nous disons que l'expression du scrutin est dans ce cas l'infini ou zéro, parce que si l'on cherche la pluralité, elle est zéro, et que si l'on veut obtenir une majorité par l'adjonction d'un membre, on trouve l'infini, n'y ayant aucune raison de s'arrêter à l'addition d'un seul membre, auquel cas on a une série infinie, ou bien ce membre étant à lui seul d'une valeur infinie.

DE LA PUBLICITÉ.

Sans la publicité il n'y a point de gouvernement représentatif, puisque la nation est appelée à contrôler et à censurer périodiquement par ses choix la marche des hommes du pouvoir et la direction qu'ils impriment aux affaires publiques. Il est donc du plus haut intérêt que les instrumens de la publicité ne soient pas constamment faussés par la fureur des partis, jointe à l'incurie des gouvernemens. Autrement il arrive, comme le dit Bentham, que « le public continue sa marche, » prononçant et jugeant sur tout, mais il juge sans » avoir les actes du procès, il juge même sur des actes » faux. »

La législation sur la presse ne pourrait-elle pas contenir une distinction fondamentale ? Elle considérerait séparément les doctrines et les faits, et leur appliquerait des principes différens. Tout ce qui est de doctrine serait abandonné à la libre discussion (1); car quelle autorité dans l'état est compétente pour trancher des questions qui tiennent souvent aux théories les plus élevées et qui, dans tous les siècles, ont divisé les meilleurs esprits ? qui peut garantir l'infaillibilité prétendue des agens du pouvoir? quel tribunal réunit assez de lumières et d'impartialité pour décider dans des matières à la fois religieuses et politiques? Ici le droit de répression ne se fonde que sur la nécessité et sur une nécessité absolue et d'ordre public. Mais à l'égard des faits qui intéressent le salut de l'état ou qui concernent les intérêts nationaux, il est de la plus haute importance qu'ils soient exposés avec sincérité et connus avec exactitude. Tous les moyens à l'aide desquels on pourrait obtenir cette exactitude seraient autant d'améliorations inappréciables. On ne conçoit pas qu'un peuple, juge souverain de ses intérêts, puisse être grossièrement trompé chaque jour sur les élémens de son examen et sur l'objet même de ses déterminations. Il est honteux surtout de voir qu'on l'égare sur les actes mêmes de ses représentans dont les paroles sont souvent recueillies avec inexactitude ou même altérées à dessein dans les feuilles publiques. On se rappelle la proposition faite sous la restauration par M. le général La Boissière, d'établir dans la chambre des députés une commission permanente, chargée de prendre connaissance des comptes rendus des séances et de poursuivre les journalistes qui les auraient transmis d'une manière infidèle. Cette proposition, qui fut repoussée, était néanmoins un grand pas vers le bien; car si les peuples ont besoin de publicité, ils ont encore plus besoin de vérité; et si le temps est venu de tout dire, le temps est venu aussi d'exiger que les faits d'intérêt public soient exposés au peuple dans une exacte et entière vérité. Vérité et publicité sont deux compagnes nécessaires.

NOTE.

(1) Il doit en être autrement aux époques où l'infaillibilité du pouvoir spirituel est généralement admise.

L'ÉLECTION DOIT ÊTRE PERMANENTE.

A la publicité des actes du gouvernement correspond la permanence de l'élection. Cette permanence ne peut être obtenue absolument parlant, mais on peut en approcher en fixant à des époques très-rapprochées sa périodicité habituelle. Outre que l'élection étant, dans notre système, la génération du pouvoir, il ne peut y avoir cessation de continuité dans son action sans que ce pouvoir, essentiel à la conservation de la société, cesse d'exister légalement et d'obtenir son expression rationnelle, la permanence de l'élection a des avantages positifs suffisans pour la faire admettre. En premier lieu elle éclaire le gouvernement, en lui faisant incessamment connaître, d'une manière beaucoup plus sûre et surtout plus efficace (1) que les journaux et les écrits politiques, quelle est l'opinion publique sur la direction présente des affaires. En second lieu elle est un puissant moyen de calmer l'effervescence des esprits, parce qu'elle laisse au peuple la faculté d'exprimer à tous les instans son mécontentement à ses représentans, par la révocation de ceux d'entr'eux dont il désapprouve les actes. En troisième lieu enfin elle peut tenir lieu du pouvoir censorial qui existait dans les républiques anciennes et qui contribuait si puissamment à conserver les mœurs publiques. Le citoyen qui se sera flétri par une action criminelle ou par une conduite honteuse, en est averti et puni tout à la fois par l'élévation soudaine de son chiffre dans le résultat du scrutin, chacun s'empressant de lui enlever sur sa liste les degrés de préférence qu'il avait cru devoir lui accorder. L'élection permanente satisfait donc à toutes les grandes nécessités de nos gouvernemens représentatifs, qui ne sont au fond que des démocraties industrielles. Publicité, elle la suppose ; mobilité, elle l'établit ; vertu, lumière et paix, elle les entretient ou les produit par une sorte de pouvoir censorial que tous exercent et auquel personne ne peut se soustraire.

NOTE.

(1) Dans une assemblée choisie par le peuple et renouvelée de temps en temps, la publicité est absolument nécessaire pour donner aux électeurs la possibilité d'agir en connaissance de cause.

SECRET DES VOTES.

Si, comme on vient de le voir, la publicité est de l'essence des gouvernemens représentatifs pour tout ce qui concerne l'exercice du pouvoir public, tous les actes politiques, l'action gouvernementale en un mot, rien n'exige que le travail électoral soit soumis dans tous ses élémens à une semblable publicité. Les votes doivent être secrets au contraire, et cela par des raisons précisément inverses de celles qui ont été précédemment énoncées.

L'élection en effet, considérée en elle-même, est l'individualisme élevé à sa plus haute puissance ; elle est l'expression de la volonté individuelle, ce qu'il y a de plus intime et de plus mystérieux dans le moi humain. La raison individuelle se consulte dans le silence et dans la solitude, elle repousse essentiellement ces nombreux concours d'hommes agités par des passions politiques, ces associations, ces cabales qui sont les suites ordinaires de la publicité du travail électoral. Tout cela est contraire à la nature de l'élection. Le citoyen qui prononce sur le mérite ou la dignité de ses concitoyens ne doit compte à personne de l'arrêt qu'il porte. Il ne pourrait le plus souvent en exprimer les motifs. Leur classification est la subordination à qui il lui plaît de son influence personnelle, c'est l'acte le plus éminent de sa souveraineté. Aucun pouvoir humain n'a le droit d'y intervenir et de le censurer. Enfin l'ambition et les rivalités font une guerre constante à la liberté des votes. Que de moyens bas et odieux, ces passions n'emploient-elles pas pour violer le sanctuaire des consciences ? par quels puissans artifices on parvient souvent à enchaîner les citoyens dans l'inextricable réseau de leurs intérêts personnels ! N'a-t-on pas vu de nos jours pousser l'impudeur jusqu'à flétrir par la perte de leurs emplois, ceux qui refusaient de souscrire à certaines exigeances, jusqu'à proposer presque publiquement des récompenses aux violateurs du devoir le plus saint ! La répression pénale est ici insuffisante, et encore bien qu'il fût possible d'améliorer notre législation incomplète sous ce rapport et trop rarement appliquée, il n'est pas de plus sûr moyen d'échapper à d'aussi funestes influences et d'en neutraliser l'effet, que le secret absolu des votes. Par lui seul l'élection peut devenir indépendante et vraiment libre.

On peut à l'aide de mesures fort simples atteindre à ce résultat d'une manière certaine. Tout se réduit à assurer ce secret des votes jusqu'au moment du dépouillement du scrutin, pour lequel suffit l'inspection instantanée d'un petit nombre d'hommes investis d'une haute confiance, puis à empêcher qu'il ne reste de traces de l'opération.

1°. Les préférences s'écrivant par de simples chiffres sur une liste dont tous les noms sont imprimés, il est impossible de reconnaître l'écriture de l'électeur.

2°. Ces listes sont closes et cachetées. On s'assure qu'il n'y a que des électeurs à déposer des listes dans l'urne électorale par l'inspection des officiers préposés à sa garde et l'inscription faite par eux sur un registre tenu à cet effet, du nom du déposant.

3°. On peut rendre impossible la lecture des listes déposées dans l'urne électorale par sa forme et sa matière. Elle serait brisée pour le dépouillement.

4°. Enfin immédiatement après le scrutin, les listes individuelles par ordre de préférences sont publiquement livrées aux flammes, et l'on ne conserve que le résultat définitif.

NOTE.

(1) Quant à l'exécution matérielle quelques dispositions suffisent :

L'urne électorale est placée dans l'intérieur du vestibule d'un bâtiment public, de la mairie, par exemple, où elle doit être à l'abri des injures de l'air, gardée par une sentinelle et exposée constamment à l'inspection du public. Elle doit être d'une matière très-forte ou très-fragile, comme le fer ou la faïence, et d'une forme telle qu'il soit physiquement impossible d'en retirer les listes y déposées sans la briser. Elle doit aussi être assez solidement fixée pour qu'il soit impossible de la détacher et d'y en substituer une autre.

Une instruction concernant le mode d'opérer sur les listes remises aux électeurs, les conséquences et l'objet du classement par chiffres et le dépôt des listes, est affichée à la porte de ce vestibule et dans les autres lieux publics.

Le citoyen qui dépose son vote se présente à l'officier public accompagné de deux témoins qui attestent sa capacité. L'officier en recevant ce vote le jette dans l'urne en présence des témoins, et constate ce fait par un *satisfecit* porté sur la liste électorale auprès du nom de l'électeur votant. Les témoins, l'officier et le votant souscrivent.

Le vote est reçu dans tout le laps de temps déterminé pour les élections, depuis le lever jusqu'au coucher du soleil.

UNITÉ DU CORPS LÉGISLATIF.

Un grand nombre de publicistes ont agité la question de savoir s'il était convenable de partager le pouvoir législatif en deux ou plusieurs assemblées, ou s'il devait être exercé par une seule chambre. Chacun s'est décidé d'après le principe qu'il avait pris pour point de départ. La plupart ont proclamé la nécessité de la séparation en deux chambres, comme une conséquence éloignée de la division des pouvoirs et comme nécessaire pour maintenir une sorte d'équilibre politique. Plusieurs néanmoins, parmi les écrivains de ces derniers temps, ont compris qu'il serait plus rationel de réunir dans une seule assemblée le travail législatif et tous les élémens de la souveraineté; les uns ont osé professer cette opinion, d'autres ont reculé devant les dangers qu'elle leur paraissait offrir dans la pratique. Jeremie Bentham s'exprime sur cette importante question dans les termes suivans :

« On ne peut nier, quoique les deux chambres puis-
» sent être réunies, qu'on ne puisse par leur division
» mettre de grands obstacles à la création des abus.
» Un tel système est plus propre à conserver qu'à créer
» (l'unité seule peut créer), et même ceci prouve com-
» bien il convient à une constitution déjà fixée. Le
» vaisseau de l'état assuré par ces deux ancres, con-
» serve une force de résistance contre les tempêtes
» qu'il n'obtiendrait par aucun autre moyen. »

Pour nous, il nous semble qu'avec un système d'élection permanente, le corps législatif ou dépositaire de la souveraineté doit être un pour deux raisons. La première, c'est que le danger de l'oligarchie, qui fait partager l'exercice de la souveraineté entre deux assemblées qui se contre-balancent l'une par l'autre, disparaît devant l'élection permanente, chaque citoyen pouvant à chaque instant atteindre l'élu infidèle par un vote désapprobateur, et ce vote produisant la révocation à une époque très-rapprochée. L'élection permanente est en même temps essentiellement mobile. La seconde, que ces assemblées no peuvent se maintenir réciproquement dans leurs limites légales et se servir de contre-poids qu'autant qu'elles sont composées d'élémens différens ou qu'elles représentent des intérêts contraires. Or cette diversité de composition est impossible avec notre système électoral. Car si l'une des deux assemblées est le résultat de l'élection rationnelle, l'autre formée d'après un autre mode quelconque n'en sera pas le résultat; le résultat de l'élection rationnelle étant seul l'expression de la souveraineté, cette assemblée qui n'en sera pas le résultat ne sera pas l'expression de la souveraineté. Elle n'aura donc aucune valeur dans l'opinion publique, mais ne sera qu'une vaine forme incapable d'opposer une sérieuse résistance aux usurpations de l'assemblée élue qu'elle est destinée à contrebalancer.

Dans un état où le trône et la noblesse sont héréditaires et où néanmoins le mouvement du corps politique est représenté par une assemblée élue par le peuple, on conçoit la dualité d'assemblées législatives, l'une héréditaire, l'autre élective. L'une représente ce qui est, l'autre ce qui veut être; l'une conserve, l'autre innove; l'une est la substantialité, la consistance, la durée; l'autre l'agitation, le mouvement, le progrès : mais dès que le trône n'est plus héréditaire ou dès que l'hérédité n'est plus reconnue comme la véritable base de la légitimité, l'élément électoral fait des progrès rapides et domine bientôt exclusivement. La souveraineté ne naît que de l'élection, elle ne peut résulter que d'un seul mode d'élection, elle ne peut résider que dans une seule assemblée. S'il y avait seulement deux modes de procéder à l'élection, le mode le plus parfait serait évidemment le seul qui engendrerait la souveraineté.

Publicité du gouvernement, secret des votes, permanence de l'élection, révocabilité incessante des élus, unité de l'assemblée souveraine sont donc des corrélatifs nécessaires.

NOTE.

(1) L'expérience de tous les états républicains, à l'exception des gouvernemens représentatifs de ces derniers temps, vient encore ici confirmer notre opinion :

« Les petits et les grands conseils, dit M. Haller,
» dans son sixième volume, p. 192, ne sont pas deux
» cours ou corporations différentes (ce qui donnerait
» à la république la forme d'un Cerbère à deux têtes),
» mais ils sont parties du même tout ; le petit conseil
» consiste seulement dans un choix plus restreint de
» toute la communauté ou de ses représentans. Il re-
» présente conséquemment la même corporation dans
» une mesure réduite, et a pour cette raison le même
» président, la même chancellerie, le même lieu de
» réunion. »

Ce fait historique, constaté par M. Haller, est parfaitement conforme à la raison. On ne peut concevoir la coexistence de deux conseils de nature différente dans une république, qu'au cas où ces deux conseils expriment des principes différens, comme le faisaient en France, avant la révolution de juillet, la chambre des pairs et celle des députés, dont la première représentait le principe héréditaire et la seconde le principe électif. Mais alors l'état cesse en tant d'être une république, il devient, comme représentant ou exprimant l'hérédité, monarchique ou au moins aristocratique.

S'il y a deux conseils dans une république, ils doivent nécessairement être de même nature ; ils doivent donc être tous deux une délibation de toute la communauté. Ils doivent aussi être formés par le même mode d'élection, puisque, s'il en était autrement, celui dont le mode d'élection serait le plus rationnel, possèderait seul le pouvoir et par suite effacerait entièrement l'autre. D'un autre côté, quand on a une fois obtenu une expression électorale de toute la masse du peuple, constituant, par exemple, le grand conseil, on ne peut, sans faire évidemment un double emploi, chercher de nouveau cette expression électorale dans toute la communauté pour former le petit conseil. Il devient donc nécessaire, sous la double peine de double emploi et d'incompatibilité de pouvoirs, de faire sortir le petit conseil du grand conseil, ce qui, comme on le voit, conduit directement à l'élection hiérarchique à deux degrés. Tout y ramène de quelque point que l'on parte, dans la pratique comme dans la théorie. Cette tendance hiérarchique est comme une force ascendante a laquelle cède naturellement toute opération électorale.

INEXACTITUDE DU MODE ACTUEL D'ÉLECTION.

L'INFLUENCE qui s'exprime contrairement à l'avis de la majorité, est censée s'exprimer conformément à cet avis.

L'influence qui ne s'exprime pas est nulle.

Deux règles absurdes, qui suffiraient seules pour fausser toutes les délibérations. L'absence ou l'omission de voter n'annulle pas une influence. Cette influence doit être suppléée dans le résultat général de la manière la plus probable. L'émission d'un vote différent de celui de la majorité, n'en est pas la sanction. On rencontre presque toujours plusieurs degrés de préférence relative, avant d'arriver à une opposition directe des opinions. Ne pas faire entrer ces préférences relatives en ligne de compte, c'est encore fausser l'élection.

Toutes les influences doivent figurer au résultat général du scrutin. L'absence ne peut que réduire le vote à celui qu'eut vraisemblablement émis l'absent ou à son opinion la plus probable.

Toutes les influences doivent être représentées avec vérité. Or, la volonté humaine n'est rien d'absolu, et entre vouloir et ne vouloir pas, il y a bien des mesures intermédiaires ou moyens termes. Il faut tenir compte aussi du degré de volonté ou de la mesure de l'assentiment.

Il est vrai qu'un projet de loi d'une certaine étendue étant susceptible d'une grande quantité de combinaisons diverses, il est difficile de soumettre toutes ces combinaisons au vote d'une assemblée législative. Si l'on observe cependant que de cette immense variété de combinaisons, il n'y en a qu'un nombre déterminé et ordinairement assez circonscrit qui ait des chances de succès ou qui puisse obtenir l'assentiment de la majorité, on sentira que la difficulté n'est pas insurmontable. Les commissions, que l'on charge si fréquemment aujourd'hui de faire les recherches et les travaux préparatoires pour la rédaction d'un projet de loi, pourraient être chargées pareillement de déterminer le nombre des combinaisons qui devrait être présenté aux chambres. Ces projets seraient tous ensemble l'objet d'un vote par ordre de préférences, après lequel on passerait à la discussion par articles du projet préféré.

Mais si cette difficulté est sérieuse à l'égard d'un projet de loi, elle est moins grave en matière d'élection, où tout se réduit au placement respectif des divers éligibles. Deux ou trois cents noms au plus peuvent suffire, et, au moyen des listes imprimées, de simples chiffres expriment les préférences. C'est principalement sous ce rapport que le mode d'élection proposé nous parait atteindre un beaucoup plus grand degré d'exactitude que ceux employés jusqu'ici.

DE L'EMPIRE DU FAIT.

L'HISTOIRE nous montre la scène du monde constamment livrée à l'empire du fait. Le plus fort ou le plus méchant l'emporte souvent sur le juste, et la violence ou la ruse acquiert plus de royaumes que la seule vertu. Un publiciste, après avoir passé en revue l'origine des diverses principautés qui se sont partagé la terre, s'écrie douloureusement qu'on est forcé de convenir que « leur origine est presque toujours un fait » violent et injuste. »

Il est vrai que ce fait, injuste dans son origine, se légitime et s'autorise par une sorte de consentement général fondé sur cette considération, que la destruction de ce fait injuste entraîneroit dans la société plus de maux que n'en produit sa conservation. Cet assentiment accompagne ordinairement les faits d'une longue durée; c'est par cette raison que le laps du temps est considéré comme le caractère le plus incontestable de la légitimité.

Il n'en reste pas moins comme une vérité désolante que l'empire du monde est livré au fait.

Cette dure nécessité, suite visible de notre déchéance, dégradante pour notre raison, a toujours été impatiemment supportée par le genre humain. Il s'est épuisé, pour en secouer le joug, en tentatives de toutes sortes; toutes les formes protectrices de la justice, toutes les résistances à un pouvoir inique, tous les actes d'héroïsme qu'a enfantés le sentiment exalté d'une injustice ressentie ou de la protection due à la faiblesse et à l'innocence, ont leur source dans cette impatience de l'empire du fait qui presse et tourmente sans relâche l'humanité. C'est un sentiment si vif et si profond, que l'on a vu, à certaines époques, des nations lui préférer le pur hasard ou renoncer à une position acquise pour courir après les éventualités les plus périlleuses. Ainsi des populations entières vont habituellement exercer leur industrie ou porter les armes loin de leur patrie, d'autres courent d'un bout de l'univers à l'autre dans l'espoir incertain de former quelqu'établissement utile; des nuées de barbares parties des extrémités de l'Asie, sont venues à la chute de l'empire romain fondre sur notre Europe, et de nos jours encore des pays florissans et civilisés de notre hémisphère versent annuellement sur le continent américain des milliers de colons, sans aucun autre motif apparent. On peut encore rapporter à ce besoin de changement si impérieux la mobilité dans les emplois publics, l'alternat, la division dans le pouvoir, l'élection aux charges laissée au sort comme elle le fut à Athènes, à Florence au moyen âge et dans plusieurs autres états (1). Or, préférer le pur hasard à l'empire du fait, c'est préférer au fait subsistant un fait éventuel et ignoré. Cette tentative de l'homme qui, en désespoir de faire triompher la raison, se résoud à abdiquer une existence acquise et à livrer son avenir au hasard, est le sentiment qui préside à toutes les révolutions, dont la nature est de détruire sans rien édifier.

Ce sentiment de l'humanité, quelque funestes qu'en soient les résultats, repose sur cette conviction profonde, seule capable de pousser les peuples à de telles extrémités, d'une part, que quelles que soient les combinaisons éventuelles du futur contingent, elles ne peuvent manquer d'être préférables au fait présent qui repose tout entier sur la violence et l'injustice, ou que du moins le nombre des chances favorables l'emporte de beaucoup sur celui des chances défavorables, et d'autre part, qu'il est impossible en le conservant de faire triompher la justice et la raison.

L'élection est un appel fait à la raison humaine, elle reconnaît dans chaque homme une véritable souveraineté, elle remet au genre humain la décision de sa propre fortune, elle est l'expression de la volonté la plus générale, une création du pouvoir opéré sans qu'il soit nécessaire de détruire ce qui existe, mais aussi sans admettre aucune influence frauduleuse ou violente. L'élection est donc le moyen le plus raisonnable de donner l'essor à ce sentiment énergique de l'humanité, qui, frappé des injustices monstrueuses auxquelles la livre l'empire du fait, refuse de courber désormais la tête sous son joug odieux. C'est la voie la moins périlleuse et la plus directe que puisse s'ouvrir l'esprit de liberté, qui s'est transformé de nos jours en un malaise et une inquiétude indéfinissable que rien ne peut satisfaire.

Que si l'élection ne fait pas triompher uniquement la raison, elle lui donne du moins la plus large part, elle l'exprime aussi exactement que possible, elle laisse à l'omnipotence de la raison individuelle tout ce qui n'est pas réservé à la nécessité qui naît de la nature même de l'homme. Il n'est pas possible, humainement, d'atteindre au-delà. Lors même qu'elle n'est pas la pure, l'exacte expression de la volonté générale, elle est l'exclusion (nous ne disons pas la destruction) de l'empire du fait, et comme tous les événemens résultent du pur fait, du hasard ou de la raison, en excluant le pur fait elle n'admet plus que la raison ou le hasard: Le mal d'admettre ce dernier élément, même avec une large part d'influence, n'est pas aussi grand qu'il le paraît, si l'on prend en considération ce besoin impérieux de se soustraire à l'empire du fait qui, à certaines époques, presse les peuples avec tant de violence qu'ils ne craignent pas de confier au sort aveugle leurs plus précieux intérêts et la direction suprême des affaires publiques.

NOTE.

(1) « Les difficultés de l'élection doivent réellement
» être considérables, puisque toutes les républiques
» anciennes et modernes se sont égarées pour les élec-
» tions les plus importantes dans les combinaisons les
» plus bizarres, et ont fini par s'en remettre, en dé-
» sespoir de cause, au sort aveugle. » *Haller.*

CONTINUATION DU MÊME SUJET.

L'empire du fait peut être autorisé ou légitimé de différentes manières. En matière politique, les différentes manières dont on adhère aux faits sociaux, forment les diverses opinions politiques. Ces différences n'étant que des différences de position, et l'objet considéré étant le même, comme l'est le but proposé pour tous les citoyens vertueux, on a raison de dire que les hommes de bonne foi, dans toutes les opinions, se touchent de plus près qu'on ne pense.

Les manières d'envisager les faits sociaux ou les diverses opinions politiques se ramènent à deux positions fondamentales qui forment le libéralisme et l'absolutisme: les uns disent, le fait est juste parce qu'il repose sur la volonté générale; les autres disent, au contraire, c'est parce que le fait est juste que la volonté générale le sanctionne et y adhère. Le laps du temps est ici une circonstance indifférente, si ce n'est en tant qu'il peut faire présumer un assentiment tacite. On voit donc que soit que l'on considère la volonté générale comme la source de la légitimité ou seulement comme sa reconnaissance, elle en est toujours l'expression et la condition fondamentale. Tout revient au consentement général exprès ou tacite: s'il adhère à des faits dont l'origine est ancienne, il les légitime; s'il règle des faits contingens et futurs, il les légalise: au premier cas, c'est une soumission; au second, un contrat. Dans le premier cas, c'est une légitimité ; dans le second, c'est une constitution. La différence entre le premier ordre de chose et le second, est que celui-ci s'élançant dans l'avenir, s'efforce de le maîtriser et de le soumettre à l'empire de la raison ; on peut y voir non la destruction, mais l'exclusion possible de l'empire du fait dans les affaires du genre humain ; celui-là s'attache au passé et le conserve, soit qu'il le révère comme juste et saint, soit qu'il juge dangereux de le renverser.

DE L'ÉGALITÉ ÉLECTORALE.

Publicité, liberté, égalité, tels sont les termes fondamentaux de toute constitution représentative, fondée sur la souveraineté de la raison individuelle. Voyons de quelle manière notre système d'élection par ordre de préférence, satisfait à ces trois conditions essentielles.

La *publicité* est la plus grande possible si l'objet de la délibération est mis sous les yeux de tous les citoyens et qu'il y demeure constamment. La notification des listes électorales imprimées, faites à l'avance à tous les électeurs appelés, atteint ce double but. L'objet de la délibération est mis sous les yeux de tous, il y demeure tout le temps nécessaire pour un ample délibéré. On peut même dire qu'il y demeure constamment, puisque les électeurs sont à lieu de ré former incessamment leurs choix. Ils peuvent en effet au moment où un éligible leur paraît avoir démérité la place qu'il occupe sur leur liste, en faire justice et le reléguer à celle qu'ils croient devoir lui assigner. Cet exercice absolu du pouvoir censorial aura son effet à l'époque prochaine du scrutin périodique.

Le vote individuel est secret. Les moyens indiqués au chapitre du secret des votes, établissent une impossibilité matérielle que ce secret soit violé. Par là, la plus haute indépendance, la *liberté* la plus absolue est garantie dans la détermination des suffrages. La liberté et la publicité ne paraissent pas susceptibles d'une plus grande extension, c'est l'humainement possible.

Quant à *l'égalité*, principe de destruction, s'il est entendu dans un sens absolu, puisque la société ne subsiste que par des inégalités, voici cependant comment l'élection la comprend et la réalise.

Tous les hommes sont inégaux de fait et égaux en droit. Inégaux de fait, puisqu'ils ont des forces, des talens, des vertus et des vices différens; égaux de droit, parce qu'aucun d'eux ne peut puiser dans son autorité propre le droit d'imposer aux autres sa volonté.

Les inégalités de fait doivent donc être reconnues; on ne peut les détruire sans anéantir la société et sans nier la nature même de l'homme, mais elles doivent être exclues, c'est-à-dire que seules elles ne peuvent rien. Elles ne détruisent point l'égalité de droit, elles sont seulement des moyens d'influence (1) à l'aide desquels un homme peut acquérir sur ses semblables un ascendant plus ou moins étendu. L'élection les rejette en elles-mêmes ou en tant qu'elles sont un pur fait, elle les admet comme moyens d'influence, c'est-à-dire en tant qu'elles sont ratifiées et reconnues par le consentement des autres hommes. Elle convertit les inégalités de fait en inégalités rationnelles, et dans l'impossibilité d'établir une égalité absolue qui n'est pas de ce monde et qui est même directement contraire à la nature humaine, elle unit, comme un moyen terme, ces deux extrêmes qui semblent incompatibles, l'inégalité de fait, l'égalité de droit ; et réservant au fait et au droit la sphère qui appartient à chacun d'eux, le résultat de sa médiation participe de l'un et de l'autre. C'est un système d'inégalités rationnelles ou une hiérarchie intellectuelle. En d'autres termes, l'élection pure et absolue admet le fait dans l'ordre des faits, elle admet le droit dans l'ordre intellectuel, elle exclut le fait dans l'ordre intellectuel, elle exclut le droit dans l'ordre des faits, mais après avoir reconnu la force du fait et celle du droit dans leurs ordres respectifs, elle subordonne constamment l'un de ces ordres à l'autre et les associe dans une magnifique unité.

NOTE.

(1) Il faut bien distinguer l'influence et le moyen d'influence : l'influence est la reconnaissance par les autres hommes d'une supériorité ; le moyen d'influence est le fait qui fonde cette supériorité.

L'ÉLECTION RATIONNELLE DIFFÈRE TOTALEMENT DE L'ÉLECTION DE MANDAT OU DIRECTE ACTUELLEMENT EN USAGE.

Dans le système d'élection actuel, le triomphe électoral n'appartient pas toujours au parti le plus fort ou à celui qui compte dans son sein de plus nombreuses et de plus grandes influences, mais à celui qui sait le mieux tirer parti de toutes ses forces à la fois et préparer les esprits de telle sorte qu'aucune voix ne soit perdue dans l'opération du scrutin. De là, la nécessité pour les électeurs de s'entendre et de se concerter afin de donner leurs voix à un candidat déterminé de leur opinion. A défaut de cet accord préalable, ces voix se trouvent disséminées sur différens candidats, perdues par conséquent, et aucun des élus d'un parti dépourvu d'ensemble ne réunit une masse de votes suffisante pour contre-balancer ceux du parti contraire, qui, moins nombreux, mais réunis sur une seule tête, obtiennent dans le résultat électoral un avantage décisif. Cette nécessité qui force les meilleurs et les plus paisibles citoyens à se mêler, sous peine de voir annuler de fait leur droit électoral, à des cabales pleines de mystère et de corruption, est un très-grand mal. Il en résulte que l'élection, contre sa nature, n'est plus un appel fait à la raison individuelle, mais aux partis qui se disputent l'empire de l'opinion publique. Elle exige, comme condition indispensable, des associations antérieures qui ne sont que l'organisation plus ou moins complète de ces partis. Enfin, elle est une excitation à la corruption, à l'intrigue et à tous les moyens employés par les coteries pour s'élever au pouvoir, puisque tous ces moyens sont sinon nécessaires comme légitime défense, du moins tolérés par les lois et autorisés par les mœurs.

Le vice d'un pareil état de choses n'est pas tant l'intrigue, la corruption, les fraudes et par suite l'inexactitude des choix qui en résultent (encore bien que ce soit déjà un très-grand mal en soi), que la nécessité en quelque sorte légale de tous ces abus. Le vice consiste (et il est monstrueux), en ce qu'ils sont la suite naturelle d'un système qui fait reposer le succès des élections sur des associations propres à en fausser le résultat. C'est établir la corruption en principe et convertir l'action gouvernementale en une pure déception. Il est impossible de concevoir rien qui soit plus propre à démoraliser un peuple.

On regarde communément l'élection comme un champ de bataille où les partis mesurent leurs forces et se disputent la victoire. Cette idée n'est pas exacte. L'objet du travail électoral est de statuer sur la *dignité* des éligibles et non de choisir le plus propre à faire triompher telle ou telle opinion. C'est une différence capitale entre le système de génération rationnelle du pouvoir et le système représentatif proprement dit. Or, cette dignité des citoyens ne s'établit pas au moment de l'élection, ce n'est même pas alors qu'on la juge, quoiqu'on puisse la soumettre à cette occasion à un examen plus particulier. La dignité des éligibles et leur influence résulte des habitudes de toute leur vie et de l'opinion qu'ils ont donnée d'eux-mêmes à leurs concitoyens. L'élection constate cette opinion, elle ne la forme pas, de même que le dénombrement des morts et des blessés, après une bataille, ne donne pas la victoire, mais peut servir à la constater seulement.

La nécessité de s'associer et de s'entendre ne disparaît pas néanmoins complètement, même dans le système d'élection rationnelle. Pour la conduite des débats dans une assemblée législative, il est toujours nécessaire que ceux qui appartiennent à une même opinion se distribuent les rôles, afin d'éviter les répétitions, les contradictions et la perte du temps. Mais c'est que là se décide la victoire : il s'agit de ranger ses troupes en bataille et d'ordonner avec habileté ses forces (1). La discussion forme et assure la victoire, le scrutin la constate. Celui-ci ne doit jamais admettre d'association. Tout concert préalable est en opposition directe avec sa nature.

C'est du choc des opinions que naît la lumière. Il faut donc que les débats qui ont pour objet de l'exciter et de la produire, admettent toutes les mesures propres à mettre ces opinions en présence avec leurs forces respectives, afin qu'elles soient franchement et hardiment soutenues et discutées et qu'on aborde sérieusement le fond des questions. De là, la nécessité d'associations dans les discussions; il est utile et même indispensable qu'une assemblée législative ait des partis contraires bien prononcés. Il n'en est pas ainsi dans l'élection proprement dite. La vertu ou le mérite personnel ne naissent pas de la lutte des opinions. Si cette lutte, comme toutes celles de la vie, peut les exercer ou les former, c'est dans le caractère moral, naturel ou acquis qu'ils ont leur source. Une question de préférence fondée sur le degré d'influence qu'un citoyen exerce dans la société ne suppose ni débat ni conflit, sa solution réside uniquement dans l'assentiment ou la reconnaissance parfaitement libre et spontanée de ses concitoyens.

Ici se montre dans tout son jour la différence qui existe entre l'élection rationnelle et le système d'élection directe actuellement en usage. L'élection rationnelle est la génération du pouvoir, produite par la soumission spontanée et conditionnelle de chaque électeur à celui qu'il croit le plus digne. L'élection directe est une fiction en vertu de laquelle chaque citoyen remet à un mandataire le soin de représenter tous ses intérêts politiques et le pouvoir d'en disposer. L'élection rationnelle demande à chaque électeur quel est le plus digne, l'élection directe lui demande plutôt quel est le plus propre à faire triompher une opinion ou un parti. L'élection rationnelle s'adresse à la raison individuelle, dont elle recueille avec respect et exprime avec exactitude la décision, l'élection directe s'adresse aux coteries, aux partis, ou, si l'on veut, aux associations politiques qu'elle nécessite et qu'elle présuppose, associations dont la tendance est nécessairement indépendante du gouvernement et qui lui sont le plus souvent hostiles. L'élection rationnelle constate l'opinion publique, l'élection directe prétend la former et pour elle le jour des élections est un jour de bataille dans lequel les partis font tous leurs efforts pour se résumer dans les personnalités qui leur conviennent. L'élection rationnelle doit amener au pouvoir les hommes les plus influens, l'élection directe y élève des chefs de parti. Enfin, l'élu par le premier système, possède le pouvoir précairement à la vérité, mais avec plénitude; l'élu par le second système, le représente seulement, il n'est que mandataire. L'un de ces systèmes est faux parce qu'il repose sur une fiction, l'autre est vrai parce qu'il dérive de la nature et qu'il n'est que l'application à l'état présent de la société des lois selon lesquelles le pouvoir s'est toujours formé et transmis parmi les hommes, avec l'exclusion possible de l'empire de fait.

NOTE.

(1) Le peuple romain était rangé à l'armée selon les mêmes divisions, et dans un ordre analogue à ceux dans lesquels il procédait à la confection des lois, et délibérait sur les affaires de l'état. Il y a dans cette coutume un sens profond. Au conseil comme sur le champ de bataille la société combat, elle se place si on l'ose dire dans un état d'érection, dans une action vive et générale qui exige le développement de ses formes vitales et constitutives. On doit donc trouver cette analogie entre la guerre et le conseil dans tous les états où tous les citoyens prennent également part, dans les mêmes rapports, au conseil et à la guerre; dans les autres, les différentes fonctions publiques étant remplies par différens corps indépendans et souvent rivaux, quoique sous un chef commun, cette similitude de formes ne peut se reproduire.

L'ÉLECTION DIRECTE NE PRODUIT QU'UNE OPPOSITION.

Le *liberum veto* qui fit de la constitution polonaise un champ de bataille où l'opposition se montrait presque toujours les armes à la main et qui finit par amener l'anéantissement de cette constitution, n'était que la conséquence du principe de la souveraineté du jugement individuel joint à l'égalité des membres de la confédération, par suite desquels aucun noble n'était obligé que par les lois faites de son consentement. Ceux qui ne pouvaient faire accueillir leur opposition, étaient chassés de l'assemblée à coups de sabre et prenaient les armes pour faire reconnaître leur droit.

Nous avons déjà eu l'occasion de faire observer que ce résultat funeste est une conséquence historique de l'élection directe.

En effet, soumettre la volonté de la minorité à celle de la majorité, ce n'est pas changer cette volonté et faire qu'elle reconnaisse la supériorité du plus grand nombre à laquelle on l'assujettit. Cela n'aboutit au contraire qu'à marquer plus fortement les différences d'opinions et à les établir dans un état d'opposition formelle.

Dans le système d'élection directe, la volonté de la majorité ne peut soumettre et réduire celle de la minorité que par une sorte de contrainte, une véritable violence morale qui n'avance rien et ne fait qu'aigrir les esprits. Deux volontés contraires ne peuvent se concilier que par l'intercalation de moyens termes ou par des transactions. L'objet final d'un bon mode de scrutin est d'opérer et d'exprimer fidèlement ces transactions.

Il est si vrai que le résultat des assemblées délibérantes n'est autre chose en général qu'une transaction ou si l'on veut une série de transactions, que les lois ainsi faites et votées successivement par articles séparés, ne sont trop souvent qu'un alliage d'idées incohérentes et de principes contraires, vice considérable aussi nuisible à l'entente de la loi qu'à son application.

Ce défaut disparaîtrait ou deviendrait beaucoup moins sensible si l'on votait par un seul scrutin sur tout l'ensemble de la loi et sur toutes ses différentes combinaisons probables, parce que chacune de ces combinaisons forme un tout harmonique et complet et doit être créé d'un seul jet en quelque sorte.

Dans les états où la minorité qui ne peut pas faire reconnaître son veto, ne prend pas les armes comme elle le faisait en Pologne, elle a recours à d'autres moyens pour faire triompher son opposition. Ou bien elle se retire de l'assemblée, ou bien elle est de fait repoussée de la discussion, ou enfin elle cherche à fomenter des troubles civils pour amener à la chambre d'autres députés et faire prévaloir son opinion.

Ce n'est que par l'espérance ou de faire prévaloir enfin son opposition ou du moins de parvenir à exercer quelqu'influence sur la direction prise par la majorité, qu'une minorité peut demeurer avec elle réunie dans une même assemblée et soumise aux mêmes règles communes. Que si cette espérance ou cette possibilité s'évanouit, tout espoir d'une transaction étant anéanti, les deux partis se placent dans un état de guerre ouverte d'autant plus dangereux, que le plus faible en nombre n'a d'autre ressource que de suppléer à l'impuissance de son opposition légale par une opposition extra-légale qui peut avoir les plus terribles effets.

En résumé, les assemblées délibérantes ne sont nécessaires que pour concilier les opinions sur les affaires publiques. Si au contraire elles les mettent en présence et ne font que constater leurs forces respectives, après les avoir irritées par des débats publics, leur but est manqué ou même elles produisent un effet contraire à celui que l'on s'était proposé.

DU PROVISOIRE ET DU PÉREMTOIRE.

On trouve à l'origine de toutes les sociétés un grand fait ou naturel ou accidentel ou violent qui est comme leur point de départ et qui sert de fondement à leur civilisation. Ce fait ne se légitime ou ne se fait reconnaître par le genre humain qu'en perdant sa nature propre pour entrer dans un ordre plus rationnel. Ainsi la conquête, le patrimoine, l'occupation, se fixent par des cessions, des contrats, des traités qui les dépouillent en partie de leur caractère de purs faits. La féodalité, l'agglomération de nombreuses existences inférieures auprès du grand propriétaire, les fédérations, etc., etc., surviennent à mesure qu'elle s'élève la civilisation se pénètre de plus en plus de l'intellectuel, et son progrès consiste dans les empiétemens successifs, amenés par le temps et le cours naturel des choses de l'ordre rationnel, absolu, ou du droit péremptoire, sur l'empire du fait reconnu ou le droit provisoire.

Mais l'homme, borné de sa nature, est soumis à des lois physiques et morales qui, dans certaines circonstances données, paraissent rendre impossible un développement social ultérieur. En d'autres termes, chaque peuple, eu égard à sa séparation politique du reste du genre humain, à sa situation géographique, à ses idées religieuses surtout, et enfin, eu égard au fait primitif et fondamental de son association ou de son établissement, doit demeurer en deçà de certaines limites dans un état qui, conformément à sa nature dégradée, se compose de la réunion du droit péremptoire et du droit provisoire. Celui-ci ne saurait disparaître entièrement.

Il semble que le plus grand développement social ou la plus haute civilisation consiste dans la juste mesure et la plus heureuse combinaison de ces deux ordres ou droits, et que le plus haut degré de perfection auquel une société puisse atteindre soit le point le plus élevé de la fusion de ces deux ordres, c'est-à-dire, toute la mesure de droit péremptoire ou absolu qui est compatible avec le fait primordial et ses conséquences et qui peut être supporté par cette société.

Mais ce point ne saurait être fixé, et la nature marche incessamment. L'ordre péremptoire continue ses empiétemens sur le provisoire et le détruit successivement d'une manière plus ou moins lente. Il doit arriver alors, ou bien que, par sa tendance de généralisation, il envahisse en même temps d'autres sociétés, auquel cas en les fondant toutes en une seule il donne naissance à un développement ultérieur de civilisation dont les bornes ne sont pas assignables, ou que restreint et mis à l'étroit dans les limites légales de la société où il se meut, il renverse entièrement l'ordre établi et donne lieu à la survenance d'un nouveau fait qui, totalement séparé du fait primitif, devient lui-même la source d'un nouveau droit provisoire.

On nomme quelquefois cet état social décrépitude ou décadence des empires, mais il n'est rien que de naturel et de nécessaire, et n'est un mal qu'en tant que les hommes par leur inconséquence ou leur malice font obstacle au droit péremptoire, qui, fort de justice et de raison, après avoir détruit toutes les conséquences du fait fondamental primitif, s'avance majestueusement vers un état de société plus intellectuel et plus général.

Appliquons ces idées à un ordre particulier de civilisation, le gouvernement patriarcal, par exemple. Il repose sur l'idée de propriété. Le pouvoir se confond avec elle et n'est lui-même qu'une propriété ; mais la supériorité qu'elle donne est reconnue par un plus ou moins grand nombre d'hommes qui s'y attachent et s'en font dépendans. Par là, le fait devient déjà plus rationnel, c'est en définitive l'assentiment exprès ou tacite qui le légitime et qui fonde le droit sur les personnes. Plus tard le souverain, par des cessions faites à ses sujets ou par suite d'autres circonstances, abdique une partie de son patrimoine; les accroissemens de sa puissance résultent de nouveaux rapports, des alliances, des fédérations, des transactions, des contrats, qui tous reposent sur le consentement. Le pouvoir passe ainsi de plus en plus de l'ordre provisoire dans l'ordre péremptoire où le fait acquiert un caractère complet de rationalité. Enfin, la propriété disparaît presqu'entièrement des mains du souverain, ou bien elle s'accroît tellement en celles de ses sujets et alliés, qu'il n'est plus possible de la considérer comme le fondement de sa supériorité sur eux. Il faut chercher ce fondement autre part, et où le rencontrer si ce n'est dans l'assentiment général qui rend le pouvoir d'autant plus légitime que la supériorité qui le forme est l'objet d'une reconnaissance plus universelle et plus spontanée.

Lorsque dans ce développement progressif on est arrivé au point où le fait primordial de la propriété est combiné avec toute la mesure de reconnaissance individuelle ou d'élément électif compatible avec la conservation du droit provisoire sur lequel repose l'état social d'un peuple, on est à l'apogée de la civilisation de ce peuple. Sa civilisation ne peut plus que décroître. Ou bien elle perd son caractère propre en passant à un développement ultérieur au moyen d'une fusion au moins morale avec d'autres sociétés, ou bien elle cède à de nouveaux faits généraux, contraires au fait primitif, desquels naît un nouveau droit provisoire, différent de l'ancien. La société alors est transformée sans être matériellement détruite; quelquefois néanmoins cette transformation s'unit à des destructions partielles plus ou moins considérables.

Toute existence a ses limites et quand le cercle des idées fondamentales d'un ordre de civilisation a été parcouru et épuisé, le peuple auquel il appartient ne peut conserver son existence qu'en passant à une civilisation supérieure et plus générale, ou en subissant une transformation de fait plus ou moins violente qui lui impose un autre ordre d'idées et un nouveau droit provisoire.

On peut appliquer ces mêmes idées aux assemblées d'états.

Elles ne sont que la réunion des plus hautes influences sociales, la convocation faite par le prince de ses compagnons d'armes ou des propriétaires les plus considérables dans le but de pourvoir à un besoin public.

Elles n'ont d'autre droit que celui d'assistance et de remontrance.

Elles sont graduées ou formées par les plus hautes influences sociales, selon leur valeur respective indéterminément ; par exemple, on n'appelle que les propriétaires, les corporations, les princes ecclésiastiques ou séculiers qui peuvent ou procurer des secours effectifs ou faire agréer aux peuples les mesures qui devront être prises. Puis tous les appelés n'ont pas la même part aux délibérations. Les uns ont un plus grand nombre de voix que les autres ou des privilèges qui leur assurent une certaine prépondérance.

Enfin, elles sont convoquées et congédiées selon le caprice du souverain.

Mais à mesure que le fait primitif s'efface et qu'il fait place à l'ordre rationnel, ces rapports d'origine s'intervertissent et changent de nature.

Le patrimoine ou la conquête cessent d'être le fondement du pouvoir.

Les intérêts de la nation sont pris en considération plutôt que ceux du prince.

Les influences se mesurent moins sur le fait et plus sur l'assentiment général. L'opinion publique acquiert plus de consistance, et il devient plus difficile de la heurter de front.

Enfin le prince ne peut sans danger se mettre en opposition avec le vœu des états.

Tout revient de plus en plus à un véritable contrat réciproque entre des parties qui traitent avec une parfaite égalité.

Et à mesure que la représentation devient plus parfaite elle est plus mobile, plus permanente, plus souveraine.

Et quand le droit provisoire a reculé ou qu'il s'est effacé devant le péremptoire, ou bien il cède à un fait nouveau qui n'est le plus souvent que le despotisme militaire déguisé sous diverses formes, ou bien le péremptoire continuant sa marche doit amener une société générale, hiérarchique, intellectuelle.

Telle est la marche naturelle des choses, et on pourrait également l'observer dans les états militaires, dans les états patrimoniaux, dans le régime féodal et dans les différentes autres sortes de gouvernement qui se sont partagé l'empire du monde.

DE LA REPRÉSENTATION.

L'hérédité exprime la transmission d'un droit propre

comme l'élection celle d'un droit remis ou confié, d'un droit qui ne réside pas en nous. L'hérédité n'est rien de particulier; c'est la nature perpétuant une institution ou une existence sociale quelconque. L'élection est quelque chose de particulier et de personnel, un exercice de la volonté, un acte de souveraineté, une sorte de production, une création ou au moins une délégation spontanée. L'homme peut avoir de lui-même un droit sur les choses, puisque la Providence a mis la matière à sa disposition; la nature physique est son domaine. La propriété qui exprime ce droit est transmise par voie d'hérédité. L'hérédité est la perpétuation la plus générale et la plus naturelle du droit de propriété, c'est sa forme propre. Tous les hommes étant de même nature et égaux en droits, il n'existe aucune raison de reconnaître à l'un d'eux une prééminence sur les autres et de l'autoriser à les soumettre à sa volonté personnelle. Ce n'est évidemment qu'à l'égard d'une intelligence d'une nature supérieure que l'intelligence humaine doit de s'anéantir elle-même ou l'adoration, qui est le fonds de toute obéissance. Ce n'est donc que par voie de représentation qu'un pareil droit peut être exercé. En d'autres termes, tout droit de l'homme sur l'homme est essentiellement une représentation. La raison de cette représentation est la mission, ou la commission ou mandat, ou le choix. La raison du mandat ou du choix n'est aucune qualité personnelle considérée isolément; mais, si le mandant est tout puissant, sa volonté seule suffit, puisqu'il peut conférer à son missionnaire toutes les perfections qui lui sont nécessaires pour remplir l'objet de sa mission; si le mandant est un être subordonné, individu ou société, la raison de son choix n'est encore aucune qualité personnelle considérée isolément; ce n'est, par exemple, ni le talent, ni la science, ni la richesse, ni la vertu, ni la noblesse, mais c'est la dignité; c'est-à-dire une réunion de qualités qui le rendent digne de représenter l'autorité qui lui confie ses pouvoirs et capable d'atteindre le but pour lequel il les a reçus.

L'hérédité est donc inhérente à l'idée de propriété; et un pouvoir héréditairement constitué dans l'intérêt de ceux qui le possèdent, suppose, dans un sens plus ou moins absolu, un état patrimonial ou un état dans lequel, par une fiction contre nature, l'homme est rabaissé à la condition de chose.

Les états modernes se sont violemment séparés de la société religieuse comme telle, et en s'en déclarant indépendant, le pouvoir aurait, si sa scission de tout ordre intellectuel pouvait être consommée, prononcé son arrêt de mort. Depuis cette grande sécularisation, qui est le principal objet et le dernier terme de la révolution française, l'intellectuel s'efforce de rentrer par une autre voie dans la société; il revêt les institutions civiles de la forme électorale et les vérités religieuses de la forme philosophique. Ainsi l'on voit de nos jours, par un contraste inconnu jusqu'ici, la forme patrimoniale du droit avec l'hérédité, et la forme électorale qui appartient à l'ordre intellectuel, durement opposées et assises sur le même terrain.

Par la séparation violente du pouvoir spirituel et du pouvoir temporel, la société a rejeté de son sein la partie fondamentale et vivante du droit, qui n'est que l'ordre intellectuel uni à l'ordre matériel ou empire du fait, pénétrant celui-ci et le légitimant. Elle n'a conservé du droit que l'écorce ou la légalité, à laquelle elle s'attache d'autant plus fortement, que de l'immense organisme juridique qui enveloppait toutes les parties du corps social, il ne lui reste que ce faible tissu.

Son insuffisance se fait sentir; l'élection et la philosophie, comme deux immenses leviers, remuent toute la masse organique, et notre société, partout où le despotisme militaire ne lui fait pas obstacle, tend, par la généralisation des institutions et la direction religieuse des idées, à devenir de plus en plus intellectuelle.

Les écrivains politiques ont énuméré certains caractères qui conviennent aux sociétés intellectuelles et les distinguent de toutes les autres : leur existence révèle suffisamment cette tendance actuelle du développement social.

1. Elles reposent sur l'enseignement. À aucune époque il ne fut plus répandu ni surtout plus philosophique. 2. Elle veulent la communauté de biens. La propriété tend à devenir moins absolue; les dernières lois électorales qui abaissent le cens, les modifications pénales sur le vol et la fausse monnaie, le succès de certaines idées saint-simoniennes l'attestent. 3. Elles ne connaissent d'autre pénalité que les pénitences publiques ou secrètes diversement graduées. L'introduction du système pénitentiaire est vivement réclamée. Déjà il est adopté à Genève et en Amérique. Les législations abolissent la peine de mort ou en diminuent la fréquence et tendent manifestement à se rapprocher du système pénitentiaire. 4. C'est un trait caractéristique des sociétés intellectuelles que le pouvoir s'y engendre par voie d'élection. Dans les états modernes, l'élection devient de plus en plus populaire, ennemie du privilège, et elle réclame partout de plus larges bases.

En devenant plus intellectuelle, la société doit nécessairement devenir plus générale. Des écrivains modernes ont démontré la possibilité de ce fait (1), et si les connaissances philosophiques ont donné à la pensée humaine une habitude de généralisation à laquelle elle n'avait pas encore atteint, les inventions modernes ont mis à la disposition du pouvoir public des moyens merveilleux de rendre sa volonté présente et de la faire mettre à exécution sur tous les points à la fois de l'état le plus vaste. La philosophie est la pensée et l'élection la volonté des temps modernes. L'une conçoit, l'autre réalise. L'objet véritable, sérieux, de l'inquiétude et du travail de l'esprit humain est la recherche de la vérité non spéculative, mais pratique, et propre à répartir entre tous les hommes la plus grande somme de bien-être. Une pareille position semble conduire à un état de communauté plus ou moins parfait, et la forme du pouvoir qui lui convient ne peut être que la représentation et l'élection.

(1) M. Hugo, p. 136 et suiv,

CONTINUATION DU MÊME SUJET.

Le droit propre ou la propriété de l'homme sur l'homme est une absurdité, car l'homme se possède lui-même et il ne peut y avoir deux maîtres d'une même chose (1). Le droit propre ou la propriété sur l'homme ne peut se concevoir que comme une nécessité dérivant de la décadence originelle de la nature humaine. Sa perfectibilité peut faire reculer indéfiniment cette nécessité et la repousser jusqu'à des limites inassignables.

Tout pouvoir personnel est de sa nature, d'une part la reconnaissance d'une supériorité, de l'autre un ministère, un service rendu. Tout pouvoir qui n'a pas sa source, de la part du prince, dans un service rendu, de la part du sujet dans une adoration (2), est une propriété ou un droit propre. Un pareil pouvoir rabaisse l'homme à la qualité de chose, et renferme en son germe comme droit rigoureusement déduit et comme conséquence exacte, quelqu'éloignée qu'elle puisse être, l'esclavage du genre humain.

De toutes les lois héréditaires qui nous sont parvenues celle qui a développé le principe de conservation, sans aucun mélange d'élémens hétérogènes de la manière la plus complète, celle où l'ordre successoral est le plus consistant, le plus systématique, le plus rationnel, paraît être la loi judaïco-talmudique; et la constitution qui, forme dernière de l'élection et de la philosophie, réaliserait l'idée d'une contemplation constante de la vérité dans tous ses momens, en même temps que la tendance permanente de la volonté de tous vers le bon et le digne, avec une succession d'efforts sans cesse renaissans pour l'exprimer, serait une société générale, hiérarchique, intellectuelle, dont le développement final et parfait ne paraît pas appartenir à ce monde (3).

L'hérédité est l'être fini se perpétuant sur la terre d'après les lois de sa création; l'élection est l'intelligence finie s'élançant incessamment vers l'infini : l'hérédité appartient au temps, l'élection à l'éternité ; l'hérédité est la fixité dans la succession du temps, l'élection est l'oscillation périodique de l'adoration dans l'éternité.

Leurs termes extrêmes, si l'on osait en chercher la réalisation dans les idées catholiques, seraient le peuple juif et l'église triomphante.

NOTES.

(1) « Ex contrario plures eamdem rem in solidum pos-

sidere non possunt; contrà naturam cœppè est ut cùm ego aliquid teneam, tu quoque id fenere videaris. » l. 3, §. 5, ff. de adq. rer. dom.

(2) Il n'est pas nécessaire de dire que nous entendons par adoration, la soumission entière et spontanée à un être d'une nature supérieure.

(3) « Il y a dans les créatures une graduation, selon qu'elles sont, à un degré plus ou moins élevé, la ressemblance de la nature divine; de même il y a dans les règnes une graduation selon qu'une plus grande union de natures subsiste entre les créatures et selon que la domination par Dieu est plus intime et plus intellectuelle. Ainsi la graduation marche du règne minéral au règne des hommes, et de celui-ci par les périodes de l'histoire jusqu'au règne éternel qui est le dernier but de la création et de l'histoire. » M. STAHL, p. 197.

REPRÉSENTATION DE LA FAMILLE ET DE LA COMMUNE.

Les familles (de sang ou de lieu) constituent chez tous les peuples des sociétés particulières ayant des droits, des intérêts, une volonté communs. Tout se fait et s'établit à l'origine dans l'intérêt de la commune ainsi constituée : guerre, propriété, sûreté, pénalité. La parenté du sang, la proximité d'habitation, la nécessité de la défense, produisent la force d'agglomération qui lui donne naissance. Elle est le premier élément de toute civilisation. C'est donc une chose nécessaire que les communes soient consultées individuellement, et qu'elles expriment dans le résultat général du scrutin leur volonté par un nombre d'électeurs proportionné à leur importance.

La communauté d'intérêts, de parenté, de relations, de besoins, fait de la commune une personne morale, une corporation, une unité sociale en un mot. Elle doit être représentée. Or, il est impossible que des députés de toutes les communes puissent figurer aux états généraux et prendre une part active aux travaux législatifs; il faut donc que ces députés expriment leur influence dans le résultat général de l'élection, d'une manière indirecte et subordonnée; en d'autres termes, la nature a créé des unités sociales dont l'expression doit figurer dans le résultat général de l'élection ou dans le pouvoir. Dans le moment électoral et dans l'histoire, la nature opère d'une manière analogue. L'ordre et la hiérarchie s'établissent naturellement dès que le privilège ne vient pas les intervertir en faisant obstacle à leur principe générateur.

L'unité d'intérêts qui exige que la commune soit représentée dans l'élection générale et qui permet qu'elle le soit par un petit nombre d'électeurs du second ordre, fait aussi que la famille peut être représentée par un ou deux individus. La famille tout entière n'est qu'un fait; mais le pouvoir paternel, *mundium*, qui dans les institutions germaniques si profondément sociales appartient aux agnats comme au père, est une véritable représentation et nullement une propriété. Ce fait élémentaire des sociétés, le pouvoir domestique, est, chez les peuples chrétiens surtout, tellement pénétré par l'ordre intellectuel, qu'il se confond avec lui, disparaît comme fait et ne demeure que comme une puissante influence dont personne ne songe à contester la légitimité. Nous avons vu que c'est la véritable raison pour laquelle les femmes et les enfans mineurs peuvent sans inconvénient être écartés des élections. Les mâles seuls et les agnats ont le mundium de la société domestique. Ce mundium christianisé est la première et la plus naturelle des représentations. Mais dans la commune, dans l'état, la génération du pouvoir, qui repose sur l'empire du fait, est en même temps sans cesse entravée par lui. Exclure cet empire du fait, est le travail de l'élection qui, qui sous ce rapport, peut être considérée comme la création d'une sorte de paternité spirituelle.

Ainsi, d'une part, l'élection renferme dans un seul moment tout le développement historique; de l'autre, le moment électoral élevé à sa plus haute puissance, ou, si l'on veut, considéré d'une manière métaphysique et absolue, est l'oscillation périodique, le *wanken* et *schwanken* de l'éternité. C'est le *nec plus ultrà* de la perfectibilité des sociétés humaines, leur dernier développement; et de même que la philosophie moderne peut être regardée, en tant qu'elle tend à se confondre avec la religion (Dieu se manifestant à l'humanité), comme la forme dernière de la vérité; aussi l'élection générale, permanente, hiérarchique (ou l'humanité faisant incessamment effort vers la perfection divine) est incontestablement l'expression suprême de l'ordre social le plus général et le plus élevé qui puisse être conçu et dont la réalisation est encore un problême.

DE LA GARANTIE MUTUELLE QUI S'OBSERVE A L'ORIGINE DES PEUPLES GERMANIQUES.

M. Feuerbach fils, dans une dissertation *de universali fidejussione*, décrit de la manière suivante cette institution remarquable :

« Si instituti originem ducere, non alienum à ratione jurisque naturâ fuerit, statuendum nobis erit, hanc ferè ejus fuisse formam figuramque.

1. Totum corpus, totamve universitatem, si quis ex sociis ejus extraneum læserit, pro eo, locupletibus cognatis orbo in subsidium ad mulctam præstandam obligatam fuisse.

2. Quam obligationem tùm præsertim locum habuisse, cùm cædes à socio commissa esset.

3. Cujus porro oneris eam fuisse naturam ut pro reo quidem solvere non tamen cum judicio sistere obligata fuerit universitas.

4. Tali denique universitatis obligationi compositionis ab extraneis petendæ jus respondisse, si ex ejus sociis cognatione orbus quis fuerit occisus. »

Cette garantie mutuelle qui ramène tout le droit criminel à une composition ou satisfaction pécuniaire fait reposer sur un contrat réciproque toute la législation d'origine, puisque le droit civil lui-même et les rudimens de la propriété sont établis sur ce droit criminel qui garantit à tous les associés la sûreté et la jouissance des choses communes.

On trouve des traces de cette institution plus ou moins

fidèlement conservées sous des formes et des dénominations diverses chez presque tous les peuples barbares.

Elle subsista long-temps chez les peuples d'origine germanique qui vécurent isolés. Elle disparut de bonne heure chez ceux qui se mêlèrent à d'autres nations, aux Romains par exemple, et eut besoin, chez les Anglo-Saxons, d'être fréquemment reproduite par le législateur. Ce fut le chapitre 20 des lois d'Edouard le Confesseur qui lui donna sa forme propre. Déjà 200 ans auparavant la loi d'Alfred s'en était occupée (1).

Chez les Visigoths et les Bourguignons à peine en remarque-t-on quelques vestiges, et chez les Francs si on la retrouve dans la loi salique, elle fut bientôt abrogée comme contraire aux mœurs des temps qui suivirent.

Elle se conserva long-temps au contraire et jusqu'à nos jours chez ces peuples septentrionaux qui, placés dans un heureux éloignement des Romains, consacrèrent à leurs anciennes lois une sorte de culte religieux, chez les Frisons, les Holsatiens, les Jutes, les Danois, les Suèves.

Chez les peuples libres on voit presque toujours les droits se conserver plus long-temps que les charges qui y correspondent. Ainsi chez les Visigoths, les Bourguignons, les Bavarois, les Allemands, les parens conservèrent pendant long-temps le *jus petendi Vergildi*, quoique nous n'y rencontrions que de faibles traces de la garantie mutuelle.

En Grèce et dans l'antique Italie, chez les populations celtiques, chez les Scythes, dans les populations mongoles, en Bosnie, on croit en reconnaître des vestiges. Les législateurs et fondateurs d'états modernes ont aussi recouru aux mêmes moyens pour assurer la paix publique. On peut citer en exemple le docteur Francia, directeur de la terre du Paraguay.

Il est donc vrai de dire que chez les peuples barbares la civilisation s'introduit à l'origine à l'aide du contrat, et qu'une convention ou garantie mutuelle est le fondement de tout le droit et son point de départ.

Le titre 19 de la loi salique *de migrantibus* rend cette vérité encore plus évidente : « Nemini ex istâ lege territorio quod cujusdam universitatis commune est (*gemeine mark*) considere fundosque colendo sibi parare licet nisi universitatis socii ad unum omnes consenserint (cap. 1). Si quis vel uno contradicente illius territorii partem occupaverit intra anni spatium, ut abeat novalemque agrum relinquat nullâ habitâ sumptuum ratione cogi potest, atque adeo certâ pecuniæ summâ mulctatur (cap. 2) quo anno præterlapso securus ibidem, ait lex, consistat sicut et alii vicini. — Quibus verbis istam summam et maximam securitatem cujus in initio (cap. 20). Legum Eduardi mentio facta est, scilicet universalem fidejussionem innui existimat. Eichornius. »

Cette loi établit la possession annale comme fondement de la propriété et le séjour pendant un an comme approbation tacite de la garantie mutuelle ou du contrat social. N'est-ce pas ici en quelque sorte la nature prise sur le fait ? Ne voit-on pas un peuple reconnaissant et autorisant l'agglomération communale qui s'opère à l'origine par voie de migration ? Le fait est double, la possession et le séjour pendant un an. Il suppose d'une part la volonté, et de l'autre la permission d'acquérir; d'une part la connaissance et l'approbation du contrat social, de l'autre l'imposition des charges et la concession des droits qu'elle confère. Chez les peuples libres et émigrans, l'agglomération sociale n'est donc rien autre chose qu'un fait naturel qui passe à l'ordre intellectuel en se transformant dans un véritable *contrat* tacite. Or, tous les peuples primitifs ne furent-ils pas libres et émigrans? N'était-ce pas l'état général de l'humanité après la dispersion des peuples et la confusion des langues? Le patriarcat, le despotisme et toutes les institutions qui en dérivent ne peuvent donc appartenir primitivement qu'aux peuples stationnaires ou sédentaires de l'antique Asie. Chez tous les autres ils n'ont pu exister que comme un état secondaire et dérivé.

Et combien est digne d'observation ce grand fait social de la confusion des langues! De quelque manière qu'on l'explique, toujours est-il qu'il brisa l'unité de l'ordre primitif, de l'ordre dans lequel l'homme avait été créé et établi. La dispersion et le contrat devinrent les seules lois de l'humanité, si l'on n'excepte quelques souvenirs traditionnels qui se conservèrent sous diverses formes. La dispersion, c'est la migration et le morcellement du genre humain en un grand nombre de peuples. Tel est le point de départ de toutes les sociétés. Le contrat suppose opposition d'intérêts et réciprocité de besoins : le malheur et le désordre le rendirent nécessaire; il est le seul moyen de reproduire dans l'humanité un accord provisoire, image imparfaite de l'ordre primitif.

Le contrat appliqué à tous les rapports sociaux et poussé en tous sens à ses dernières conséquences, reproduit l'accord général ou l'ordre.

La dispersion ou le morcellement et la division réduits à leur dernier terme ou à l'individualisme, reproduisent la nécessité de la réunion en une seule grande société universelle, de toutes les sociétés particulières.

La société moderne semble être arrivée à ces limites, et le temps n'est pas éloigné peut-être où l'on pourra décrire ce dernier état de l'humanité et promulguer sa formule. Contrat, individualisme, fonds de la société présente ; dernier développement des élémens de destruction introduits par le morcellement du genre humain et la dispersion des malheureux enfans de Noé (2).

Depuis sa chute, le genre humain, non oublieux de sa noblesse primitive, gémit dans les chaînes d'une dure nécessité dont il cherche à secouer le joug. Il rugit sous ses fers, et se fraye, en s'immolant lui-même, un chemin douloureux vers un état plus parfait. C'est par le sang, la sueur et les larmes, qu'il achète la conquête future dont l'espérance le soutient, et son histoire n'est pas autre chose que le lamentable récit de ses efforts pour reconquérir la dignité qu'il a perdue.

NOTES.

(1) Chapitre 20 des lois d'Edouard le Confesseur,
« Ait lex :

« Præterea est quædam summa et maxima securitas per quam omnes statu firmissimo sustinentur, videlicet, ut unusquisque stabiliat se sub fidejussionis securitate quam Angli vocant *freoborges*, soli tamen Eboracenses dicunt eamdem *tien manu tala*, quod sonat latinè decem hominum numerum. Hæc securitas hoc modo fiebat scilicet quòd de omnibus villis totius regni sub decemvirali fidejussione debebant esse universi : ita quòd si unus ex decem foris fecerit, novem ad rectum eum haberent : quòd si aufugeret, daretur lege terminus et 31 dierum quæsitus interim et inventus, ad justiciam regis adduceretur ut de suo illico restauraret damnum quod fecerat, et si ad hoc foris faceret, de corpore suo justicia fieret. Sed si infrà prædictum numerum inveniri non posset, quia in omni Friborgo unus erat capitalis quem vobabant Fribogeshcofod ipse capitalis sumeret duos de melioribus, sui Friborgi, et de tribus Friborgis sibi propinquioribus de unoquoque capitalem et duos de melioribus uniuscujusque Friborgi si posset habere, et ita se duodecimo existente purgaret se et Friborgum suum (si facere posset) de foris facto et fugâ supra dicti malefactoris. Quod si facere non posset, ipse cum Friborgo suo dominum restauraret, de proprio malefactoris quamdiù duraret, quo deficiente de suo et Friborgi sui perficeret et ergà justiciam emendaret, secundùm quod legaliter eis judicatum fuisset. Tandem verò sacramentum quod non potuerunt adimplere per tres Friborgos sibi viciniores per se ipsos jurarent, sese nullatenùs fore culpabiles et si quando possint eum recuperare, adducerent ad justitiam aut justitiæ dicerent ubi esset. »

Voici le passage des lois d'Alfred qui concerne cette même institution 200 ans auparavant.

« Si paternâ cognatione orbus homo pugnet et aliquem interficiat et tunc si à materno latere cognatos habeat, solvant hi verò tertiam partem et tertiam partem congildones, et pro tertiâ parte fugiat. Si ex materno latere cognatos non habeat, solvant congildones dimidiam partem et pro dimidiâ fugiat. Si quis hujusmodi hominem interficiat, si cognatos non habeat, solvatur dimidium regi, dimidium congildonibus. »

(2) La tradition nous montre les anciens Celtes comme un peuple immense fuyant devant le courroux de la vengeance céleste (NIEBUHR).

CE QU'IL Y A AU FOND DES PRINCIPES QUI SOUTIENNENT L'ORDRE SOCIAL.

Si l'état primitif du genre humain fut un état de migration, tout porte à croire que la forme sociale qu'il revêtit alors fut la division en un grand nombre de cantons ou de tribus indépendantes. Toutes les origines celtiques et germaniques nous montrent unanimement les peuples émigrans organisés en tribus indépendantes dont le chef n'était que *primus inter pares*.

Toutes les hordes sauvages du Nouveau-Monde offrent aussi le même aspect. Que si parfois l'histoire nous laisse observer quelques émigrations sous la forme monarchique, cette forme peut être considérée chez elles comme un souvenir et un reflet de la société fixée dont elles émanent, société fixée qui ne fut elle-même à son origine qu'une grande migration. Il paraît donc incontestable que l'état patrimonial, celui de droit propre, de fixité, est pour la grande masse du genre humain une transformation ultérieure et secondaire. Cette fixité ou ce droit propre ne sont eux-mêmes qu'une nécessité reconnue ou un grand fait social pénétré de l'intellectuel.

En se fixant, la société forme l'idée de propriété qui n'est autre chose que le fait primitif d'occupation ou de conquête, résultat de la migration, reconnu comme droit propre et rendu héréditaire. La propriété ne passe du caractère de fait à celui de droit qu'à l'aide d'une fiction, celle de la fixité absolue de la société ou de son immortalité. Aussi était-ce la fiction fondamentale de l'empire du droit par excellence, de la société romaine, qui s'appelait la ville éternelle et avait érigé en loi la perpétuité des familles : *Sacra privata perpetua manento*.

La propriété, qui est l'élément fondamental de la sphère du droit ou le fait de la société humaine associé à l'intellectuel et limité par lui, renferme donc essentiellement l'idée de l'immortalité ; elle s'y rattache.

En avançant dans la civilisation, la société oublie et recule de plus en plus les limites du fait primitif qui lui a servi de point de départ. A mesure qu'elle se perfectionne, les idées de protection, d'ordre, de justice, maîtrisent de plus en plus le pouvoir qui tend enfin à devenir le partage du plus digne, et prend sa source alors dans la fiction plus ou moins explicite d'un contrat social tacite ou exprès. La souveraineté de la raison individuelle et les institutions électorales font reposer le pouvoir sur la dignité. Elles se proposent d'amener le genre humain à un état social tel, qu'il puisse revêtir toutes les perfections dont sa nature est susceptible.

Le droit personnel ou le pouvoir repose donc sur l'idée de *dignité*. C'est la base de l'ordre intellectuel s'unissant à l'empire du fait et s'efforçant de le pénétrer.

L'immortalité d'une part et de l'autre la perfection de la nature humaine ou sa dignité sont donc respectivement les deux idées fondamentales de l'empire du fait et de l'ordre intellectuel. Leur réunion est précisément l'état dans lequel fut créé l'homme. Il est donc rigoureusement exact de dire que la société n'est qu'un effort constant de l'humanité pour reconquérir sa dignité et son immortalité primitives.

Mais l'homme, qui s'élance incessamment vers ces deux termes extrêmes d'une félicité idéale, est incessamment repoussé dans l'abîme de misère où le retiennent les dures chaînes de la nécessité. A l'immortalité de l'homme, la société substitue la perpétuité des familles ou l'hérédité; et dans le cas même où la loi se tait pour laisser parler la volonté individuelle du testateur, la puissance exorbitante qu'elle lui accorde repose encore, comme l'a observé le grand Leibnitz, sur l'idée de l'immortalité.

Et d'un autre côté, l'imperfection de la raison humaine ne lui permettant pas de reconnaître d'une manière intuitive la dignité de ceux qui sont destinés au pouvoir, ceux-ci doivent *mériter* ou acheter par une suite de services rendus, le droit personnel que révendique leur supériorité morale. Le travail de l'élection devient nécessaire, et, dans les langues germaniques, où le même mot *valplatz* signifie lieu destiné aux élections et champ de bataille, le même mot aussi *gevalt*, *gevahlt*, signifie élu et pouvoir.

Le pouvoir n'est plus qu'un service rendu, un *ministère*, et ce ministère va jusqu'à la consommation et au sacrifice (1).

En un mot, l'idée absolue de droit sur l'homme et l'idée absolue de droit sur la nature physique supposent la perfection ou la dignité de la nature humaine et l'immortalité. Société hiérarchique, intellectuelle, exprimant incessamment l'amour du bon et du beau et contemplant éternellement la vérité, dominant en maîtresse absolue toute la nature physique, voilà ce que renferment incontestablement, comme en un germe précieux, les élémens fondamentaux de nos sociétés, leur partie vivante et progressive. Sans eux, aucun ordre n'est possible sur la terre, et par eux seuls subsiste le peu d'ordre qui y règne encore.

La tâche de la raison sociale est de repousser le plus possible l'empire du fait et d'obtenir le plus complet développement, le développement rationnel de ces deux élémens, base et raison de tout ordre, droit de l'homme sur l'homme, droit de l'homme sur la nature physique, représentation, propriété. Leur loi de génération est l'élection et la transmission successorale.

NOTE.

(1) L'histoire, aussi bien que la liaison logique des

idées, nous laisse voir le pouvoir résidant dans le sacrifice par rapport à la personne pouvoir, et dans la représentation par rapport au sujet. Son acte le plus éminent par rapport à l'un et à l'autre consiste donc dans la représentation du sacrifice.

A ces conséquences purement logiques et dans l'ordre naturel des principes que nous avons posés, le catholicisme ajoute que le pouvoir se perpétue par la représentation du sacrifice, et que la société qui représente le sacrifice est la seule qui soit éternelle.

ÉGALITÉ ET UNION.

L'égalité de droits serait leur destruction complète ; l'égalité absolue de droits ne subsiste que dans l'ordre intellectuel. L'inégalité de fait qui domine la société et qui est inhérente à la nature humaine, produit, dès qu'on veut la transformer en égalité, une collision d'intérêts, des froissemens et des résistances qui sont précisément ce qu'il y a de plus contraire à l'union.

L'union qui ne repose pas sur un ordre absolu et inaltérable, état qui n'appartient plus à ce monde depuis la dégradation de l'homme, ne peut s'obtenir que par voie de transaction, d'accommodement, de contrat exprès ou tacite en un mot. Une société dont les termes sont égalité et union, ou une démocratie, doit donc, en même temps qu'elle proclame l'égalité de droits, reconnaître l'inégalité de fait. C'est à ce prix seul qu'elle peut acquérir l'union, qui est le fond de toute société.

Mais dans l'ordre intellectuel, le fait n'a de valeur

qu'autant qu'il est reconnu. L'inégalité de fait reconnue est ce que nous avons nommé une influence. L'expression sincère et complète de toutes les influences est le résultat de l'élection générale, et ce résultat est un contrat, une union, un accord harmonieux et périodique de la société.

Tel est donc le seul moyen par lequel il soit donné à l'humanité déchue de rétablir l'ordre ou une image de l'ordre primitif. Tout autre n'est que guerre faite ou parlée. Aussi l'histoire nous apprend que le genre humain y a eu recours toutes les fois que l'ordre provisoire dans lequel il vivait avait été détruit, et toute crise sociale se résout en une élection plus ou moins incomplète, plus ou moins altérée ou rompue par l'empire du fait.

DE LA MAJORITÉ.

« La préférence de la majorité, dit M. Haller, p. 82, ne repose pas sur un contrat originaire, ni sur la présomption que l'opinion de la majorité est la meilleure, mais sur sa supériorité de forces jointe à son droit de vote naturel. C'est une collision de droits dans laquelle la minorité cède comme la plus faible partie. »

Ainsi la préférence accordée à la majorité ne repose pas sur un contrat, car elle n'est nécessaire qu'à défaut d'accord, ni sur la présomption que son opinion est la meilleure, car l'humanité se reconnaît faillible, mais sur sa force.

Le parti qui a obtenu la majorité n'a donc rien gagné; il n'a fait que reconnaître ses propres forces et compter ses adversaires. D'ordinaire il les a irrités, et la résistance des minorités est souvent d'autant plus terrible, qu'elle est plus désespérée.

Le résultat de cette opposition est de ramener la question de forces. Mais dans le système d'élection rationnelle et absolue, le vote reconnaît et crée la force tout à la fois, la force devient toute morale, l'empire du fait disparaît. L'élection rationnelle est la reconnaissance des plus puissantes influences et la production du pouvoir. En cela elle diffère de tous les systèmes d'élection fondés sur des combinaisons artificielles et résoud le nœud que ceux-ci tranchent ou resserrent.

Les votes incomplets ou relatifs placent en quelque sorte le pouvoir en état de siége. Le vote complet et absolu le produit et l'engendre.

Il ne faut pas confondre les assemblées représentatives avec les fédérations ou congrès. La majorité des voix ne donne la supériorité et n'est décisive que dans les communautés ou corporations, dans les simples congrès ou fédérations on ne reconnaît point de majorité.

La raison en est facile à saisir : dans les communautés, la majorité des voix est décisive parce qu'elle constate la supériorité ou la force. Cette supériorité n'appartient à la majorité qu'à deux conditions : la première, que tous les votans soient unis par un lien commun et permanent, la seconde qu'ils soient à peu près égaux. Évidemment, sans ces deux conditions, la majorité des voix ne constate aucune supériorité. Aussi l'égalité politique et la permanence de l'union forment-elles le fond de toutes les communautés, c'est leur nature même.

Mais dans les congrès il n'y a ni égalité des votans, ni permanence de lien. C'est une réunion de circonstance, accidentelle, entre des personnes différentes. La majorité ici ne peut absolument rien constater, elle n'assure aucune supériorité et c'est pour cela qu'elle n'y est pas reconnue. Il n'y a que des contrats ou des arrangemens le plus souvent provisoires et incomplets et qui ne produisent pas un pouvoir rationnel.

CONTINUATION DU MÊME SUJET.

« Réaliser l'idée d'état, dit Zacharie, fonder l'empire du droit par un pouvoir convenable, est le but des états.

» Mais autant qu'il est certain que les hommes ne sont qu'hommes, aucun homme et aucune association ne peuvent s'attribuer cette science qui dans le fait est surhumaine. Le pouvoir humain ne pouvant donc dans la réalité être fondé sur la science de ce qui est juste en soi, ou, en d'autres termes, le droit en lui-même ne s'accommodant pas à mesurer les prétentions réciproques des hommes, il ne reste au pouvoir souverain, c'est-à-dire au droit, pour décider légitimement les prétentions réciproques des hommes, qu'à prendre une base qui proportionnellement soit la plus juste, c'est-à-dire, à reconnaître la volonté de la pluralité pour la mesure de tout droit.

» Non que la volonté de la pluralité coïncide d'une manière absolue ou relative avec le droit en lui-même dans les décisions qui émanent de cette volonté; encore bien que quelques écrivains, comme Rousseau, aient fait de grands efforts pour lui attribuer cet avantage. L'histoire des révolutions prouve que l'on doit attendre de la pluralité, si elle dirige elle-même les destinées de l'état, folie plutôt que sagesse.

» Non que la volonté de la pluralité en sa forme (à cause de sa nature *quantitative*) puisse prétendre au droit de souveraineté et de décision. La majorité ne peut pas plus exiger l'obéissance de la minorité, qu'un individu ne peut l'exiger d'autres individus.

» Mais puisque, dans les divergences d'opinions sur le juste et l'injuste il doit y avoir une décision, la décision prise à la majorité des voix est la plus juste ou la moins injuste, en tant qu'elle procure à chaque individu l'espérance ou la possibilité de voter dans la majorité, et qu'elle est par là moins en opposition avec la liberté des individus. La valeur de la pluralité des voix repose non sur un droit en lui-même ou absolu, mais sur un droit de nécessité. »

La raison donnée par ce profond écrivain de la préférence accordée à la majorité numérique, peut se traduire ainsi : parce que c'est le système qui laisse à tous et à chacun le plus de chances de faire prévaloir leur opinion.

Dans le système d'élection générale et permanente avec des listes par ordre de préférences, la raison de la décision est bien autrement puissante ; elle peut s'exprimer ainsi : parce que tous ont voulu le résultat du scrutin et que ce résultat exprime leur volonté selon la mesure précise de leurs influences personnelles et de leurs préférences relatives. En d'autres termes, parce que la volonté de chaque citoyen y exerce une action explicite proportionnelle à la part pour laquelle il figure à l'assemblée électorale selon l'ordre et la valeur de ses préférences. On voit donc que la pluralité de chances se change ici en une approximation *quantitative*. Le résultat général du scrutin est ce que *tous* ont *le plus* voulu.

DE L'ÉLECTION A CERTAINES CHARGES.

L'ÉLECTION en général peut être la reconnaissance d'un droit personnel ou d'une supériorité sociale; elle peut être une transmission ou une délégation de la part d'un pouvoir supérieur. Elle peut se faire de bas en haut ou bien de haut en bas, c'est-à-dire qu'elle peut partir de la masse du peuple ou des plus hautes sommités sociales. Selon que l'un ou l'autre a lieu, elle acquiert un caractère tout différent.

L'élection qui a pour objet la génération du pouvoir doit se faire de bas en haut. Elle s'appuie sur l'inégalité de fait et proclame l'égalité de droits. C'est le premier degré à franchir pour organiser un ordre politique, encore bien que, comme nous avons eu occasion de le remarquer dans les préliminaires historiques, il existe quelques exemples de constitutions où l'élection politique se fait de haut en bas.

L'élection à certaines charges se fait mieux par ce dernier mode. Tout homme est apte à juger lequel de ses concitoyens mérite le mieux sa confiance, à désigner celui dont il reconnaît le plus volontiers la supériorité morale ou la dignité. Le peuple se trompe rarement sur les qualités essentielles d'un bon citoyen; il est excellent juge en pareille matière : il n'en est pas de même de l'aptitude à certaines charges ou fonctions déterminées. Le conseil suprême ou députation représentative possédant la souveraineté, puisque le pouvoir est un de sa nature, il pourvoit par lui-même aux besoins de la législation. Il pourvoit à l'exécution de la loi ou par un directoire exécutif soumis à telles restrictions qu'il croit devoir lui imposer, ou par un seul mandataire auquel il peut, sans inconvénient, conserver le nom et la plupart des attributions qui appartiennent au roi dans nos gouvernemens représentatifs. Ce pouvoir exécutif administre la république par des officiers de son choix qu'il nomme dans les diverses branches du service. L'élection se fait alors de haut en bas, parce que sa raison dans cette hypothèse diffère totalement de celle qui domine dans les élections politiques. Il ne s'agit pas de rechercher absolument le plus digne, mais de désigner relativement le plus apte. Le premier est compétemment indiqué ou élu par le peuple, le second l'est mieux par ceux qui connaissent les qualités spéciales requises pour les fonctions et le service qu'ils sont chargés de surveiller et de diriger.

SUR QUELLES BASES DOIVENT ÊTRE ÉTABLIES LES CONDITIONS NUMÉRIQUES DU CLASSEMENT ÉLECTORAL.

Lorsqu'il s'agit de fixer les conditions numériques de l'assemblée représentative d'un peuple, il y a nécessairement des considérations qui doivent être puisées dans sa grandeur et sa puissance, dans son organisation politique, dans la mesure de liberté qu'il peut supporter, dans la répartition de pouvoirs que l'on veut accorder à cette assemblée, au cas où elle ne soit pas unique, dans ses divisions territoriales et politiques, dans ses habitudes législatives antérieures, etc., etc. Il est impossible, en un mot, d'établir *a priori* une loi numérique qui puisse convenir au classement électoral et à la formation d'une corporation souveraine chez tous les peuples de l'univers. Nous devons nous borner ici à présenter quelques données générales que les législateurs puissent prendre pour bases et qu'ils ne sauraient négliger entièrement sans fausser les institutions électorales en leur imprimant une direction contraire à leur nature. Elles sont simples. Un mécanisme compliqué dans les assemblées politiques est presque toujours impraticable et n'a d'autre effet que d'embarrasser la marche des affaires.

« Le nombre des représentans élus, dit M. Haller, doit être assez grand pour que leur assemblée se concilie la considération et la confiance, que leurs résolutions puissent être considérées comme la volonté de toute la communauté et que les intérêts privés ne puissent facilement prédominer. Ce nombre ne peut conséquemment être fixé dans une certaine proportion avec la population ou avec la masse de tous les citoyens comme l'ont pensé nos modernes calculateurs politiques; car si la fixation de ce rapport était purement arbitraire et que l'on voulût, par exemple, prendre, pour une république de deux à trois mille citoyens, le même rapport que pour une république de plusieurs centaines de mille, ou réciproquement suivre dans la dernière le rapport qui existe dans la première, cette égalité proportionnelle tomberait dans le ridicule, puisqu'il en résulterait pour la petite république à peine deux ou trois représentans, ou bien la grande devrait en compter vingt ou trente mille. L'analogie conduit à dire au contraire : de droit, toute la communauté devrait voter ou décider ; ce n'est que l'impossibilité physique qui fait fléchir ce principe : la justice exige donc que l'on s'en rapproche autant que possible et que l'on admette dans le conseil représentatif au moins autant de citoyens qu'il peut commodément s'en réunir. D'un autre côté, le nombre des élus ne doit pas être tellement grand que l'ordre et l'approfondissement des délibérations en deviennent impossibles, puisqu'on perdrait par là le seul avantage de la représentation. Ainsi il est nécessaire qu'au moins tous les membres puissent se voir, s'entendre et se comprendre ; or, la limitation des forces et des sens de l'homme ne permet pas de porter à plus de trois à quatre cents membres le maximum d'une assemblée où il soit possible de traiter les affaires avec clarté, avec ordre et sans une trop grande perte de temps ; encore doit-elle être soumise à des formes très-sévèrement réglées et à une bonne présidence. Aussi un bon sens naturel a-t-il appris cette proportion à presque toutes les républiques. À l'exception de ces démocraties où toute la communauté est réunie en plein air une fois l'an pour une ou deux affaires simples, le conseil suprême d'une république excède rarement trois cents membres, dans la plupart il varie de deux à trois cents, et encore ce nombre serait trop élevé si tous les membres étaient toujours présents ; mais comme il arrive toujours qu'une très-grande partie d'entr'eux ne peut, à cause de l'éloignement de leurs domiciles ou pour d'autres causes assister à l'assemblée, les autres dont on peut espérer la présence doivent être au moins assez nombreux pour représenter convenablement la communauté, prêter appui au conseil dirigeant et donner du poids aux résolutions prises.

» Le sénat romain comptait 600 membres ; à Zurich le

grand conseil était de 212 membres ; à Berne de 299, à Lucerne de 100, à Basle de 282, à Fribourg de 22, à Soleure de 100, à Schaffouse de 85 seulement, à Genève de 225 citoyens, les pregadi à Venise étaient 300, le petit conseil à Gênes 200. »

Ces observations de M. Haller, fondées sur l'expérience, conduisent à ce résultat : 1° que 500 membres peuvent être considérés comme le maximum d'une assemblée représentative chargée de la législation et de l'expédition des affaires publiques. Un nombre plus élevé est incompatible avec la rapidité et la lucidité des discussions; 2° l'importance du corps représenté doit entrer en considération pour cette fixation numérique; 3° il faut aussi avoir égard au degré de liberté que peut supporter le peuple dont il s'agit ; car dans une constitution plus aristocratique, la communauté est suffisamment représentée, toutes choses égales d'ailleurs, par un moindre nombre de députés, chacun d'eux entraînant à sa suite un plus grand nombre d'influencés.

Après avoir fixé, à l'aide de ces données, le nombre des membres de la députation représentative, il reste à chercher le mode le plus exact d'élire ce nombre du sein de la nation.

L'idée d'élection renferme, comme l'a observé M. de Bonald, la complexion de deux idées qui lui sont essentielles, la présentation et l'acceptation. Il faut donc, pour consommer l'opération intellectuelle de l'élection, trois personnes morales : les présentans, les présentés, les acceptans. De là nécessité d'un ordre électif ternaire ; tous les citoyens forment le troisième ordre, les *présentans*. Les citoyens élus par une première opération forment le deuxième ordre, les *présentés*. Les présentés ou électeurs du deuxième ordre tirent de leur sein par une seconde opération les élus et deviennent eux-mêmes dans cette opération avec les électeurs du troisième ordre qu'ils représentent, les *acceptans*.

Il est impossible que tous les citoyens d'un grand état participent d'une manière directe et immédiate à l'élection. Le droit d'élection comme tous les autres s'exerce par représentation.

Une fois reconnu que tous les citoyens d'un grand état ne peuvent pas participer d'une manière directe à l'élection, il faut nécessairement ou bien parcourir deux degrés électoraux, ou bien remplacer un de ces degrés par le privilége.

Si la chance d'arriver à un digne député par la première opération électorale est $1/b$, la répétition de cette opération pour arriver au deuxième degré électoral reproduit la même chance d'$1/b$ d'obtenir de bons choix sur les premiers élus. La probabilité définitive de la double opération est donc $1/b \times 1/b$.

Maintenant, que l'on suppose l'élection reconnue comme le plus sûr moyen d'arriver aux plus dignes, il est évident que quel que soit le privilége qu'on lui préfère, il donnera une probabilité moindre d'obtenir un bon choix. Soit $1/c$ la probabilité d'obtenir un bon choix produite par le privilége, on aura pour l'expression de la probabilité de ce privilége combiné avec un degré d'élection $1/b \times 1/c$, tandis qu'on avait pour probabilité des deux degrés d'élection, $1/b \times 1/b$. Appelant R la quantité dont est diminuée la probabilité d'arriver à un bon choix quand on substitue le privilége à un degré électoral, on peut substituer à $1/c$, $1/b - R$. On aura pour expressions des prohabilités respectives $1/b \times 1/b$, $1/b \times (1/b - R)$ et faisant pour plus de simplicité $1/b = a$ on obtient a^2, $a^2 - aR$. C'est-à-dire que la probabilité définitive d'arriver à un bon choix s'est diminuée, par l'effet de l'introduction du privilége d'une quantité égale à la *différence entre la probabilité électorale et la probabilité privilégiaire multipliée par la probabilité électorale.*

Soient A la population électorale d'un grand état, c'est-à-dire, des citoyens mâles, majeurs, jouissant de leurs droits civils, sains et valides, etc., formant, on le suppose, le cinquième de la population totale;

B le nombre de députés qui doivent former l'assemblée représentative;

x le rapport cherché du classement électoral;

On aura $x \times x \times B = A$

D'où $x^2 = A/B$, $x = \sqrt[2]{A/B}$

Ainsi, dans un état de 25 millions d'habitans, nombre que je prends d'une manière arbitraire, avec une assemblée représentative de 500 membres, on aurait $x = \sqrt[2]{5.000,000/500} = \sqrt[2]{10,000} = 100$. C'est-à-dire qu'à chacune des deux opérations électorales, on ferait passer à l'ordre supérieur le centième des citoyens dont les noms se trouveraient les moins chargés de chiffres par le résultat du scrutin.

Il resterait à coordonner cette opération avec les institutions municipales et toute l'organisation administrative. On rentrerait sous ce rapport dans des considérations étrangères à notre objet.

On est effrayé de la petitesse de la part que chaque citoyen peut obtenir dans le résultat électoral; mais c'est une conséquence nécessaire de l'admission de tous à l'élection. Avec le privilége la proportion est la même par rapport à la totalité des citoyens ; elle n'est moindre qu'à l'égard des privilégiés. Or nous avons vu que la substitution du privilège à un des deux degrés électoraux ne pourrait que diminuer les chances d'arriver aux plus dignes.

NOTE.

(1) « Pour l'aptitude à la représentation, aucune autre condition ne peut être exigée qu'un âge déterminé et la possession du droit de citoyen. Toutes les autres sont, ou bien injustes ou bien illusoires et nuisibles. » HALLER, page 345.

LES ÉLECTEURS DU DEUXIÈME ORDRE PEUVENT VOTER L'IMPÔT.

L'IMPÔT est une diminution du patrimoine de chaque citoyen qui lui est imposée pour cause de nécessité publique. L'assentiment qu'il y donne est la renonciation qu'il fait à cette partie de son patrimoine. Le vote de l'impôt est par conséquent l'exercice d'un droit *propre*.

Le vote de l'impôt étant l'exercice d'un droit propre, il peut être fait par un mandataire direct, car la nécessité de la présentation et de l'acceptation n'existe que lorsqu'il s'agit d'apprécier la dignité personnelle ou de procréer le pouvoir. Ce mandat direct est précisément le même que décrit et règle le droit civil. Le mandataire représente le mandant pour toute l'étendue de l'affaire qui lui est confiée, son pouvoir ne s'étend pas au-delà. Le mandant renonce en faveur du mandataire à l'exercice de son droit pour l'en investir. Les principes et la liaison logique des idées la plus rigoureuse ne s'opposent donc aucunement à ce que l'électeur du second ordre ait le droit de voter l'impôt.

Dans la pratique, cette attribution faite à l'électeur du deuxième ordre pourrait résoudre assez heureusement la difficulté insoluble dans nos constitutions modernes d'un gouvernement en présence d'une députation qui refuse de voter l'impôt. Dans ce cas, violence est faite au pouvoir public qui se voit forcé de s'abdiquer lui-même ou de recourir à un coup d'état. L'impôt ne serait voté que par portions pour la quotité imposée à l'arrondissement territorial qui a produit l'assemblée des électeurs du deuxième ordre. Ce mode offrirait tout d'abord l'avantage de le mieux approprier aux besoins locaux, de le répartir d'une manière moins onéreuse aux habitans. Puis il y aurait toujours certaines portions de l'impôt qui ne souffriraient aucune contestation et qui seraient votées sans difficulté. S'il y avait refus, il ne porterait que sur les autres parties. En ce cas, ce refus serait déféré à l'assemblée des électeurs du premier ordre, ou conseil suprême, qui statuerait en connaissance de cause, et ne pourrait évidemment, sans les raisons les plus graves ou sans s'exposer à la désertion et à la censure de ses commettans au prochain renouvellement électoral, imposer à une partie considérable du pays un impôt excessif. Ainsi, 1° l'impôt voté en vertu du mandat direct ; 2° refus ne portant le plus souvent que sur certains objets nécessairement limités et d'un intérêt moins général ; 3° refus déféré au conseil suprême qui statue sous sa propre responsabilité, en face de la nation.

La faculté du refus de l'impôt ne peut être établie et légalement autorisée que comme moyen de résister à l'action arbitraire d'un gouvernement oppresseur. Or, d'une part, l'expérience apprend que cette ressource est de plus souvent illusoire. Car si dans les constitutions actuelles, la députation a le droit de refuser l'impôt, la crainte d'amener une révolution, qui retient tous les hommes amis de l'ordre, l'empêche presque toujours d'en faire usage, tellement que l'impôt est ordinairement voté provisoirement et à l'avance, et que le contribuable se voit imposer des sommes énormes par des hommes qui, avec le système électoral privilégiaire en usage, ne sont pas même ses mandataires directs. D'autre part, l'élection hiérarchique et permanente assure à la nation un moyen tout puissant et qu'elle peut toujours appliquer de manifester d'une manière efficace son improbation de la direction prise par son gouvernement. Il consiste dans l'élection elle-même, puisque portant son choix sur d'autres individus l'électeur révoque ses députés actuels et reprend le pouvoir dont il leur avait confié l'exercice. Cette garantie est suffisante.

Ainsi disparaît cette impossibilité d'exécution des gouvernemens constitutionnels, le refus de l'impôt, qui vient démontrer que l'on est parti de données contradictoires pour résoudre le problème de la génération du pouvoir, et ce qui nous semble comparable à une réduction à l'absurde. Elle est dans la marche de nos affaires publiques ce qu'est dans nos théories électorales la constatation d'une minorité.

Le scrutin aujourd'hui en usage constate la minorité sans la soumettre, de même que le refus de l'impôt constate la résistance sans donner les moyens de conciliation. La dévolution de la difficulté élevée par le refus de l'impôt au conseil suprême toujours révocable et responsable, concilie au contraire la résistance qui fait présumer une impossibilité morale, avec la régularité des services et le maintien du crédit public. Elle satisfait a ce qu'exigent l'équité et la nécessité.

Nous avons vu dans les chapitres qui précèdent que le vote de tous sur tous est aussi le seul mode de concilier les inégalités de fait avec l'égalité de droits en les transformant en de purs moyens d'influence. Il nous semble que ces deux procédés qui se correspondent dans la génération du pouvoir et dans la répartition des charges publiques, dans le droit du citoyen et dans son devoir, unissent aussi complètement que possible les droits de complète représentation et de résistance légale avec le maintien de l'ordre établi, en réservant toujours la direction suprême à la députation représentative qui réside au sommet de la hiérarchie électorale.

NOTE.

(1) Le pays néerlandais offre un exemple frappant de l'application de cette théorie. « Les états provinciaux dont le lieutenant de chaque province est président sont au fond des états-généraux avec une compétence moins étendue seulement. Ils élisent de leur sein ou hors de leur collége les membres des états-généraux et forment ainsi un excellent collége électoral subordonné. Les états provinciaux présentent leur budget à l'approbation du prince et rendent compte des dépenses et des impôts pour les travaux publics. Leur but spécial est l'exécution des lois fondamentales de l'état. Ils se réunissent tous les ans une fois comme les états-généraux; mais une commission ou députation permanente expédie les affaires qui surviennent pendant leur absence, et les commissions ou députations doivent rendre compte tous les ans aux assemblées provinciales.

» . . . . . . Les communes et localités sont des familles de tout l'état, et comme le gouvernement et les états-généraux s'occupent des intérêts de tout le royaume, les états provinciaux de ceux des provinces, les communes administrent leurs intérêts particuliers par des membres élus. Elles sont aux états provinciaux dans le même rapport que ceux-ci aux états-généraux. . . . . . . Les lois générales de l'impôt servent de base et de règle pour déterminer la grandeur des contributions des citoyens aux charges locales. » M. BRENDEL.

La représentation des communes, celle des provinces et les états-généraux correspondent assez exactement à nos trois ordres d'électeurs. Les représentans des communes administrent les intérêts de la commune, ceux des provinces les intérêts de la province par des commissions permanentes. Les représentans de la province sont les électeurs des représentans généraux. Enfin l'impôt est voté partiellement par les assemblées provinciales qui rendent compte de leurs raisons d'approbation ou de refus aux états-généraux. Il est difficile de rencontrer une application plus complette de cette différence capitale que nous avons observée entre le mandat direct et la véritable représentation, et aussi de cette subordination hiérarchique des trois ordres d'électeurs dont le second est nanti du mandat direct et des pouvoirs qui en sont la suite, en même temps qu'il est le support du troisième ordre qui forme les états-généraux.

Pareillement en Amérique, entre le sénat et la chambre des représentans, chaque province a des états provinciaux à l'instar du congrès lui-même.

CONDITIONS NUMÉRIQUES DU CLASSEMENT ÉLECTORAL (suite).

Si l'on admet le système dans lequel l'impôt est voté directement par les électeurs du deuxième ordre réunis en assemblées provinciales ou départementales, il devient nécessaire de faire subir des modifications au classement électoral que nous avons établi, car le centième de tous les citoyens éligibles formerait des assemblées trop nombreuses pour qu'il fût possible d'y discuter l'impôt et les mesures d'intérêt local dont elles seraient chargées. Il est facile de trouver les deux rapports qui doivent être employés dans le classement électoral appliqué à cette hypothèse.

En appelant A le cinquième de la population de tout l'état, B le nombre des membres du conseil suprême, nous avions l'équation $x \times x \times B = A$.

Appelons x' l'un de ces rapports, celui dans lequel les électeurs de deuxième ordre doivent élire ceux du premier ou les membres du conseil suprême. L'équation précédente devient $x \times x' \times B = A$.

Appelons pareillement a le cinquième de la population départementale, b le nombre des membres du conseil de deuxième ordre ou de département, on aura $x \times b = a$ d'où $x = a/b$. Faisant pour plus de simplicité $a/b = a$, et substituant dans la première équation, nous aurons

$$a \times x' \times B = A.$$
$$x' = A/Ba.$$

Il ne s'agit plus que de remplacer les lettres A, B et a par les chiffres qui doivent leur correspondre dans le système administratif du pays auquel on veut appliquer l'élection, ou dans celui qu'on veut lui imposer. On peut faire ici une foule d'hypothèses différentes, selon qu'on veut former des assemblées départementales ou provinciales, et composer ces assemblées de tel ou tel nombre de députés.

Si l'on voulait, par exemple, dans un pays de 25 millions d'habitans, divisé en départemens peuplés de 540, mille, établir un conseil suprême de 500 membres, et des conseils départementaux de 300, on ferait :

$A = 5,000,000$
$B = 500$
$a = 60,000$
$b = 300,$

et l'on tirerait des équations qui précèdent :

$x = 60,000/300 = 200.$

Faisant passer aux conseils départementaux le deux-centième des citoyens aptes à voter, les moins chargés de chiffres dans les listes de préférence, on aurait des conseils départementaux composés de 300 membres, et dans lesquels les communes dont la population moyenne est 1,000 à 1,200, seraient toutes représentées, chacune par un électeur au moins (1).

On aurait ensuite, en substituant cette valeur dans l'équation :

$x \times x' \times B = A$
$200 \, x' = A/B$
$x' = 5,000,000/200 \times 500 = 50.$

C'est-à-dire que pour avoir un conseil suprême composé de 500 membres il faudrait, dans l'hypothèse posée, faire passer à ce conseil le 50° des électeurs du 2° ordre, les moins chargés de chiffres dans les listes de préférence de ces électeurs.

On voit que rien n'est plus simple, et que sous le rapport électoral, l'organisation administrative est, jusqu'à un certain point, d'un intérêt secondaire. L'essentiel est que tous votent sur tous, et que le résultat général du scrutin soit l'expression exacte de ce vote. Nous avons cru pouvoir y parvenir par l'emploi des listes de préférence ; mais on fait contre l'usage de ces listes par ordre de préférences, deux objections auxquelles il est maintenant nécessaire de répondre.

En premier lieu, on prétend que la graduation par numéros n'est pas exacte, et que les votans n'ont point dans l'esprit une mesure commune à laquelle ils rapportent constamment les unités qu'ils emploient.

Nous répondons que cette graduation par numéros est suffisamment exacte, puisqu'elle donne le moyen d'apprécier la dignité de chaque éligible à $1/A$ près, A étant le nombre total des membres de l'assemblée élective ; et que quelque petite que soit la différence d'appréciation aperçue entre deux éligibles, elle s'exprime suffisamment par la distance d'un seul rang, comme la plus grande s'exprime par celle des deux termes extrêmes, l'unité et A.

Que d'ailleurs il est facile d'obtenir une appréciation plus exacte, en insérant entre chaque candidat un aussi grand nombre de moyens termes que l'on pourra le souhaiter, pourvu que l'on ait toujours présente à l'esprit la raison selon laquelle on répartit ces nombreuses nuances. On peut pousser l'exactitude jusqu'à une fraction $1/A^n$ près, n étant le nombre dans lequel on veut diviser l'unité d'appréciation. Ce mode pourrait être employé dans les sociétés savantes et plus tard peut-être dans les assemblées électives du deuxième ordre, après que les habitudes électorales se seraient formées.

Qu'enfin la mesure étant la même pour tous les éligibles elle est nécessairement juste, le nombre adopté n'étant ici qu'un signe commun, qu'on ne préfère à tout autre signe qu'à cause de la facilité de le diviser et d'apprécier rapidement les résultats du classement ; que d'ailleurs rien n'est plus naturel que ce classement auquel nous sommes familiarisés dès nos premières études.

On soutient en second lieu que cette appréciation pouvant être faite de mauvaise foi, le candidat qui aurait en sa faveur la majorité la mieux prononcée pourra néanmoins se trouver exclus. Pour cela il suffit que la minorité se concerte pour placer au dernier rang le candidat redouté.

Cette objection est spécieuse et elle exige quelques développemens pour être solidement réfutée.

Si cette assertion était exacte, quelle en serait la conséquence ? L'exclusion des candidats auxquels la minorité serait unanimement hostile, lors même qu'ils auraient pour eux la majorité. La préférence des candidats qui, sans être aussi surs de la majorité, seraient placés dans des rangs favorables par la minorité. En d'autres termes, l'exclusion des sommités les plus saillantes de l'assemblée élective, l'expulsion des chefs de parti et le choix des citoyens qui, sans être aussi chaudement soutenus par une opinion, aussi vivement repoussés par l'autre, obtiendraient dans l'appréciation des degrés de dignité, un rang assez élevé chez les hommes de toutes les nuances d'opinions pour que leur nom se trouvât le moins chargé de chiffres dans le résultat général du scrutin. Où serait donc l'inconvénient politique d'un semblable résultat, et dans un système d'élection rationnelle, où l'on cherche uniquement le plus digne et non exclusivement le plus déterminé ou le plus habile, ne pourrait-il pas au contraire paraître désirable ?

Mais telle n'est point la conséquence de l'emploi des listes par ordre de préférences et de quelque manière que la minorité s'y prenne pour faire prévaloir ses choix et écarter ceux des adversaires, celle-ci demeurera toujours, si elle le veut, maîtresse du résultat du scrutin.

On sait en effet que, dans le cas même où la violence des partis étouffe l'autorité de la raison, la ruse et la mauvaise foi n'obtiennent pas par cela seul un triomphe assuré. Les moyens artificieux employés par un parti sont aussi à la disposition de l'autre ; et comme chacun se croit dans le cas de légitime défense, on fait usage, sans scrupule, de tous les moyens, quels qu'ils soient, qui peuvent assurer la victoire. C'est ainsi qu'il s'établit entre les partis contraires une sorte d'art de la guerre, une *tactique* qui, connue de tous, ou du moins des meneurs, ne laisse d'autres élémens de décision que l'inégalité des forces.

Si donc la minorité se concerte pour exclure ceux des candidats qu'elle croit le plus généralement portés par la majorité, ce ne peut être que pour laisser tomber le choix sur ceux de son opinion qui occupent les rangs qui suivent. La majorité aussi sait quels sont, parmi les candidats de la minorité, ceux qui réunissent le plus de chances de succès, et elle se concertera pareillement pour les placer au dernier rang, afin de faire retomber le choix sur ceux de ses candidats qui les suivent.

Pour rendre sensible le résultat de cette espèce de jeu alternatif entre la majorité et la minorité sur le placement par ordre de préférence ; soient dix candidats a b c d e f g h i j qui, divisés en deux partis contraires, l'un de six et l'autre de quatre candidats, s'efforcent, par les moyens que nous venons d'indiquer, de faire prévaloir leurs choix respectifs, et d'exclure ceux des adversaires ; m étant la majorité, n la minorité, m + n sera le nombre total des candidats, et le rang le plus reculé qui puisse leur être assigné sur chaque liste.

a, premier candidat de la majorité, est placé au dernier rang par la minorité n. Cette minorité lui confère par là le n° $n \times (m+n)$. La majorité le porte au premier rang, et lui confère par là le n° m. Le n° de ce candidat a est donc $n \times (m+n) + m$. Pareillement la majorité qui prévoit qu'au défaut de son candidat a, le candidat b de la minorité pourrait avoir la préférence, place unanimement celui-ci au dernier rang, et lui confère le n° $m \times (m+n)$. La minorité qui le soutient et le porte au premier rang, lui confère le n° n, ce qui fait $m(m+n) + n$. Alors se reproduisent des chances en faveur de c, qui est encore un candidat de la majorité ; la minorité le place unanimement à l'avant-dernier rang, le plus reculé dont elle puisse disposer désormais, et lui confère par là le n° $n(m+n-1)$, la majorité le porte au second rang, le plus élevé qui lui reste, et lui confère le n° 2 m, ce qui forme pour c le n° $n(m+n-1) + 2m$. En continuant ainsi, on obtiendra une série d'équations ainsi conçue :

— 263 —

$a = n \times (m + n) + m = nm + n^2 + m = n \times (m + n) + m.$ — 46
$b = m \times (n + m) + n = mn + m^2 + n = m \times (m + n) + n.$ — 64
$c = n \times (m + n - 1) + 2m = nm + n^2 - n + 2m = n \times (m + n - 1) + 2m.$ — 48
$d = m \times (n + m - 1) + 2n = mn + m^2 - m + 2n = m \times (n + m - 1) + 2n.$ — 62
$e = n \times (m + n - 2) + 3m = nm + n^2 - 2n + 3m = n \times (m + n - 2) + 3m.$ — 50
$f = m \times (n + m - 2) + 3n = mn + m^2 - 2m + 3n = m \times (n + m - 2) + 3n.$ — 60
$g = n \times (m + n - 3) + 4m = nm + n^2 - 3n + 4m = n \times (m + n - 3) + 4m.$ — 52
$h = m \times (n + m - 3) + 4n = mn + m^2 - 3m + 4n = m \times (n + m - 3) + 4n.$ — 58
$i = n \times (m + n - 4) + 5m = mn + n^2 - 4n + 5m = n \times (m + n - 4) + 5m.$ — 54
$j = m \times (n + m - 4) + 5n = mn + m^2 - 4m + 5n = m \times (n + m - 4) + 5n.$ — 56

Soient $m = 6$, $n = 4$, $m + n = 10$.

Soient $m = 6$, $n = 4$, $m + n = 10$, on obtiendra pour les candidats a b c d e f g h i j les numéros 46, 64, etc., qui leur correspondent après substitution faite. Or, l'on voit que l'on rencontre pour tous les candidats a, c, e, g, i de la majorité, les numéros les moins élevés, et pour tous les candidats de la minorité b d f h j sans exception et quoiqu'elle donne unanimement aux adversaires les rangs les plus reculés, les numéros les plus élevés.

Il est donc démontré que quelque puissent être les artifices de cette minorité, et dans le cas même où l'on suppose que les électeurs divisés en deux camps voteraient plutôt en haine les uns des autres que d'après l'appréciation impartiale du degré de dignité des éligibles, il n'est pas au pouvoir de cette minorité de faire échouer l'élection d'un seul des candidats de la majorité, 54, numéro le plus élevé des candidats de la majorité, l'étant moins que 56, numéro le moins élevé de ceux de la minorité.

Si l'on prétend que la minorité ne pourra connaître ceux des candidats de la majorité qui ont le plus de chances de succès pour les placer aux rangs les plus reculés, nous répondons que la minorité est sous ce rapport dans une position aussi favorable que la majorité, et que dans notre système électoral les choses en sont au même point où elles se trouvent dans le système actuellement en usage, où les surprises, les votes emportés d'un coup de main font quelquefois triompher l'opinion la plus faible. Ou plutôt il est évident qu'il est bien moins exposé à ces inconvéniens, car l'élection rationnelle a nécessairement pour effet d'apaiser la violence des partis; et le secret des votes, l'isolement des électeurs, la permanence de l'élection rendent presqu'impossibles les concerts frauduteux. Tout porte donc à espérer qu'elle sera ce que doit être toute élection de sa nature, l'appréciation calme et réfléchie de la dignité de nos concitoyens, et les listes de préférence, par l'intercalation d'un nombre illimité de moyens termes, donnent le moyen de pousser l'exactitude aussi loin que peuvent l'exiger les esprits les plus difficiles.

NOTE.

(1) La constitution de 1795 contenait la même proportion d'un à 200 pour le choix des électeurs. Voici en peu de mots son système :

Elle établit l'élection à deux degrés. Le pays est divisé en départemens; ceux-ci en cantons, ces derniers en communes. Dans chaque canton il y a au moins une assemblée primaire. S'il y en a plusieurs, chacune se compose d'au moins 450 et au plus de 900 citoyens. Chaque assemblée primaire nomme un électeur pour 200 citoyens qui ont le droit de vote dans l'assemblée primaire. Jusqu'à 300 il n'y a qu'un électeur; de 300 à 500, 2; de 501 à 700, 3; de 701 à 900, 4. Ces électeurs forment l'assemblée électorale du département et élisent les membres du corps législatif. Mais cette constitution exigeait un cens assez considérable que nous rejetons absolument dans notre système.

DU PRÉSIDENT ET DU SECRÉTAIRE.

Le président et le secrétaire sont les deux organes par lesquels la raison sociale s'interroge et se consulte elle-même. Ce sont deux moyens nécessaires pour obtenir l'expression des délibérations d'une assemblée. Par le président la communauté s'interroge, par le secrétaire elle se répond à elle-même. Ils n'ont tous d'eux aucun pouvoir propre; mais sont préposés à une commission déterminée et spéciale. Le secrétaire est infaillible ou présumé tel. Il ne décide rien, il recueille et constate seulement; semblable au notaire qui reçoit la volonté des parties contractantes, il écrit la transaction au moyen de laquelle s'unissent les inégalités sociales.

On peut demander qui sera président, qui sera secrétaire avant que la société fondée sur l'élection générale soit organisée. Cette société, comme toutes les autres, commence par un fait. Dans l'hypothèse où l'ordre provisoire subsistant devient impossible, il appartient à la personne qui possède le pouvoir, au moment où elle reconnaît la nécessité de l'élection générale, de proclamer cette nécessité et la loi électorale qui y satisfait. Par là le prince n'impose sa volonté à personne, il abdique seulement, reconnaît son impuissance et soumet à la raison publique la génération rationnelle d'un pouvoir aux besoins duquel il ne suffit plus. La loi électorale pourrait indiquer comme secrétaire définitif et chargé de procéder au dépouillement du scrutin ou l'administration des mairies actuellement subsistante, ou mieux encore, attendu que l'âge est la plus sûre garantie d'expérience des affaires et de maturité, un certain nombre des plus anciens de la commune. Une disposition ainsi conçue appellerait au dépouillement du scrutin un nombre des membres les plus âgés proportionnel à la somme des éligibles :

« Le dépouillement du scrutin appartient au vingtième des électeurs à partir du plus âgé. La présidence et les commissions préparatoires se forment selon le mode ordinaire d'élection. »

NOTE.

Il est à remarquer que dans l'élection générale par ordre de préférences, chaque votant est en un certain sens président et secrétaire tout à la fois ; président, en s'interrogeant lui-même sur la valeur respective des individus qui figurent sur la liste qui lui a été remise ; secrétaire, en écrivant ou indiquant cette valeur respective par des numéros et remettant cette liste ainsi numérotée dans l'urne électorale.

CARACTÈRES DES ASSEMBLÉES DU PEUPLE QUI FURENT EN USAGE CHEZ LES GERMAINS.

Les peuples germaniques à leur origine furent dans un état de migration physique et morale permanente. On retrouve au fond de leur société une prédominance prononcée du péremptoire sur le provisoire, tous les élémens de l'ordre intellectuel quoique dans leur germe et non encore développés.

Ils ne connurent que très-tard l'agriculture et la propriété qui en est la suite. « Terra etsi aliquandò specie differt, in universum tamen sylvis horrida aut paludibus fœda — pecorum fœcunda sed plerumque improcera — cœque solœ et gratissimœ opes sunt. JULES CÉSAR : Agriculturœ non student. — CÉSAR, *bello gallico*. » Privati ac separati agri apud eos nihil est neque longius anno remanere uno in loco incolendi causâ licet — neque quisquam agri certum modum aut fines habet proprios sed magistratus et principes in annos singulos gentibus cognationibusque hominum qui unà coierint, quantùm ex quo loco visum est agri attribuunt, atquè anno post alio transire cogunt. Tacite, *de moribus Germanorum* : Agri pro numero cultorum ab universis per vicos occupantur quos mox inter se, secundùm dignationem partiuntur : facilitatem partiendi camporum spatia præstant. Tous ces différens passages nous montrent un peuple émigrant, changeant chaque année de possessions et étranger à l'agriculture ainsi qu'à toute propriété fixe.

Leur société reposait sur une paix ou contrat tacite dont l'infracteur payait le dommage qu'il avait causé.

« Les peuples germaniques, dit M. Eichchorn, ne formaient point un état politique, la forme de leur union était celle d'une société civile puisque le trait essentiel d'un état politique, la puissance publique (imperium) n'appartenait ni au prince ni à l'assemblée nationale. La vie et la propriété des associés étaient assurées contre les étrangers par les armes de toute la nation que le prince commandait et qu'il conduisait à la guerre, quoique ce fût la nation elle-même qui la résolvait. A l'égard des co-associés, une paix dont le transgresseur était obligé de réparer le dommage qu'il avait causé. L'assemblée nationale, le prince à sa tête, réunissait l'association. Tous les hommes libres devaient y comparaître et décider d'après le conseil du prince et des nobles dans les choses d'intérêt public. C'est là que le jeune Germain était reconnu apte à porter les armes et admis dans la communauté. »

Tacite, *de moribus Germanorum* : Suscipere tam inimicitias seu patris seu propinqui quàm amicitias necesse est; nec implacabiles durant recipitque satisfactionem universa domus.

Tacite, *ibid*. « Nec regibus infinita ac libera potestas; et duces exemplo potiusquàm imperio : si prompti, si conspicui, si antè aciem agunt admiratione præsunt. Cæterum neque animadvertere neque vincire ne verberare quidem nisi sacerdotibus permissum exceptis iis gentibus quæ reguntur.

C'était donc une sorte de communauté fondée sur la garantie mutuelle, qui ne s'était pas encore élevée à l'état politique, et où le droit de glaive, *imperium*, était inconnu.

Leurs assemblées publiques réunissaient d'une manière frappante quoiqu'informe et imparfaite, toutes les conditions que nous avons vu convenir aux assemblées politiques dans les sociétés où domine l'ordre intellectuel.

Tacite, *de moribus Germanorum*, les décrit ainsi :

« De minoribus rebus principes consultant, de majoribus omnes : ita tamen ut ea quoque quorum penès plebem arbitrium est apud principes pertractentur. Coëunt, nisi quid fortuitum et subitum inciderit, *certis diebus*, cùm aut inclinatur luna aut impletur; nec dierum numerum ut nos, sed noctium computant. Illud ex libertate vitium quod non simul nec ut jussi conveniunt, sed et alter et tertius dies cunctatione coëuntium absumitur. Ut turbæ placuit considunt armati. Silentium sacerdotes quibus tùm et coërcendi jus est, imperant. Mox rex vel princeps, *prout ætas cuique*, *prout nobilitas*, *prout decus bellorum*, *prout facundia est* audiuntur, auctoritate suadendi magis quàm jubendi potestate. Si displicuit sententia *fremitu* aspernantur, sin placuit *Frameas concutiunt*. »

On trouve ici tout autre chose qu'une simple computation numérique des voix. Ces assemblées ont un caractère religieux. Ce n'est pas le droit de glaive appelant ses hommes et les groupant autour de lui au jour du danger. Ce n'est pas non plus une démocratie pure, sans règle et sans frein, mais tous les caractères que nous avons reconnus à l'élection rationnelle, généralité, instabilité, périodicité à des époques très-rapprochées, respect des diverses influences, y sont nettement tracés et parfaitement reconnaissables.

1° Ces assemblées sont périodiques, *certis diebus cum aut inclinatur luna aut impletur*. La représentation est permanente.

2° Les rois n'y exercent point le droit de glaive, mais les dépositaires de la puissance religieuse, *sacerdotes*, y ont à la fois le droit d'imposer silence et de maintenir l'ordre, *silentium et jus coërcendi*. Ils sont les régulateurs naturels d'une assemblée essentiellement religieuse et rappellent le pouvoir absolu qu'exerçaient à Rome les grands prêtres sur les assemblées du peuple. Dans les réunions périodiques des grandes multitudes l'élément religieux domine presque toujours.

3° Les opinions ne sont pas comptées mais pesées. On trouve le germe d'un classement à raison des influences dans ces expressions de l'historien : *prout ætas cuique, prout nobilitas, prout decus bellorum, prout facundia est, audiuntur*. L'âge, la naissance, les services rendus, le talent. Tacite ne parle pas de la propriété. Son influence ne pouvait être considérable dans une société en état de migration ou qui en sortait à peine. On retrouve donc ici non cette égalité inflexible que les révolutionnaires de nos jours ont voulu introduire dans les assemblées démocratiques, égalité en opposition directe avec le fait et qui réalisée dans la société conduit à la destruction de toutes les existences acquises, mais bien l'égalité de droits conciliée avec les inégalités de fait ou celles-ci transformées en pures influences. *Auctoritate suadendi magis quam jubendi potestate.*

4° Enfin le bruit de l'assemblée, *fremitu aspernantur, frameas concutiunt* donnait avec certitude la mesure de son assentiment ou de son dissentiment. Car il n'est pas douteux que l'oreille exercée de l'orateur et des prêtres chargés de la diriger ne reconnût avec une grande exactitude la nature de l'impression produite par l'opinion qui venait d'être émise. Le son admet des variations infinies. Il est le plus sûr et le plus exact thermomètre du sentiment.

Que l'on compare ces assemblées, qui peuvent être regardées comme le type commun de toutes celles des sociétés émigrantes ou chez lesquelles le péremptoire prédomine, avec les assemblées législatives de nos jours, asservies à voter avec une égalité de voix absolue par boules blanches ou noires, sur une proposition qui leur est faite par une autre personne morale, et dont le résultat, après de longs débats, est de constater le nombre des votes et de laisser la question de préférence indécise, peut-on s'empêcher de reconnaître que nous avons substitué à la nature un mécanisme menteur et tyrannique, qui dans sa rigueur arithmétique ne concilie rien et n'aboutit qu'à enfanter une dure opposition.

L'histoire des premiers rudimens de la civilisation vient donc de toutes parts confirmer nos théories. L'assemblée électorale d'un peuple en état de migration est soumise à la prédominance de l'intellectuel, permanente, graduée sur les influences, exprimant les divers degrés d'assentiment et nous ne pouvons reconnaître les caractères d'un vote général et rationnel, véritable expression de l'opinion publique, qu'à celui qui réunit toutes ces conditions.

DE LA NÉCESSITÉ.

L'homme, comme personne pouvoir, ne peut représenter que Dieu, ne peut posséder qu'une délégation, ne peut fonder la raison de cette délégation que sur un service rendu ou sur le sacrifice.

Il peut remplacer d'autres hommes, il ne les représente pas. La représentation n'est qu'une conséquence de la nature bornée de l'homme, une nécessité, fille du temps et de l'espace.

Dans l'ordre naturel ou empire du fait, il les représente; mais dès-lors il ne s'agit plus de pouvoir ou de droit personnel, mais de propriété. Un mandataire en ce sens est cessionnaire du droit qui lui a été transmis; il le possède comme propre, tellement que pendant qu'il l'exerce, celui qui s'en est dessaisi en sa faveur est frappé d'incapacité pour tout ce qui concerne l'objet de son mandat. C'est la propriété, ce n'est pas le pouvoir. Ce n'est que par une funeste confusion de l'ordre intellectuel et de l'ordre naturel que l'on assimile le pouvoir à la propriété et qu'on fait du droit personnel, du droit de régler et de conduire une intelligence raisonnable et même d'exiger d'elle qu'elle se sacrifie, un droit de propriété, héréditaire dans l'intérêt de celui qui le possède, aliénable à volonté, susceptible d'être mis dans le commerce sous toutes les modifications que peut créer le plus capricieux arbitraire. Un pareil droit public dont l'histoire nous fournit de trop nombreux exemples est la plus déplorable dégradation de notre nature et porte le caractère de cette grande altération morale de l'homme que nous sommes forcés d'admettre sans pouvoir l'expliquer.

Les lois de l'ordre intellectuel ne doivent fléchir que devant la seule nécessité. Ce n'est qu'elle qui peut faire obstacle à leur application et arrêter leur expansion la plus complète dans la société. En d'autres termes, le droit péremptoire est incessamment comprimé par l'empire du fait et se voit forcé d'admettre son existence. Mais ce fait a deux origines différentes qu'il importe essentiellement de distinguer quand on recherche de quelle manière la raison sociale doit agir sur lui.

Ou bien la nécessité qui vient modifier les lois de l'ordre intellectuel prend sa source dans la nature finie de l'homme, en ce cas il serait inutile, absurde, de vouloir lui résister. Il faut reconnaître cette nécessité, la respecter comme l'œuvre de la création et lui donner dans la législation une part d'autant plus large que tous les hommes sans exception y sont soumis. On peut mettre au nombre des conséquences de cette nécessité celle de posséder, de se reproduire, d'ignorer, de souffrir. Toutes les nécessités de cette espèce doivent être respectées et une institution qui se mettrait avec elles en opposition directe, qui les nierait, serait absurde et anti-sociale.

Ou bien la nécessité ne dérive de la nature bornée de l'homme que d'une manière médiate et elle résulte immédiatement du mal moral. En ce cas la société a précisément pour objet de l'anéantir ou de la diminuer le plus qu'il est possible. Les institutions qui reposent sur ces sortes de nécessités ont une tendance ou un esprit directement contraires au but final de la société qui doit s'efforcer d'extirper ou d'affaiblir leur principe. Tel est le droit de glaive, celui trop absolu de propriété, la faculté testamentaire au-delà de certaines bornes, la guerre, la séparation des deux pouvoirs, les cultes destructeurs ou absurdes, etc. Il faut reconnaître ces nécessités, tenir compte de leur existence et les admettre comme faits, mais comme des faits dont on peut indéfiniment reculer les limites. Le plus souvent néanmoins ils ne sont pas combattus efficacement par la force matérielle, parce que l'emploi de la force est lui-même un fait qui n'a pas une raison supérieure à la leur, ils ne peuvent l'être d'une manière efficace que par la raison générale s'exprimant librement. Elle seule, ou l'intelligence humaine mieux éclairée ou se reconnaissant mieux elle-même peut faire cesser ou diminuer notablement l'empire de cette seconde espèce de nécessités qui ont dans le mal moral leur source immédiate (1).

Pour rendre encore plus sensible cette distinction fondamentale, il suffit de jeter les yeux sur la plupart des sociétés intellectuelles. Quels sont en général leur tendance et leur esprit?

Elles reconnaissent toutes les nécessités qui découlent de la nature limitée de l'homme. La communauté de biens, l'enseignement moral et religieux, le soin de toutes les misères humaines sont en général au nombre de leurs principaux attributs.

Mais elles repoussent de toutes leurs forces ou même elles prohibent formellement les nécessités de la seconde espèce, celles qui prennent directement leur source dans le mal moral; le droit de glaive, la propriété, l'esclavage, la division d'opinions et de croyances, l'erreur systématiquement soutenue trouvent en elles de puissans adversaires. C'est qu'elles expriment l'ordre intellectuel qui, tout en reconnaissant les nécessités qui sont l'œuvre de la création, combat et répare les suites funestes de la dégradation de l'homme.

Rien de plus commun que d'invoquer la nécessité et d'y chercher un point d'appui pour légitimer les mesures que l'on veut imposer à un peuple en état de crise. C'est qu'en effet la cessation du provisoire et le retour au péremptoire ou à l'ordre intellectuel sont toujours fondés sur une nécessité de fait. Mais on ne distingue pas assez, ce nous semble, de quel ordre est cette nécessité; si elle est de celles que l'on doit combattre et avec lesquelles toute transaction est un crime ou bien de celles qui ont leur source dans la nature bornée de l'homme et qui dès-lors ne peuvent être méconnues sans folie. Cette distinction est souvent très-difficile, et la plupart des grands faits sociaux participent à la fois de l'un et de l'autre caractères, du mal moral et de la limitation de la nature humaine. Il faut examiner lequel des deux élémens prédomine et à quel degré, pour n'accorder qu'à la dernière sorte de nécessité la faveur d'une reconnaissance publique et légale. On rentre nécessairement ici sous l'empire des faits et des circonstances dont le détail est susceptible d'une variété infinie.

NOTE.

(1) Cette idée philosophique de la nécessité pour l'ordre intellectuel de reconnaître l'empire du fait et de se concilier avec lui a été exprimée par M. Stahl sous la forme dogmatique, lorsqu'il a dit : « L'opposition entre l'empire du fait et l'ordre intellectuel est née du péché qui a éloigné l'homme de Dieu; le droit est le fait rentrant avec effort dans l'ordre intellectuel, le droit repose sur le péché en tant qu'il part du fait, il détruit les effets du péché et le répare en tant qu'il ramène le fait dans l'ordre intellectuel. » STAHL, t. 2, p. 61.

DES ASSEMBLÉES D'ÉTATS.

Nous avons vu qu'à l'origine des sociétés germaniques la propriété était comme enveloppée dans un état de communauté formé par les associations de marches (*mark-genossenschaften*) et par la constitution cantonnale (*gau-ferfassung*). La propriété n'était pas encore fixée, ce caractère n'appartenait à proprement parler qu'à quelques objets mobiliers et à la maison avec le champ qui l'entourait. Le reste consistant en fruits et en pâturages était en commun. Chacun y prenait part en proportion de ses besoins. Telle est la première forme de la propriété.

Plus tard, l'introduction de l'agriculture étendit l'idée de propriété à d'autres objets que la maison ou le champ qu'elle occupe, la constitution cantonnale fut dissoute, elle fut remplacée par la souveraineté territoriale; par cette transformation le droit civil de la propriété reçut au moyen âge une forme politique, en même temps que la société prit un autre caractère et modifia sa constitution.

Il se fit aussi à cette époque (1056 à 1272) un changement analogue dans l'état des personnes, dont il est assez difficile de distinguer les différentes classes, parce que les graduations qui lui servirent de base, quoique fondées sur un même esprit, n'adoptèrent pas partout les mêmes formes. M. Eichehorn en fait l'exposé à peu près de la manière suivante :

Par suite du changement introduit dans le service de guerre, l'honneur militaire devint dans toute son étendue le patrimoine exclusif de deux classes de personnes libres, celles qui dirigeaient le service de l'empire, et celles par le ministère desquelles il était accompli; les autres hommes libres furent privés des avantages accordés à ces deux classes, quoiqu'une partie conservât encore des droits personnels assez étendus pour être regardés comme libres dans le sens propre du mot. Les deux premières classes, sous le nom de *mittelfreye* ou *semperfreye*, furent donc distinguées de la dernière composée des hommes libres domiciliés dans le pays ou manans.

Par la dissolution des duchés, les semperfreye sauvèrent leur indépendance de la souveraineté territoriale et demeurèrent immédiatement soumis à l'empire, au moins pour leurs personnes. Les autres personnes libres perdirent par la naissance de la souveraineté territoriale une grande partie de leurs droits de liberté. La dépendance dans laquelle ils tombèrent était néanmoins d'une étendue très-diverse.

Une partie d'entr'elles, par suite des rapports où elles s'établirent à l'égard des seigneurs fonciers, tint la place des anciennes communes territoriales qui avaient disparu par la dissolution de la constitution cantonnale et la naissance de la souveraineté territoriale, et conserva ainsi sa substantialité sous plusieurs rapports. Une autre partie reconnut pour protecteur le seigneur territorial et devint ses manans ou domiciliés. Ce rapport, qui ne s'introduisit pas partout en même temps et qui dégénéra ici et là en une sorte de dépendance, est désigné en général par l'expression de *pfeghafte*.

La double ministérialité qui s'était formée dans la période précédente reçut dans cet intervalle une forme plus précise.

Le haut ministériel seul ainsi nommé désormais,

entra, à l'égard du maître qu'il servait, dans un rapport de dépendance analogue à celui de l'homme *propre*. Sa condition fut donc distincte d'une part, de celle du vassal dont la dépendance devint purement *réelle*, et de l'autre, par sa naissance dans la chevalerie et les droits de liberté moyenne qui s'y attachent (limités seulement par la ministérialité) de la vraie propriété de corps et de toutes les autres espèces de dépendance.

Le petit ministériel, avec les manans laissés libres, forma une classe de personnes désignée par les expressions de *landsiedel*, *meier*, *zinsman*, à cause du droit réel dans lequel elle était placée et *bauer* par rapport à ses droits d'état.

Nonobstant l'extension toujours croissante de la souveraineté territoriale, il restait un nombre considérable de seigneurs, de chevaliers et de communes plus étroitement liés à l'empire qu'au seigneur territorial qui s'efforçait de les réduire sous son obéissance. La position pressante dans laquelle se trouvèrent tous ceux qui n'étaient pas disposés à se laisser traiter comme manans d'une seigneurie, et qui n'avaient reconnu jusqu'alors que la seigneurie féodale, la juridiction, la lieutenance urbaine et non la seigneurie territoriale, contraignit les villes et la noblesse de former des associations pour se garantir de ce pouvoir injuste. Ces unions d'ailleurs furent le seul moyen qui restât de maintenir la *paix* pour laquelle il n'existait plus de garantie depuis que la seigneurie territoriale eut anéanti les liens plus étroits qui avaient existé entre les différentes seigneuries, les villes et la chevalerie; car les priviléges contre l'évocation arrêtaient l'action des tribunaux de l'empire dirigés d'ailleurs par des mains si faibles ou si intéressées qu'il n'y avait aucun secours à en attendre. Ces unions se créaient toujours des arbitres dont les arrêts étaient mis à exécution par toute l'association.

Les changemens introduits dans l'administration et dans le service militaire ayant augmenté les dépenses de l'état, le souverain se vit souvent forcé d'appeler à son aide les prélats, les chevaliers et les villes, et de répartir entre eux les dettes du pays. On établissait pour les éteindre un impôt qui devait durer jusqu'à leur acquittement successif, ou bien on créait une corvée pour un certain nombre d'années. Si l'union des différens états avait eu lieu dans une occasion précédente, l'impôt s'établissait dans une assemblée des personnes qui en avaient fait partie. Au cas contraire, le souverain pouvait traiter avec chaque classe ou même avec les villes seules. Cependant cette manière de traiter les affaires publiques était difficile et il arrivait le plus souvent ou que le souverain réunissait tous les états qu'il s'était obligé de consulter, ou bien que les états qui dans des concessions particulières avaient reçu l'assurance qu'ils ne devaient rien, formaient une association pour le maintien de leurs droits et de leur liberté. Tous les états qui entraient dans ces associations avaient ordinairement le droit d'union, et si, par suite du développement progressif de la souveraineté territoriale, on révoqua en doute dans le quinzième siècle la validité de ces unions, il ne manqua pas d'occasions favorables de les obtenir du souverain ; tantôt à l'occasion de l'établissement de nouveaux impôts, tantôt dans de simples associations pour la paix du pays, dans le partage du territoire, dans sa transmission à un nouveau maître, ou enfin pour la réunion d'un pays séparé et la reconnaissance de son indivisibilité pour sa sûreté future.

Ordinairement les états ne traitaient point leurs affaires comme une communauté composée de simples particuliers, mais les différentes classes entraient dans l'assemblée pour délibérer ensemble, et elles s'unissaient aux autres d'un commun accord sans qu'il y eût entre les classes elles-mêmes de pluralité de voix. Cela dérivait de la nature d'une union qui ne soumettait pas nécessairement la volonté des individus à celle de la majorité, mais seulement promettait aide pour le maintien des conditions de l'union. Cette époque n'eut aucune occasion de chercher à établir une institution qui rendît la décision possible dans tous les cas, ou du moins on ne voit pas que l'absence d'une semblable institution ait arrêté l'action des états.

Cet exposé rend sensibles plusieurs propositions qui paraîtraient paradoxales si elles n'étaient appuyées sur des faits historiques.

On voit d'abord les droits personnels changer de nature par le passage à l'état politique du droit civil de propriété, la dépendance des personnes devenir plus fixe, plus dure, s'approcher davantage d'une sorte de servitude. C'est que la servitude n'est que l'idée de propriété appliquée à l'homme, son abaissement à l'état de chose. Une société qui admet cette extension injuste de l'idée de propriété subit une sorte de dégradation. Elle descend de l'ordre intellectuel à celui de la nature physique. Le pouvoir en soi n'est qu'une représentation, il cesse d'être pouvoir et devient propriété en tant qu'il devient droit propre. Il s'éloigne d'autant plus de sa véritable nature, qu'il s'approche davantage de ce dernier terme (1).

On remarque en second lieu que les *états* ne sont point formés par le souverain comme le prétend M. Haller, mais par l'intérêt de la sûreté commune et de la résistance au pouvoir propriété qui fait sentir son poids. Les états ne sont à l'origine que des confédérations entre les villes, la chevalerie et la noblesse formées pour résister aux empiétemens intolérables du pouvoir propriété. Si l'on peut dire que les assemblées d'états sont formées par le prince, ce n'est qu'en ce sens que c'est lui qui les convoque pour implorer leur aide; mais la nécessité où se trouve placé le pouvoir propriété, l'accroissement des charges publiques vient de sa nature même. Puis à mesure que le pouvoir, en se confondant avec la propriété ou en en revêtant les caractères s'écarte de l'ordre intellectuel où il réside essentiellement pour devenir un pur fait, l'intellectuel acquiert de son côté une force ascendante et rétablit pour le genre humain une sorte de compensation de la dégradation du pouvoir social. Le pouvoir se réfugie alors dans les assemblées d'états dont le prince reconnaît la supériorité en se soumettant à la nécessité d'obtenir leur assentiment. Les assemblées d'états, comme toutes les sociétés intellectuelles, se composent en raison des influences. Enfin l'on peut conclure de ce caractère des états en général, que l'introduction dans leur sein du principe absolu de la propriété est le renversement de leur nature primitive. En d'autres termes le cens électoral devenu la base du droit d'élection aux assemblées représentatives est pour le pouvoir représentatif ce que fut pour le pouvoir monarchique l'introduction du principe de la propriété au neuvième et au dixième siècles, c'est comme on le fit alors, faire descendre le pouvoir de l'ordre intellectuel où il réside essentiellement dans l'ordre du fait, c'est ramener encore le pouvoir propriété. Mais la nature de l'homme ne lui permettant pas de reconnaître le pouvoir où le droit personnel dans le pur fait, ce qui est une contradiction dans les termes, le pouvoir se réfugie hors de la représentation, mal d'autant plus grand que la petite propriété étant devenue la condition du pouvoir, il embrasse presque toute la société. L'opinion publique est réduite à chercher un asile dans les journaux, dans les sociétés savantes, dans les sociétés secrètes surtout, et enfin dans les citoyens sans propriété.

Le déplacement du pouvoir, ou si on l'aime mieux sa dégradation, l'introduction de l'idée de propriété dans l'idée de pouvoir produit de nos jours des phénomènes analogues à ceux qu'elle produisit au treizième siècle avec un degré d'intensité et une force d'expansion qu'il ne pouvait obtenir alors. Et de même qu'à cette époque ce déplacement fit naître les confédérations et les assemblées d'états pour résister au pouvoir propriété dans la personne du souverain, il fait naître de nos jours pour résister au pouvoir propriété dans la personne de nos députés et de nos électeurs à 200 f. l'opposition du journalisme, les associations secrètes et les émeutes. Aux deux époques, la racine du mal est le déplacement du pouvoir, qui de sa nature ne peut résider que dans l'ordre intellectuel.

En résumé, si l'on suit les transformations du pouvoir public depuis l'origine des sociétés germaniques, on ne peut s'empêcher d'y reconnaître un enchaînement de principes qui en se modifiant successivement altèrent et font changer de nature le fond même du droit personnel.

A l'origine, société en état de migration. Cette migration n'est point un fait arrivé une fois, mais un état permanent et constitutif de la société. Assemblées générales périodiques. Participation de tous aux décisions générales selon le degré d'influence de chacun. Communes. Constitution cantonnale. Les rois sont électifs, *primi inter pares*. La coutume de les choisir dans la même famille paraît être un souvenir de l'état patriarcal.

Progrès de l'agriculture et fixation de la propriété, son expression publique. Puis sa transformation politique ou pouvoir propriété. Abolition des duchés, érection des comtés, souveraineté territoriale, charges qu'elle fait naître. Fédérations pour résister à ses empiétemens ou réunions d'états. Nécessité où elle se trouve de réclamer l'aide de ces fédérations, assemblées d'états. L'ordre intellectuel repoussé par l'abaissement du pouvoir public à l'idée de propriété rentre dans la société par la fédération et les assemblées d'états.

Le pouvoir propriété s'attribue tous les caractères de la propriété et les exprime dans leur plus haute puissance. Il devient héréditaire dans l'intérêt de ceux qui le possèdent, aliénable, partageable, etc.

Mais le pouvoir propriété se corrige par ses excès mêmes et il se voit forcé de reculer devant les conséquences de son principe. L'intérêt des peuples se fait entendre par la voix des assemblées d'états, par celle des conseillers de la couronne. Le partage du pouvoir est proscrit comme destructeur, on ne partage plus que les revenus de la souveraineté. Après de grandes guerres et de longues contestations, l'indivisibilité du pouvoir est admise enfin comme maxime de droit public. Le pouvoir cesse d'être partageable, il n'est plus dans le commerce, et s'il demeure héréditaire, c'est plutôt dans l'intérêt des sujets que dans celui de ses possesseurs.

NOTE.

(1) « Le moi n'étant pas une chose, on ne peut demander un attribut du moi, il n'en a d'autre que de *n'être*

pas une chose. Le caractère du mot consiste en ce qu'il n'a d'autre attribut que celui de la conscience de soi-même.
SCHELLING, *Transcendental Rationalismus*, p. 48.

LE DÉVELOPPEMENT HISTORIQUE.

Toute l'histoire peut être ramenée à trois périodes principales : l'orientalisme, le romanisme et le christianisme, dont chacune a développé une position nouvelle de l'humanité par rapport à la vérité absolue. L'orientalisme, par ses formes monumentales, semble recouvrir les débris d'un ancien ordre écroulé. Il est proprement l'empire du fait immobilisé ou une sorte d'assimilation à l'ordre de la nature physique de l'ordre social détruit par la dispersion des peuples. Cet état subsista jusqu'au romanisme qui, après les efforts de l'Égypte et de la Grèce pour animer l'immobile constitution orientale, parvint à associer les deux principes contraires de la civilisation, la substantialité et la personnalité, et dans cette association créa l'empire du droit. Car le droit ne produit pas de fusion, œuvre de l'amour, mais une simple association où tout est définitions et règles. Lorsque le moral et l'intellectuel se furent retirés de l'édifice romain par l'oubli des traditions primitives, il ne suffit plus à la conservation de la société. On vit naître la troisième époque qui présente l'image d'une lutte entre l'ordre intellectuel réparé et le droit, de la même manière que la première époque avait été une lutte entre l'ordre intellectuel traditionnel ou natif et l'immobile fait. Comme le romanisme avait maîtrisé le fait, l'avait subjugué et asservi pour élever l'empire du droit qui n'est que leur association ; de même à la troisième époque l'ordre intellectuel a maîtrisé le droit, il l'a réduit et subjugué pour faire prédominer le moral et le religieux. Le droit a fait bonne guerre, et son dernier mot a été une sentence d'extermination contre l'ordre intellectuel. Il l'a violemment arraché de son sein sans s'apercevoir que par là il détruisait sa propre substance et tarissait la source de sa vitalité. Le droit est demeuré une pure forme. Alors toute la société s'est trouvée scindée en deux royaumes, le fait avec la forme du droit d'une part, de l'autre l'ordre intellectuel proscrit. Par là toutes les questions sociales se sont simplifiées ou plutôt tout est remis en question comme au jour de la dispersion des peuples. Le cercle d'évolutions est achevé et nous nous trouvons avec le pur fait en face de l'ordre intellectuel également pur de son côté puisqu'il est complètement séparé de l'empire du fait.

NOTE.

(1) « C'est la malédiction du travail et de la dépendance du besoin sur laquelle repose la propriété, c'est le mal en soi sur lequel repose le droit pénal, le droit de la guerre, même le procès. Toutes les institutions sont calculées sur la limitation de notre nature terrestre, sur la séparation par l'espace et l'impuissance de nos organes, qui ne nous permettent pas de connaître les pensées ou même seulement les actes des autres, sur le développement dans le temps au lieu de l'éternelle existence. Enfin le rapport suprême qui réalise la domination par le droit, l'état lui-même porte le caractère d'extériorité et de non vérité. Un homme doit ici être le représentant de l'action de la Providence, la pluralité arithmétique des voix, le suppléant de la conviction dont Dieu remplit les cœurs.

Ainsi l'état doit servir à Dieu d'instrument, mais la conduite du représentant peut néanmoins être très-impie.

La pluralité des voix peut au lieu de la lumière donnée par Dieu représenter aussi bien l'opinion et la passion, et néanmoins elles doivent être regardées comme les instrumens de Dieu qu'il a autorisés et sanctifiés. Ainsi tout ce corps pour la conduite divine de la race humaine, droit et état, s'est posé comme un pouvoir indépendant de Dieu et qui lui est même souvent contraire entre lui et l'humanité. C'est un état d'extériorité, de non vérité avec ses suites funestes qui doit résider sur la terre, parce que l'humanité se trouve hors de Dieu, mais qui ne peut subsister pour l'éternité. C'est pour cette raison que la révélation chrétienne est aussi indifférente à l'égard du droit et de l'état, elle n'a affaire qu'avec l'éternel. Elle donne au chrétien des règles de conduite par rapport au droit et à l'état, elle ne lui en donne point sur la manière de constituer l'état et le droit.

« Le droit ne peut par conséquent avoir qu'une perfection relative par approximation. La perfection réelle anéantit le droit pour mettre à sa place un état plus haut.

« Ainsi la foi, l'amour, l'espérance, sont éternels. Mais le droit est comme une reconnaissance, un langage; il est éternel dans sa pensée primitive seulement, non dans la manière dont il subsiste. C'est une fraction de ce qui doit venir. Cette fraction disparaîtra quand la plénitude sera venue, et c'est notre croyance qu'un jour cette plénitude arrivera. Alors le royaume sera redemandé au père, et toute domination, toute magistrature et tout pouvoir cesseront (1 Co. 15, 24). Le grand édifice de l'état et de l'église finiront, car Dieu lui-même sera l'état et l'église, comme dans la céleste Jérusalem selon Saint-Jean, il n'y a plus de soleil parce que Dieu même est le soleil. Le changement de l'état terrestre ou l'éternel arrivera, tout-à-coup, en un moment, au temps des trompettes du dernier jour. » Stahl, p. 219, t. 2.

OÙ EN EST LA LÉGISLATION.

Le grand œuvre de la révolution française et du prodigieux bouleversement qu'elle a produit dans le monde moral est la sécularisation ou l'expulsion de l'ordre intellectuel de toutes les institutions civiles. Le droit, qui n'est de sa nature que l'union imparfaite de l'intellectuel et de l'empire du fait, ne pouvant plus dès-lors subsister que d'une manière formelle, s'est trouvé réduit à une vaine et dure légalité. L'expression extérieure de la légalité, son enveloppe est l'uniformité. L'uniformité qui n'est pas l'unité et qui n'en a que l'apparence veut des codes généraux, d'où la manie des codifications. Et comme, d'un autre côté, l'égalisation sociale a confondu toutes les conditions et qu'il n'existe plus d'ordre de jurisconsultes, l'élément scientifique de l'édifice juridique s'est évanoui. Les codes nouveaux doivent donc être simples et populaires, telle est aussi la prétention qu'ils annoncent. Le résultat dernier de la sécularisation a donc été de réduire les travaux législatifs à un naturalisme sans caractère, de produire l'absence des principes ou plutôt l'alliage impur des principes les plus différens et des élémens les plus contraires. Que le temps soit scientifiquement formé pour la rédaction des lois, que sa langue y convienne, que l'intérêt de la bonne administration de la justice l'exige, ce n'est pas de cela qu'il s'agit. La séparation de l'ordre intellectuel et de l'ordre du fait devait être consommée et les codes nouveaux en sont le résultat législatif. Voilà ce que le siècle a voulu.

Ce n'est pas tout, et la législation, en devenant plus uniforme et plus générale, tend aussi à devenir incessamment progressive. La permanence des assemblées représentatives correspond à cette direction de l'esprit public et le monde savant s'est occupé des moyens de régulariser ses résultats. Il s'agirait d'une institution destinée à créer une législation qui soit parfaitement appropriée à tous les instans, aux besoins présens des peuples. M. Schrader, cité par Savigny dans son traité sur la vocation des temps modernes en matière de législation, décrit dans les termes suivans un conseil législatif qui serait organisé dans ce but :

« Chaque état allemand doit former tous les dix ans un collége qui demeure réuni une année seulement et qui compose dans cet espace de temps une sorte d'édit prétorien. Le collége a pour président le ministre de la justice, un député des états au nombre de ses memb... puis cinq autres membres choisis de cinq différens états. L'un représente les juges, l'autre les avocats des tribunaux supérieurs : pareillement l'un les juges, l'autre les avocats des tribunaux inférieurs : un cinquième les théoréticiens juridiques. Chacun de ces états présente trois candidats, sur lesquels le gouvernement en choisit un. Dans les grands états, le nombre des membres choisis peut être porté à 10 ou 15 par duplication ou triplication. Si après 10 ans un nouveau collége est formé, la moindre moitié du précédent doit y siéger. Plusieurs petits états peuvent former en commun un semblable collége.

« Dans cet édit, le droit subsistant ne doit pouvoir être changé qu'au cas où les deux tiers des voix l'exigent. A l'avenir, les lois faites avec l'approbation des états ne pourraient être abrogées que lorsqu'elles auraient plus de cent ans. Pendant les cent prochaines années aucun nouveau principe de droit ne serait introduit qu'autant qu'il aurait été en vigueur dans un autre pays allemand.

« Par une telle institution, continue Savigny, on aurait le grand avantage de n'être pas forcé comme dans un code à présenter un corps complet de législation, mais de prononcer sur ce qu'exigeraient précisément les besoins et les connaissances actuels. Par là le travail acquerrait de la vie et de la considération, tandis que nos codes modernes ont plutôt le caractère de compendiums. Il serait à craindre, il est vrai, que le collége, méconnaissant son véritable objet, ne fît encore quelque chose qui ressemblerait à un code. Ce danger doit être prévenu soit par les limitations ci-dessus indiquées, soit par un contrepoids particulier présenté sous la forme de veto. »

Ce serait plutôt au sein du conseil suprême, placé au sommet de la hiérarchie électorale, que cette institution, si appropriée aux besoins des temps modernes, nous paraîtrait devoir être placée. Dans une société qui se meut rapidement et qui tend à se généraliser, la législation doit être uniforme et dans un état incessant de progrès. Ce n'est point de science qu'il s'agit, mais de conciliation.

Les principes contraires qui sont en présence veulent être ramenés non à l'unité, ce qui ne peut être que l'œuvre d'un approfondissement ultérieur, mais à l'uniformité. La législation n'est aujourd'hui qu'une enquête dans laquelle le gouvernement demande aux opinions diverses quelles mesures leur semblent les plus propres à hâter le progrès social, ce qu'elles croient le plus avantageux à l'état, ce qu'elles veulent en un mot. Le pouvoir législatif doit donc être 1° permanent, 2° une assemblée, 3° une représentation.

Cette mission n'appartient qu'au plus haut pouvoir social, au conseil suprême formé par l'élection générale. Une commission permanente formée dans son sein serait chargée de pourvoir aux besoins de la législation et d'appeler son vote sur le petit nombre des opinions *probables* que comporte chaque mesure législative. M. Schrader a lui-même senti que le collége qu'il institue appartenait de sa nature au pouvoir suprême et les restrictions qu'il veut lui imposer sont aussi vaines qu'inexécutables.

La nécessité du développement progressif des législations paraît donc pouvoir être satisfaite par l'institution d'une *commission permanente créée au sein du conseil suprême électoral et chargée de présenter à son vote la série des opinions probables sur chaque objet législatif qui exige une innovation.*

DE L'ADMISSIBILITÉ DE TOUS A L'ÉLECTION.

Mo Rotteck, l'un des hommes qui ont le mieux observé la nature de l'élément électoral, établit, comme conséquence du principe, que l'objet de la politique est d'obtenir la plus grande certitude des choix, avec la moindre limitation possible des droits d'élection, 1° la limitation du collége électoral à un petit nombre d'hommes capables et éclairés; 2° l'indétermination la plus absolue en ce qui concerne l'éligibilité. Mais il maintient que cette limitation du collége électoral doit se faire par une détermination ou classement légal et non par voie d'élection.

« L'inadmissibilité d'une élection faite par tous les citoyens sans distinction, est reconnue, dit-il, page 189, deuxième volume. Une foule sans caractère, mobile, ignorante, privée de l'indépendance que donne la propriété et qui n'est point attachée à la patrie par ses propres intérêts, fera de mauvais choix. L'élection doit donc être confiée aux citoyens les plus sûrs et les plus dignes. Mais comment parvenir à les reconnaître? Sera-ce par une division légale de toutes les classes ou par l'élection? En d'autres termes, le collège électoral doit-il être formé par la division légale de l'assemblée primaire, ou bien par le choix fait dans cette assemblée primaire de personnes désignées? Dès que nous reconnaissons la multitude comme inhabile en général à faire un bon choix, nous devons la reconnaître inhabile à élire les électeurs..... »

Il est aisé de répondre ici à M. Rotteck par une distinction que nous avons déjà faite ailleurs. Il ne s'agit pas d'apprécier des capacités, mais de désigner les hommes qui méritent la confiance et l'estime publiques. Pour obtenir de bons électeurs, il suffit d'élire les plus dignes, et la capacité n'est qu'un des élémens de cette dignité. Or les électeurs sont plus proches de la multitude que les députés, ils sont moins élevés dans l'échelle sociale, ils ont avec le peuple plus de points de contact et des relations plus journalières, ils doivent être mieux connus de lui. Déterminer entre tous ceux de ses concitoyens avec lesquels on est en relation habituelle non les plus capables ou les plus propres aux affaires, mais les plus hommes de bien, les plus incorruptibles, les plus dignes de l'estime et de la confiance générales, c'est ce que non seulement le peuple peut faire, mais encore ce qu'il fait habituellement avec une sagacité et une certitude de jugement admirables. La multitude est donc apte à élire les électeurs.

« C'est, au reste, continue le même auteur dans un autre passage, une grande inconséquence de déclarer l'élection d'électeurs nécessaire pour éviter l'ochlocratie et de faire néanmoins élire les électeurs dans des colléges primaires non classés. Car une assemblée primaire non classée, en tant qu'elle n'est pas conduite par l'influence du gouvernement, ce qui serait la pire des positions, élira facilement pour électeurs des hommes de révolution, et ceux-ci choisiront pour députés leurs propres coryphées. »

Cette dernière objection, qui nous paraît la plus forte, est considérablement affaiblie 1° par la permanence de l'élection, qui doit naturellement rasseoir le peuple et empêcher qu'il ne se livre aux passions violentes qu'excite en lui la nécessité de faire prévaloir sa puissance au moment de la lutte électorale; 2° par la présence sur les listes électorales de tous les éligibles qui doivent être numériquement classés. Ce mode d'appréciation générale laisse moins de jeu que tout autre aux préventions et à l'esprit de parti; 3° par le secret absolu des votes qui rend impossibles les concerts frauduleux et l'effet des impressions de terreur; 4° par le nombre considérable des électeurs du deuxième ordre, qui ne permet guère de supposer qu'ils puissent tous être révolutionnaires, à moins que l'opinion publique elle-même ne le soit, auquel cas il est également rationnel qu'elle puisse s'exprimer; 5° par une forte législation répressive des fraudes qui peuvent être employées pour fausser les résultats électoraux, appliquée par un corps de magistrature indépendant. En dernier lieu enfin, les choix faits dans des assemblées classées peuvent être révolutionnaires tout aussi bien que ceux faits dans des assemblées non classées. La petite propriété, et surtout la propriété industrielle et commerciale, n'offre aucune garantie contre les opinions révolutionnaires. C'est peut-être au contraire dans cette classe de la société qu'elles dominent davantage.

DU RENOUVELLEMENT ÉLECTORAL.

Rotteck recherche quelles doivent être les conditions du renouvellement électoral, et il commence par démontrer que l'idée d'une représentation expresse et vraie ne se concilie pas avec un mandat perpétuel ou irrévocable, mais qu'elle exige de fréquens renouvellemens; « car le problème de la constitution d'états est de donner à l'opinion et à la volonté du peuple à tout moment l'expression la plus fidèle. »

Puis il établit que la longue durée, de 6 ou 7 ans par exemple, d'un parlement indigne de la confiance nationale est un mal presque incurable, et peut, si le gouvernement le veut, produire le renversement de la constitution.

Que la courte durée d'un parlement fidèle au contraire n'est pas un mal en soi, puisqu'il dépend du peuple d'en réélire les membres et d'augmenter sa durée; que d'ailleurs un tel parlement est beaucoup moins accessible à l'influence d'un gouvernement, puisqu'il faut pour le corrompre plus de peine et de dépenses avec un moindre profit.

Que d'un autre côté néanmoins le renouvellement trop

fréquent de l'élection menace la législation et l'administration d'une vacillation et d'une mobilité de direction et de système qui peuvent être fâcheuses.

Et il conclut que le renouvellement partiel des électeurs à courts intervalles réunit les avantages du changement avec ceux de la fixité et satisfait le mieux à tous les intérêts.

Il nous semble difficile de régler *in abstracto* d'une manière absolue les époques du renouvellement électoral. Il convient de les coordonner avec les dispositions relatives à la généralité, à l'absence du privilége, au mode médiat ou immédiat d'élection. Les règles qui concernent ces diverses matières doivent former un tout connexe et reposer sur cette proposition fondamentale : plus le mouvement qui entraîne la société est rapide, plus le travail électoral sera puissant et actif; en d'autres termes, plus il existe de divergence entre l'état intellectuel et l'état matériel de la société, plus l'effort vers l'intellectuel doit être laborieux et soutenu.

Tout dépend donc, dans l'application, de l'état de la société sur laquelle on opère. En recherchant la nature de l'élément électoral en soi, indépendamment de toutes circonstances extrinsèques, nous avons reconnu sa loi de permanence. Et comme l'intervalle d'une année est le plus court espace nécessaire aux électeurs et aux élus pour se reconnaître en quelque sorte, aux élus pour prendre et marquer leur tendance politique, aux électeurs pour l'observer et l'apprécier, il peut être considéré comme le retour incessant des crises essentielles à l'organisme de l'état, dont la suite et la continuité forment sa vie. Le renouvellement intégral annuel nous parait par cette raison, toutes choses égales d'ailleurs, devoir obtenir la préférence.

L'OPPOSITION NE DOIT PAS ÊTRE PERMANENTE.

« Les états, dit M. Schmelzing, p. 35 de sa brochure, doivent être un auxiliaire ou un supplément du gouvernement, une voix du peuple organisée, régulière, unissant tous les intérêts, tous les rapports, l'éducation et les lumières, marchant d'une manière indépendante auprès de l'organisme administratif pour les renseignemens et le conseil. »

Cette définition convient parfaitement à ce que durent être les assemblées d'états dans les sociétés fixées, mais elle nous semble inexacte si on veut la faire passer aux représentations nationales modernes. Elle évite le principe faux et dangereux de l'opposition permanente entre la représentation et le gouvernement; mais elle retombe dans le vice non moins grand peut-être de subordonner entièrement la représentation au gouvernement.

Le pouvoir est essentiellement un de sa nature et dès qu'on le divise et qu'on oppose ses divers élémens, on produit les constitutions représentatives modernes ou un mécanisme analogue. Il faut nécessairement, si l'on veut éviter les inextricables difficultés auxquelles elles donnent naissance, que le gouvernement et les représentans soient associés par voie de subordination. Or, en supposant l'élection générale et vraie et le travail électoral en permanence, la souveraineté appartient à la représentation nationale. Le gouvernement ne peut en être qu'une émanation, une commission consistant en un ou plusieurs délégués nantis des pouvoirs nécessaires à l'exercice de leurs fonctions et dont ils sont comptables envers la représentation nationale de laquelle ils les tiennent.

En un mot il nous semble impossible de sortir de ce dilemme : ou la représentation et le gouvernement sont deux puissances amies qui doivent se prêter un mutuel secours et concourir d'un commun accord aux mesures d'intérêt général ; en ce cas, ils doivent être subordonnés, parce qu'il n'existe d'union que dans l'ordre. Ou bien la représentation et le gouvernement sont deux puissances hostiles dont l'une représente le fait antérieur et l'autre le fait qui veut parvenir à l'existence ou l'effort de l'intellectuel sur le fait ; si l'on pose en principe cette opposition et qu'on la prenne comme point de départ, il en résulte la division des pouvoirs, le pouvoir propriété, les luttes perpétuelles entre les gouvernemens et les peuples, qui amènent comme conséquences ultérieures la dissolution des chambres et les autres coups d'état, le refus de l'impôt et toutes les résistances des factions.

En fait, la représentation est ou peut être souvent opposée au gouvernement, mais elle ne l'est pas essentiellement et de sa nature. Elle ne doit pas être l'état habituel et régulier, elle ne doit pas être la position légale de la société. Si telle est la position légale de la société, c'est que l'ordre intellectuel en est expulsé. Elle se réduit à une dure opposition entre l'empire du fait et l'ordre intellectuel, conséquence du mandat direct et de la division du pouvoir.

Les théories de nos nouveaux docteurs de droit public nous paraissent donc blâmables en ce qu'elles établissent comme constant et habituel un fait accidentel et contingent et qu'ils font de ce fait accidentel la base essentielle de leurs constitutions.

L'opposition entre les gouvernemens et la représentation n'est qu'un accident. Ce ne sont pas deux pouvoirs égaux mais subordonnés, et la souveraineté réside dans l'un ou dans l'autre selon que l'on admet celui-ci ou celui-là comme la vraie représentation. Si c'est le gouvernement qui est considéré comme représentant la nation, les états ne sont à son égard que des auxiliaires subordonnés. C'est le cas des sociétés fixées qui admettent de fait l'unité dans le pouvoir. Si ce sont les députés élus qui possèdent cette représentation, le pouvoir gouvernemental n'est à leur égard qu'une délégation. Mais supposer égaux le pouvoir du gouvernement et celui des assemblées représentatives, les juxtà poser et faire résulter de leur équilibre la conservation de l'état, c'est partir d'une hypothèse absurde, celle de deux souverainetés simultanément coexistantes; c'est proclamer en principe la division des pouvoirs qui repose sur l'idée de pouvoir propriété, par suite faire résider dans la neutralisation de l'excédant des deux forces contraires, rupteur de l'équilibre, toute la puissance gouvernementale, placer enfin la société dans le pur matérialisme et donner à la souveraineté une expression négative.

NOTE.

« C'est une doctrine qui résulte de la philosophie naturelle atomistique française que la nature se trouve en une opposition absolue et permanente. On se la représente gratuitement comme divisée en deux ordres de bataille qui s'observent et se combattent incessamment. On cherche et on croit trouver la vie et la conservation dans l'effet réciproque de la destruction. Pareillement on se représente le peuple et le gouvernement comme constamment armés l'un contre l'autre pour s'expulser de leur position respective ; et l'on soutient qu'une chambre des pairs doit avoir le pouvoir d'accommoder ce grand nombre et d'appliquer sa propre force de l'un ou de l'autre côté selon qu'il se trouve en danger de perdre la bataille. Il en est de ceci comme de l'idée que l'on a eue pendant un temps de l'équilibre européen que l'on s'était imaginé pouvoir conserver par des moyens artificiels, par un balancement habile, jusqu'à ce qu'un élément qu'on n'avait pas fait entrer en ligne de compte abaissa la bascule trompeuse et biffa le calcul.

» Il n'y a point d'opposition absolue dans la nature. Schubert l'a victorieusement démontré. La nature n'est qu'une chaîne d'évolutions d'un seul et même principe. Toute force tend dans sa sphère à l'unité, et un but qui tend à l'unité ne peut être formé de contradictions. Ce que l'on nomme positif et négatif n'est autre chose qu'un plus ou moins de force ; l'élément moins positif que l'autre paraît négatif et forme comme une base chimique. Mais cette base s'élève de nouveau dès qu'elle est devenue libre à la condition de force positive par rapport à une chose plus faible. Dès qu'une opposition réelle a lieu, elle produit la maladie ou la mort. Nous trouvons aussi dans la vie politique un seul et même principe actif, un organe médiateur dans la chambre des pairs par exemple, si l'on se proposait par là l'égalisation de toutes les actions, neutraliserait de nouveau les forces et détruirait la réciprocité. Si la chambre des pairs devient l'élément le plus fort, les forces isolées de la chambre des députés lui servent naturellement de base comme élément négatif et anéantissent son action propre.

« C'est le problème de la politique de rassembler les efforts divergens des hommes et des différentes classes dans lesquelles la société s'est divisée en une unité consistante et harmonique, de ramener à un même but leurs déterminations diverses, afin qu'elles se meuvent, comme les corps célestes de grandeurs différentes dans de libres circonférences autour d'un grand centre qui est le gouvernement représentant le conducteur impartial du tout. Une seule assemblée politique est tout-à-fait propre à resserrer les liens des divers états entr'eux et avec un gouvernement commun. » BRENDEL, p. 320.

UNITÉ DU CORPS LEGISLATIF (suite).

M. Rotteck suppose le cas où des deux chambres représentatives l'une adopte un projet de loi et l'autre le rejette et cherche un moyen de lever cette difficulté. Il le trouve dans la conciliation de s deux chambres au moyen d'une commission élue par les deux réunies.

Cette mesure proposée par M. Rotteck nous semble démontrer jusqu'à l'évidence la fausseté de l'hypothèse d'où l'on était parti, la division du pouvoir législatif en deux chambres. Le seul mode de solution général et rationnel que l'on puisse concevoir pour opérer cette conciliation des deux chambres législatives est celui-ci : réunir les deux corps en un seul, former par voie d'élection une commission qui décide les points contestés et propose les amendemens à l'aide desquels on peut espérer d'obtenir l'assentiment de l'un et de l'autre. Mais cette solution, qui n'est autre chose que la création d'une commission législative préparatoire sur les moyens de conciliation *probables* suppose nécessairement la réunion au moins provisoire ou fictive des deux chambres en une seule, ce qui est la destruction de l'hypothèse d'où l'on était parti, la division du pouvoir législatif.

Donc cette division produit ou l'expression inexacte de ce pouvoir ou son impossibilité de s'exprimer.

Au reste, M. Rotteck se prononce formellement pour

l'unité du corps législatif. Il s'exprime ainsi à cet égard, p. 64 :

« Comme l'assemblée nationale est originairement et naturellement une, de même l'est aussi l'assemblée de sa députation ou des états. La division en plusieurs corps ne peut, si elle existe comme droit, être de droit général, elle ne peut être que la conséquence de droits particuliers historiquement fondés. Mais elle peut être aussi une institution de prudence politique et en ce cas être dévivée ou des principes généraux ou de la seule expérience. Elle se montre donc dans les deux cas comme une déviation de ce qui est naturel, comme un rapport purement positif ou comme une institution tout artificielle, par conséquent dans les deux cas en opposition avec ce qui est le caractère essentiel des états : organe naturel de la volonté générale.

» Néanmoins jusqu'à ce que l'idée de l'avantage de l'indivision de l'assemblée d'états triomphe, comme le promet à l'avenir la force de la vérité que l'on ne parvient jamais à étouffer entièrement, que l'ambition des deux chambres extérieurement divisées soit de demeurer unies par un même esprit et par un but commun ! »

NOTE.

» Messieurs Sismondi, Destut de Tracy et d'autres publicistes ont prouvé que la théorie de la division des pouvoirs en législatif et exécutif n'était pas tenable. Leurs raisons sont principalement les suivantes :

1.° Le pouvoir législatif considéré seul n'est pas un pouvoir réel, ce n'est qu'une volonté sans force.

2.° Le pouvoir exécutif considéré seul n'est pas un pouvoir public, c'est une force sans volonté.

3.° Le pouvoir judiciaire n'est pas un pouvoir de l'aveu même de Montesquieu.

4.° Le pouvoir ne peut être divisé, car on appelle pouvoir la volonté unie à la force. Le pouvoir partout où il existe ne peut manquer d'aucun de ses élémens. Montesquieu dit lui-même que le pouvoir est la volonté générale de l'état. Or la volonté générale ne peut être qu'une.

Il n'y a point aussi d'équilibre des pouvoirs, car s'il y avait plus d'un pouvoir dans l'état, ou bien l'un serait le plus fort, ou bien tous seraient égaux. Au premier cas, le plus fort serait nécessairement le seul ; aux autres cas, nécessairement aussi naîtrait un conflit si un plus haut pouvoir ne liait ou n'enchaînait les pouvoirs égaux, ce qui ne peut être parce qu'autrement celui-ci serait le vrai pouvoir. En outre, chaque pouvoir devrait avoir ses propres garanties, ce qui aurait pour résultat une collision sans fin.

6° Il n'y a donc qu'un pouvoir public, lequel ne peut être divisé ni retenu en équilibre par un autre pouvoir, mais peut être limité, de même que l'Océan ne peut être tenu en équilibre par un autre Océan, mais est limité par ses rivages.

7° Si le peuple possède exclusivement la législation, il s'arrogera bientôt le pouvoir exécutif comme le prouve l'expérience. C'est ainsi qu'en France l'intérêt démocratique, en Angleterre l'aristocratique étouffe le monarchique. Au reste la langue du parlement anglais distingue bien trois branches de pouvoirs, savoir : le roi, la chambre haute et la chambre basse, mais elle rapporte ces trois branches au pouvoir législatif seul.

8° La division mentionnée est trop incomplète pour être établie sur un fonds philosophique.

9° La constitution anglaise et ses imitations ne reposent aucunement sur la division ou la séparation des pouvoirs, mais sur la limitation de la monarchie par l'aristocratie et la démocratie, et l'action réunie de ces trois intérêts principaux qui subsistent dans l'état.

10° Enfin en Angleterre il intervient un grand nombre de rapports qui ne sont pas fondés dans la constitution même.

BESOIN QU'A LA SOCIÉTÉ PRÉSENTE D'UNE RESTAURATION REPRÉSENTATIVE.

Nous ne pouvons, avant de passer outre, résister au plaisir de faire voir quelle conformité existe entre les idées que nous avons exposées et celles des écrivains politiques d'outre Rhin qui se sont occupés des matières électorales. L'extrait suivant appartient à un recueil intitulé : *Archiv fur Landstandische angelegenheiten*.

« . . . . . . Que le meilleur soit dirigeant, qu'il s'instruise avec zèle de la conduite des affaires, c'est ce que l'on ne saurait craindre. Cela est humainement nécessaire. Cette aristocratie légitime (la direction par les meilleurs) doit être formée. Mais le mal ancien que dans un pareil système politique le petit nombre seul peut être mis en action (l'oligarchie) n'est pas à craindre là où le temps de la convocation des états est légalement déterminé et où l'observation de la loi est mise sous la protection de l'opinion publique. »

Le caractère propre de l'aristocratie en effet, ce qui la rend odieuse, est la fixité et l'exclusion. Ces deux termes sont sa forme légale. Là où il y a admission de tous et mobilité permanente par le renouvellement intégral à des intervalles organiques, la forme légale de l'aristocratie ou le privilége sont exclus. Il ne reste plus en action que le réel de l'aristocratie, le formel en est exclus. Ce réel est l'influence des plus dignes librement reconnue par tous. »

Plus loin l'écrivain laisse tomber ces paroles remarquables :

« Le monde politique doit maintenant se former de nouveau d'élémens si divers. Idées et rêves, souvenirs politiques et droit éternel, prétentions du pouvoir et de la liberté, ancien et nouveau, débris et fondations à peine commencées, tout est mêlé comme en un cahos. Quel dieu débrouillera tous ces élémens ? d'où se fera entendre le mot créateur qui doit apporter dans cette dévastation l'ordre, la fixité et une vie nouvelle ? Le pouvoir arbitraire ne peut le prononcer, car son principe est la force; or, la force peut être active pour le bien comme pour le mal, elle l'est même naturellement plutôt pour celui-ci, parce que le bien surgit sans son aide pourvu qu'il n'en soit pas empêché par une force contraire et parce qu'aussi le bien qui ne se fait que par la force est un mal, à cause de sa dépendance de ses soutiens extérieurs et de la facilité des abus.

» Ce n'est pas aussi la science qui doit prononcer ce mot, car le conseil seul, non le commandement lui appartient. D'ailleurs elle est trompeuse, parce que ses prêtres le sont souvent eux-mêmes. Si la force lui est donnée ou si elle s'unit à la force, elle peut agir d'une manière plus funeste qu'un grossier arbitraire. Les peuples deviennent dès-lors victimes de théories changeantes, de rêves et de systèmes scolastiques, le sujet passif des expériences politiques, les individus ne jouissent plus d'aucune indépendance.

» Les lumières et la force sont également nécessaires pour régler l'état. Seulement elles ne suffisent pas, qu'elles règnent unies ou isolées. Il faut un troisième élément qui détermine les deux autres et les conduise au véritable bien. C'est le droit, ou ce qui lui est synonyme, la liberté.

» Mais le droit est ce que chacun doit ou peut raisonnablement vouloir, et la liberté consiste dans l'expression non empêchée, efficace de cette volonté.

» Ainsi cet individu et ce peuple sont libres dont la volonté raisonnable n'est point entravée dans son exercice. Un pareil peuple est aussi en même temps heureux, parce qu'une volonté raisonnable tend nécessairement au bien commun, et parce que le conflit des volontés individuelles disparaît par la loi du droit, c'est-à-dire, par la loi qui existe naturellement pour tous à l'égard de tous. Une masse ne voudra pas ce qui est oppressif pour elle-même, ni par conséquent ce qui est oppressif pour chacun de ses membres. Car la non sécurité de l'individu est le plus grand mal pour la totalité, et ce qui a lieu en ce cas pour l'un a lieu nécessairement aussi pour tous.

» Rien donc ne peut être plus précieux qu'*une institution pour la libre expression, pour l'exercice aussi complet que possible de la vraie volonté du peuple gouverné par la raison.* Par là seulement est banni l'abus du pouvoir et l'illusion des vaines spéculations est prévenue. Naturellement chacun veut son bonheur, et tout doute sur la légitimité ou sur l'illégitimité des décisions cesse dès que *chacun décide sur soi-même.*

» Cette institution précieuse, simple dans l'idée, mais extrêmement difficile à réaliser, nous est donnée dans les états. Leur établissement général ou leur restauration serait une réparation complète pour toutes les passions et les calamités des temps affreux que nous avons vus. Ils ne sont pas moins précieux pour le gouvernement, dont le devoir et le plus haut intérêt sont de tendre au bien commun que pour les gouvernés eux-mêmes, qui, privés de représentation, seraient sans volonté comme sans droit, livrés à toutes les erreurs et à tous les caprices de leurs conducteurs.

» Les états sont l'organe le plus naturel de la vraie et raisonnable volonté du peuple. Tout leur prix et leur importance dépendent de la manière dont ils remplissent cette destination. Là où le peuple tombé dans l'ignorance et la grossièreté ne peut avoir une volonté raisonnable, les états ne sont pas son organe mais son tuteur. Ils agissent dès lors en vertu d'un compromis sans restriction ou en vertu de leur droit propre. Ils sont alors un pouvoir et leur principe est la domination. Mais là où le peuple veut raisonnablement, mais où les états par ignorance ou inattention déclarent d'une manière inexacte sa volonté, le but de leur institution est manqué et leur action est vaine ou nuisible.

» Afin donc que les états soient ce qu'ils doivent être, il ne suffit pas d'une sage loi constitutionnelle. Il doit y avoir dans le peuple lui-même une vie politique, une participation active aux affaires publiques et une connaissance étendue des besoins communs, des moyens et des empêchemens d'y subvenir. Et il doit exister entre les états et le peuple une communication réciproque, afin que l'attention générale se dirige vers les intérêts les plus essentiels du peuple, vers les objets des travaux des états, que l'opinion publique soit consultée et fixée sur ces objets, et que par un accord mutuel, l'harmonie dans le conseil et dans la volonté, dans les vœux et dans les décisions, soit produite entre le peuple et ses représentans.

. . . . , ...

Dans les principes eux-mêmes, on ne peut le nier, il ne réside point de garantie. Mais où sont les principes qui portent en eux-mêmes la garantie de leur constante et fidèle exécution ? Quelle théorie peut imposer à l'administration et aux divers pouvoirs de l'état quelques idées ou lois abstraites qui sont émises par la science ? Leur entente vicieuse, leur fausse application demeure possible, ici de bonne foi, là dans de mauvaises vues, tant qu'il n'existe pas de garantie mutuelle et générale des droits sociaux. *Cette garantie ne peut être autre que la constitution elle-même qui assure le règne de la volonté générale s'exprimant avec vérité.* Tout organe artificiel de cette volonté générale peut errer, peut être infidèle, la prudence la plus attentive ne donne dans les formes et les contrepoids des lois positives invariables qu'une garantie laborieuse, mais la vraie volonté générale n'est jamais infidèle. *La plénitude du pouvoir peut lui être confiée sans inquiétude.* Elle peut comme la volonté individuelle s'égarer sans doute, mais par sa nature intime elle veut nécessairement, dès qu'elle reconnait le bien, c'est-à-dire le juste, par rapport à la volonté commune de tous les membres de la société. Il suffit donc de la déclarer pour la déterminer dans le sens du plus grand bien général. Les enseignemens de l'expérience, les principes de la science sont pour elle des lois valides et inviolables. Dès que chez un peuple la volonté commune domine, c'est-à-dire dès qu'elle obtient ou a obtenu son expression naturelle par de clairs organes, les rapports qui sont contraires au droit naturel et à la sagesse politique ne peuvent acquérir une existence historique, et s'ils l'avaient acquise leur abrogation et le rétablissement de l'ordre naturel raisonnable n'aura ni difficulté ni danger. Mais le peuple, qui est encore mineur, qui doit laisser les autres vouloir pour lui ou qui, quoique mûr pour l'indépendance, ne possède dans sa constitution que des organes artificiels et aucun organe naturel de la volonté commune, ne trouve un moyen de salut relatif que dans l'observation la plus minutieuse des formes, dans la sainteté inviolable de tout ce qui est établi. »

Troisième Partie.

NOUVEAUX DÉVELOPPEMENS

sur la nature

DE L'ÉLÉMENT ÉLECTORAL,

ET

ESSAIS

D'APPLICATION D'UN SYSTÈME D'ÉLECTION RATIONNEL.

DU CONTRAT SOCIAL.

On entend ordinairement par contrat social une convention formée par les hommes dans l'état de nature, pour s'élever tout-à-coup à l'état social. Cette idée renferme celle d'un contrat *nouveau* et *exprès*. En ce sens il est vrai de dire que la société ne repose pas sur le contrat social.

La société ne repose pas sur un nouveau contrat entre le prince et le peuple par exemple. Cela supposerait que le prince doit cesser d'être prince pour pouvoir le devenir.

La société ne repose pas sur un nouveau contrat, mais bien sur un contrat primitif tacite, contrat tacite devenu nécessaire pour le rétablissement de l'ordre, par suite de la dégradation morale de l'homme.

A l'époque de la dispersion des peuples, qui paraît être la conséquence sociale de cette déchéance, le genre humain se répand sur toute la terre. Le mouvement physique et intellectuel, la marche vers un état meilleur devient dès-lors son état normal. Les temps antéhistoriques nous montrent les anciens Celtes fuyant devant la vengeance divine et peuplant successivement les contrées qu'ils parcourent dans leur course fugitive. Les origines germaniques nous laissent pareillement voir comme un état normal et régulier, cet état de migration, de mouvement, d'agitation aussi bien dans les institutions publiques de ces peuples que dans leurs fréquens déplacemens. C'est la position prise par l'humanité déchue. On peut dire qu'elle est devenue son état naturel puisque ce n'est que par ce mouvement progressif qu'elle peut maintenir et restaurer l'ordre social. Aussi l'agitation et la liberté sont-elles plus particulièrement l'apanage des races les plus pleines de vie. Les sociétés asiatiques ont un caractère tout-à-fait monumental, celui d'une nature détruite. Elles ne reviennent à la vitalité et à un état meilleur qu'en revêtant les formes qui conviennent au mouvement et au progrès. Ce fut le travail des civilisations de l'Égypte et de la Grèce.

Or cet état de migration dans lequel le genre humain se trouve placé dès qu'ayant méconnu l'ordre intellectuel il est obligé de s'en rapprocher à l'aide d'un contrat, cet état de migration qui fait sortir les droits de l'individualité et les institutions libres de l'engourdissement et de la substantialité dans lesquels elles sont ensevelies chez certaines populations dégradées, repose sur un véritable contrat social. C'est l'élection et les assemblées nationales, la paix du peuple et les pactes soit de famille, soit de *markgenossenschaften* qui fondent le droit criminel et civil de tous les peuples d'origine celtique. Il n'est donc pas inexact de concevoir toute société qui se forme et s'établit après la dispersion des peuples comme une compagnie, une entreprise, une colonie, dont le but est l'amélioration du sort de tous les intéressés et la raison sociale le contrat ou la convention. Ce n'est ni un contrat nouveau ni un contrat exprès, mais un contrat primitif et tacite.

Or la société une fois en marche et ayant reconstitué un certain ordre provisoire (car après sa séparation de l'intellectuel l'ordre rétabli ne peut être que provisoire), si cet ordre provisoire vient lui-même à être renversé, il se fait un retour au péremptoire, à l'ordre intellectuel. Une révolution, dans son principe, n'est qu'un effort violent de la société vers l'intellectuel, dont l'état social qu'elle a adopté la tient plus éloignée qu'il ne convient à son état moral. Et comme l'humanité ne peut, dans le temps, reconquérir l'intellectuel dans sa plénitude, ou que du moins tous les efforts qu'elle a faits jusqu'ici pour y parvenir ont été sans succès, elle se voit forcée de faire reposer encore sur un contrat l'ordre nouveau qu'elle établit. Ce contrat peut alors être exprès, il peut aussi exprimer des rapports nouveaux; mais dans son but et dans sa nécessité d'origine il est aussi ancien que l'existence des sociétés (1).

La raison de cet effort violent d'une société vers l'ordre intellectuel, dont elle se sent séparée plus qu'il ne lui convient, étant le défaut d'harmonie entre son développement intellectuel et son expression sociale, c'est aussi la raison des révolutions. Le meilleur gouvernement serait donc celui qui exprimerait toujours fidèlement l'état intellectuel de la société qu'il dirige. Il éviterait incontestablement toutes les secousses politiques et conduirait la société, par un développement régulier et naturel, vers un état progressivement meilleur, dont les limites sont inassignables. C'est l'idéal d'un bon gouvernement.

Comme l'état moral de la société se modifie à tous les instans, et d'autant plus rapidement que le sentiment de sa misère presse davantage l'humanité, il faut que ce contrat soit lui-même une institution mobile, permanente, et qui unisse incessamment l'empire du fait à l'ordre intellectuel. C'est le problème électoral dans sa généralité.

Le contrat sur lequel repose la société est donc aussi ancien qu'elle-même. Il est tacite à l'époque où la société ne parle pas encore, ou ne parle que par les monumens grossiers et gigantesques du premier âge. Il est exprès aux époques où la société parle et a déjà une histoire. Il est écrit à celles où la société parle et écrit tout ce qui compose sa vie, où elle enregistre journellement tous ses actes.

Un penseur profond, le professeur Hubert, dit que le « but de l'état est d'amener un ordre de choses tel qu'on puisse s'en passer. »

C'est-à-dire que le provisoire tend sans cesse vers le péremptoire et l'intellectuel, duquel le genre humain est séparé par le mal moral.

« Peut-on concevoir, dit Arctin, un contrat durable qui ne répondît pas au degré de développement intellectuel du peuple, et si on laisse agir librement ce développement intellectuel, à quoi bon ce contrat?

NOTE.

C'est une grande erreur, après une époque de crise politique, de considérer comme nouveaux tous les phénomènes que présente l'ordre renaissant dans les sociétés. Ils sont nouveaux par rapport à ce qui vient de périr, parce que la société avait décliné de sa route; elle s'était peu à peu, en laissant germer dans ses institutions quelque principe mauvais, abaissée au-dessous des lois éternelles de l'ordre plus que ne pouvait le supporter son développement intellectuel; mais remontez de quelques siècles dans l'histoire du genre humain, si ce n'est assez recourez à son origine et vous trouverez voilés et assoupis les principes de ces phénomènes qui vous semblent si nouveaux. L'œuvre de la création a existé par la seule volonté du Tout-Puissant, mais elle se continue et marche par voie de simple développement dans l'infinie diversité des combinaisons de sa toute liberté et de sa toute science.

DE L'INTELLECTUEL.

Le pouvoir est essentiellement un de sa nature comme les différentes facultés de l'intelligence sont unes. Diviser le pouvoir et en opposer les divers élémens les uns aux autres, c'est embarrasser sa marche, établir dans l'état une guerre intestine et permanente, souvent le réduire à l'impossibilité de s'exprimer.

Si le pouvoir est essentiellement un par sa nature, il ne peut être fractionné en divers élémens indépendans les uns des autres. Il n'est pas besoin de représentations diverses ou de différens modes de représentation pour exprimer ces divers élémens. Si l'un des élémens fractionnés était prédominant, il serait exclusivement le pouvoir; s'ils se balancent réciproquement, le pouvoir consiste dans leur opposition mutuelle ou dans une négation. Le système de bascule qui consiste à faire résider le pouvoir dans l'équilibre des élémens respectifs dans lesquels il a été fractionné nous paraît placer le pouvoir, ce que l'on peut concevoir de plus positif, puisque réguer c'est vouloir, non dans chacun des élémens fractionnés en particulier, ce qui est impossible, non dans l'ensemble des élémens fractionnés, ce qui détruit la supposition d'où l'on part, de la division du pouvoir, mais uniquement dans la position respective des fractions du pouvoir, position que cette division du pouvoir établie comme permanente et nécessaire, suppose être et rend une opposition.

L'opposition en soi n'est rien de positif, c'est un pur négatif abstrait, la négation de la réunion. La division des pouvoirs place donc la souveraineté dans une négation, dans une abstraction qui ne peut s'exprimer que par l'amalgame des expressions propres à chacun des élémens divisés. L'expression d'un pouvoir ainsi divisé ne peut donc être que l'assemblage ou l'union non naturelle des expressions respectives de chacun des élémens divisés. Il peut arriver même que ces élémens divers, également essentiels à la nature du pouvoir, se trouvant opposés d'une manière directe, le résultat qu'ils donnent ne puisse absolument être associé. Il y a contradiction manifeste ou impossibilité de s'exprimer, sorte de réduction à l'absurde qui prouve que la donnée de laquelle on était parti, la division du pouvoir, était fausse et contraire à la nature.

Ici les faits sont d'accord avec la théorie et l'expérience démontre que dans les gouvernemens dits représentatifs la véritable souveraineté réside dans l'opposition. C'est à elle que s'attache presque toujours l'opinion publique.

Le pouvoir étant essentiellement un, il ne doit y avoir ni plusieurs assemblées représentatives qui en expriment les divers élémens, ni plusieurs modes différens d'élection, ni opposition légale et habituelle entre le gouvernement et les représentans du peuple, ni aucune opposition ou équilibre, ou système de bascule quelconque dans l'état. Dans tous ces systèmes, quelqu'ingénieux qu'ils puissent être, le pouvoir devient une pure abstraction qui n'acquiert de réalité qu'en se détruisant elle-même, puisque ce n'est que la réunion accidentelle des expressions diverses de chacun de ses élémens qui constitue l'expression du pouvoir public ou sa volonté gouvernementale, et qu'il ne peut vouloir qu'en cessant d'opposer ses élémens ou d'être divisé.

Quand, dans le langage usuel, on *oppose* le pouvoir du prince à celui du peuple par exemple, ou le pouvoir de la noblesse, celui de la richesse à celui des prolétaires, on confond deux choses toutes différentes, le fait et le droit.

Le droit, qui n'est qu'un fait reconnu par l'intellectuel, lorsqu'il se fixe et devient exclusif dans une société, forme le privilége.

Mais dans un état de société non fixé et où l'ordre intellectuel complètement expulsé rentre par voie supérieure pour ressaisir de nouveau comme un pur fait tout ce qu'il trouve de substantiel, le formel et le réel du droit sont souvent séparés l'un de l'autre. Le formel du droit c'est la légalité, le réel du droit c'est l'influence naturelle.

L'intellectuel qui s'efforce de pénétrer le corps social

est sans aucun mélange de l'empire du fait, par conséquent libre. La société séparée de lui ne s'offre à ses égards que comme un pur fait; ce qui avait été droit jusque-là a cessé de l'être en tant que l'expulsion de l'intellectuel a été absolue et complète. Le réel et le formel du droit ont été désunis, et s'ils se trouvent réunis encore ce n'est qu'un simple accident.

Or l'intellectuel rentrant ainsi par voie supérieure, il ne peut s'attacher qu'au réel du droit; le formel, qui n'a point de valeur par lui-même, est complètement nul à son égard. Donc l'ordre intellectuel ne peut se prendre qu'aux influences; c'est le fond sur lequel il s'assied et dont il s'efforce d'exprimer exactement la tendance ou la volonté. Et l'ordre intellectuel qui est union et amour n'oppose pas les influences diverses, il les laisse doucement s'ordonner selon leurs poids respectifs, il les unit et les exprime. La noblesse, la richesse, la souveraineté même et toutes les puissances sociales ne se présentent pas à lui comme des droits, car le droit est opposition, délimitation, contraste, mais comme des influences qu'il n'oppose pas mais qu'il unit.

Dès-lors il ne peut plus être question d'opposer les intérêts du prince à ceux du peuple, les intérêts de la noblesse, ceux du clergé à ceux du tiers-état, etc., etc. Tous ces intérêts ou plutôt toutes ces forces sont accueillies sans distinction, pour ce qu'elles valent, dans l'état présent de la société, c'est-à-dire pour de purs faits qui demandent à passer à l'intellectuel et à revêtir par là aux yeux de tous le caractère de droit.

Telle est, ce nous semble, la conséquence nécessaire de la sécularisation complète de toutes les institutions. La société, qui a vu l'intellectuel expulsé de son sein par les révolutions, se trouve réduite à un pur fait qui n'a conservé du droit que des formes et des souvenirs, la légalité et des préjugés détruits.

Dans cet état, la société ne peut vivre que par un accord accidentel et instable. Tout repose sur un contrat qui lui-même s'altère et se modifie incessamment, recueilli et enregistré chaque jour dans les feuilles publiques. Ce contrat, comme unique raison de la société et dernière conséquence de la souveraineté de la raison individuelle, appartient, dès que les institutions qui lui servent d'organe lui permettent de s'exprimer librement, à l'ordre intellectuel, il en produit et réalise les rapports et les lois. C'est-à-dire que par cela seul que les hommes expriment librement leurs opinions respectives sur tous les objets qui concernent leurs intérêts communs et que ces opinions sont recueillies par l'élection générale et permanente, l'ordre intellectuel rentre et se constitue au sein de la société.

En un mot l'intellectuel qui renaît par cet accord variable et progressif ne détruit point le fait social, mais il l'admet tel qu'il le trouve et pour ce qu'il vaut. Les droits des divers ordres de l'état, ceux de la souveraineté, de la naissance, de la richesse et des autres puissances sociales ne sont à ses yeux que de simples influences qui n'ont de valeur qu'autant qu'elles sont reconnues et admises comme légitimes par l'opinion publique. Il ne saurait donc jamais être question pour lui d'opposer leurs droits, de les fixer, de les garantir, tel n'est pas son objet : il les admet tous sans distinction comme de simples influences et les unit en les exprimant.

Donc enfin point de division de pouvoir, nulle opposition de ses divers élémens, un mode unique d'élection, aucun droit antérieur qui résiste efficacement à l'intellectuel, ils sont tous admis par lui sans distinction et reconnus pour ce qu'ils ont de réel au moment où il les ressaisit et s'en empare.

CONTINUATION DU MÊME SUJET.

Nous avons vu que le fait une fois séparé de l'intellectuel n'y rentre que par un effort, et que c'est à l'aide de cet effort seulement que l'ordre peut se rétablir. Par cet effort pour rentrer dans l'intellectuel, le fait tend à se faire reconnaître par celui-ci. Dès qu'il est reconnu par lui il devient droit, et l'association de l'intellectuel avec le fait sans que le fait soit complètement pénétré et consommé par l'intellectuel, produit une opposition ou une suite de déterminations de la valeur respective des influences subordonnées qui forme l'ensemble du droit : car le droit n'est que l'opposition des diverses influences sociales soumises à l'intellectuel, en tant qu'elle est expressément délimitée. Tout ce qu'il y a de véritablement constituant dans la société est donc électoral et repose sur l'acquiescement exprès ou tacite de ses membres. En d'autres termes, la reconnaissance libre, sans fraude ni violence des influences naturelles, reconnaissance exprimée sur tous les points et à tous les instants, est le contrat tacite par lequel seul le fait peut rentrer dans l'intellectuel et sur lequel repose toute société.

Il est impossible que les choses se passent différemment, et l'on peut dire de tous les droits acquis, de ceux même qui sont fixés et assurés par l'hérédité, tels que les privilèges de la richesse ou de la naissance, qu'ils n'ont de valeur par rapport à l'ordre intellectuel que comme de purs faits ou de simples influences. Quelle raison en effet de préférer la reconnaissance que la société a faite d'un fait passé il y a mille ans, à la reconnaissance d'un fait contraire qui se passe aujourd'hui, si ce n'est que la société reconnaît aujourd'hui qu'il lui importe de continuer de reconnaître le fait qu'elle a reconnu il y a mille ans? Cette reconnaissance d'un fait ancien qui, en le faisant passer dans l'intellectuel, lui a donné le caractère de droit, ne vaut donc à l'égard de la reconnaissance présente de la société ou de la prétention de ce fait à l'obtenir, qu'en tant que la société présente reconnaît qu'il lui importe de respecter les droits anciens. Donc de quelque manière qu'on l'envisage, la société ne repose toujours que sur un contrat exprès ou tacite, sur un acquiescement à la manière dont les diverses influences sociales s'amalgament et se coordonnent. La marche ou le progrès de la société, tout ce qu'il y a de vital et de véritablement constitutif en elle, ne peut donc évidemment résulter que du travail électoral plus ou moins explicite. Tout le reste, indifférent ou obstacle à son développement intellectuel, ne peut constituer aucun ordre même provisoire.

Que cette élection soit en principe générale, permanente et libre, c'est ce qui résulte de sa nature même, puisqu'elle ne cesse d'être telle qu'autant qu'elle en est empêchée par l'empire du fait. Si l'ordre social, tel qu'il existe, fait trop violemment obstacle à ce travail électoral intérieur qui le fonde, l'intellectuel et le fait mis en opposition formelle se déclarent guerre ouverte; et selon que l'un ou l'autre demeure victorieux, il arrive, ou qu'une révolution s'opère ou bien que les influences fixées n'en acquièrent que plus de ténacité et de force. Tel est le résultat alternatif de la lutte. Mais quand cette lutte qui sépare l'intellectuel du fait est terminée, le travail électoral qui rentre dans la société pour la reconstituer devient plus actif, pressant : il domine le fait et veut y régner en souverain. Ses lois se révèlent d'autant plus clairement que son principe a été plus violemment expulsé et qu'il est plus complètement dégagé de l'empire du fait. Ce travail électoral qui amène dans la société des résultats et qui produit des phénomènes nouveaux, n'est rien de nouveau : c'est le même principe qui a constitué toutes les sociétés et celle-là même sur les ruines de laquelle il vient s'asseoir. C'est un principe vieux comme le monde, celui de la génération du pouvoir, c'est le mouvement et la vie des sociétés. Seulement, ses lois sont plus impérieuses, plus puissantes, quand il rentre triomphant et pur au sein d'une société que l'anarchie dévore et que les révolutions ont décimé.

Non, l'élection n'est point un principe nouveau, non, elle n'est point en opposition avec la raison du genre humain et l'expérience de tous les siècles. L'élection a toujours régi le monde. Toutes les légitimités et tous les droits ne furent que des influences naturelles reconnues par l'assentiment exprès ou tacite des sociétés. Tout ce qu'il y a de vital et de constitutif en elles est électoral. C'est par l'élection que le genre humain ose tenter de reconquérir sa dignité primitive, et ses nobles efforts sont inscrits en lettres de sang sur les pages de son histoire. L'humanité combat incessamment l'empire du fait qui l'opprime et présente aux regards de la divinité le spectacle de cette lutte mystérieuse entre ce qui doit être et ce qui est, soutenue par les individus comme par les peuples. Son résultat est le sacrifice, la plus haute puissance de l'intellectuel aux prises avec le fait, l'acte suprême et fondamental du pouvoir.

DU PRINCE.

L'EXPÉRIENCE apprend que quand les formes républicaines sont une fois adoptées, l'exécution des arrêts du conseil suprême est ordinairement confiée à un petit conseil qui tire son pouvoir du mandat qu'il a reçu sous les noms de directoire, gouvernement, pouvoir exécutif ou tout autre. C'est du moins ce qui arrive ordinairement dans les petites républiques. Mais dans les grandes démocraties nous ne voyons pas d'inconvénient à confier cette exécution à un seul homme, dont la volonté plus une et plus rapide est plus facilement présente partout au même instant non comme loi, non comme pouvoir constituant, mais comme pourvoyant à l'exécution de la volonté nationale dont il tire sa puissance.

Dans le système d'élection permanente générale et libre, le prince ne peut dériver son pouvoir que du conseil suprême composé des électeurs du premier ordre. Il ne peut être que l'exécuteur des décisions de ce conseil. Ainsi par rapport au conseil suprême le prince n'est autre chose qu'un mandataire, par rapport au reste des citoyens qui sont l'objet de son action, il est le représentant de Dieu et a droit d'exiger l'obéissance et la soumission qui appartiennent à tout pouvoir.

S'il figure dans le conseil suprême et s'il en fait partie, ce ne doit être que comme une influence considérable et uniquement à raison du nombre de voix qu'il peut obtenir. Une fois entré dans ce conseil, il est l'égal de tous les autres membres et n'a que sa voix comme eux.

Toute autre position du prince et du pouvoir électif, ou bien attribue au prince un pouvoir antérieur à celui-ci et les met en opposition, ce qui fractionne et dégrade la souveraineté, ou bien, fait des assemblées représentatives une vaine déception en subordonnant les représentans du peuple à la volonté du prince, soit qu'on lui confie leur nomination, soit qu'on les fasse rétribuer par lui, soit enfin, qu'on laisse les assemblées d'états en butte à toutes les séductions d'une cour puissante et dominatrice. C'est rompre le système d'élection générale et permanente par l'admission d'un privilége ou d'une antériorité de droit qui résiste à l'intellectuel.

L'intellectuel qui rentre pur dans la société la considère comme un simple fait. La souveraineté qu'il rencontre sur son passage, n'est pour lui qu'un fait comme tout le reste. Il l'admet pour ce qu'elle a de réel, c'est-à-dire, comme une influence légitime en tant qu'elle est librement et généralement reconnue, mais il ne peut pas l'admettre comme une souveraineté, puisque c'est à lui qu'elle appartient.

Il nous semble que dans tout ceci il n'y a rien que de naturel. C'est et ce fut toujours l'élection qui constitua les sociétés, l'élection générale et permanente, plus ou moins explicite, voilà le principe générateur. Ce principe est souvent brisé par l'empire du fait. En tant qu'il est brisé le désordre subsiste, désordre qui est une suite du mal moral ou de la séparation de l'intellectuel et du fait. Par l'action incessante de la puissance élective, les influences sociales se classent respectivement, s'asseyent, se juxtaposent selon leurs valeurs propres. L'organisme de la société se forme peu à peu, ses membres s'harmonisent, et quand toutes les forces sociales convenablement subordonnées ont pris les formes extérieures qui leur conviennent, l'ensemble de ces formes enveloppe et revêt cet organisme et l'état est constitué.

LE POUVOIR EST UN DE SA NATURE.

De l'idée de pouvoir propriété découle la divisibilité du pouvoir et de sa division l'opposition de ses divers élémens. D'où la nécessité de donner à chacun de ces élémens un caractère et des conditions différentes. On considère alors le gouvernement comme un mandat perpétuel ou de très-longue durée, les états ou l'assemblée représentative comme une sorte de bail à temps.

La fausseté de ces principes est manifeste; car si le pouvoir est un mandat direct émané du peuple, comment se fait-il qu'il ne soit pas toujours révocable par sa volonté et sur quoi repose la différence du pouvoir du gouvernement d'avec celui des états? Si le pouvoir est un mandat du peuple, comment le peuple peut-il renoncer au droit de révoquer le mandat qu'il a conféré sans transmettre irrévocablement un droit inhérent à sa personnalité, sans s'anéantir lui-même comme personne morale? Comment le peuple qui est un peut-il donner à ses représentans un mandat de se mettre en opposition habituelle avec le gouvernement, et au gouvernement un mandat d'exercer un pouvoir en opposition habituelle avec ses représentans ? Comment enfin par une semblable aliénation d'une partie de sa substantialité peut-il se soumettre à un autre qu'à lui-même ?

L'erreur vient, ce nous semble, de ce qu'on fractionne et la société et le pouvoir, tandis que l'une comme l'autre forme, en principe, un tout indivisible. On oppose dans la société les gouvernans aux gouvernés, le peuple au pouvoir. Dans le pouvoir on oppose ses divers attributs, le pouvoir qui juge, celui qui fait les lois, celui qui les exécute. La vérité est que la souveraineté réside dans le corps de la nation toujours compétente pour statuer en dernier ressort sur ses propres intérêts; que le pouvoir est le résultat et l'expression des influences naturelles qui la dominent, influences qui sont sa force constitutive et le fondement du pouvoir; que dès-lors toute division absolue du pouvoir, sa section, soit dans le temps, soit dans l'espace, est une absurdité, le pouvoir étant essentiellement un de sa nature et dirigeant par une action soutenue la société en-deçà de certaines limites qu'elle ne saurait dépasser sans périr. Il n'y a dans une société bien constituée qui repose sur l'intellectuel que des divisions de subordination ou un ordre hiérarchique et dans le temps accordé à l'exercice du pouvoir que la mesure de son organisme, l'oscillation, la représentation et la vie. D'où l'inexactitude de toutes ces divisions purement artificielles de la société qui en font un pur objet d'administration, une sorte d'exploitation où dominent exclusivement les principes de l'économie, soit que l'on subordonne les cercles électoraux aux sections administratives, soit que l'on transforme le pouvoir essentiellement personnel et intransmissible en une sorte de bail à vie ou à perpétuité ou pour un nombre d'années limité; misérable échaffaudage d'un matérialisme impuissant à rien édifier, qui, abstrayant l'intellectuel de la société, n'y voit plus qu'une matière taillable et corvéable, soumise comme la nature physique au rang de laquelle elle la dégrade à toutes les divisions du temps et de l'espace qu'il lui plaît de lui imposer.

Toute société est éternelle en principe. C'est un effort de l'humanité pour conquérir comme nation l'immortalité qui lui échappe comme individu. La fiction fondamentale de tout ordre social est sa perpétuité. Le pouvoir qui la régit est un, éternel, indivisible. Toutes les divisions, limitations, oppositions, qui forment l'infinie multiplicité des rapports sociaux se rattachent à l'unité nationale par voie de subordination. Que si l'on veut établir sur un même plan tous ces rapports, on renverse l'édifice, on expulse l'intellectuel et on nivelle la société. C'est l'œuvre d'un libéralisme grossier qui semble ne donner à la société qu'une force d'extension, généralisant tous ses rapports matériels sans jamais y déposer ce principe fécondant, cette vitalité, cette force ascendante qui appartiennent à l'ordre intellectuel. Ce principe intellectuel seul peut constituer un ordre social, édifier, unir et de concert avec la généralisation des rapports matériels procréer un organisme harmonique et puissant.

RAISON ET NATURE DE LA REPRÉSENTATION.

L'égalité de tous les hommes, comme intelligences raisonnables, est le fondement du système électoral. L'imperfection de l'homme est la raison de la nécessité de la représentation. La représentation n'est donc que la limitation par une nécessité de fait de l'égalité naturelle de tous les hommes (1).

L'homme est en relation avec la nature physique, il est en relation avec ses semblables et avec lui-même.

Des relations qui existent entre l'homme et la nature physique, la plus permanente est la propriété avec toutes ses modifications et ses formes diverses. La propriété n'est que la nature physique personnalisée, c'est-à-dire mise en relation habituelle et directe avec la personnalité, en portant l'empreinte et le sceau. Quelqu'intime que puisse être ce rapport de l'homme à la nature physique ou à quelque puissance que soit élevée la propriété, elle est aliénable. Chacun peut aliéner sa propriété, la transmettre à qui il lui plaît, sous toutes les conditions, restrictions et modalités qu'il détermine. En un mot, l'homme comme individu peut toujours rompre les liens qui l'attachent à la nature physique. Voilà le principe. L'inaliénabilité de la propriété n'a lieu que par exception, pour certaines espèces de biens, ou dans l'intérêt de l'état ou des familles.

Les relations naturelles et permanentes de l'homme avec la nature morale, avec Dieu et les autres hommes, constituent, en tant qu'elles sont nécessaires à la conservation de son existence comme personne morale, sa personnalité. Leur fondement est l'esprit de sacrifice ou l'amour. L'homme, à la différence du lien fictif de la propriété qu'il crée ou forme, ne forme point les droits de sa personnalité. Ils prennent leur source dans une sphère plus haute. L'homme ne peut les aliéner parce qu'il ne peut sans crime se détruire lui-même. Quoique souvent forcé, par suite de la faiblesse de sa nature, de renoncer à l'exercice d'une partie des droits qui constituent cette personnalité ou qui en dérivent, il n'a pas le pouvoir de les abdiquer, il ne peut y renoncer et les transmettre à d'autres. Toute représentation qui repose sur une pareille cession est donc une théorie inexacte et même absurde, puisqu'elle considère l'homme comme une propriété dans le commerce ; c'est une doctrine d'esclavage dont on est étonné de trouver des traces néanmoins dans d'estimables écrits.

La personnalité et tous les droits qui la constituent sont inaliénables et imprescriptibles. Cependant la personnalité ne peut se produire à l'extérieur et se faire valoir qu'en s'exprimant; or, cette expression est limitée par l'empire de la nécessité, c'est-à-dire par l'imperfection et la multiplicité de la personnalité d'où elle dérive. De là l'obligation pour l'homme de renoncer à l'exercice de la plénitude de ses droits personnels pendant des intervalles déterminés par l'organisme social. De là la représentation, de là le pouvoir, de là l'ordre social ou la hiérarchie des pouvoirs.

L'homme ne peut aliéner les droits de sa personnalité. S'il le fait, ou bien il détruit cette personnalité en se considérant comme une propriété dans le commerce, il établit le pouvoir propriété et l'esclavage. Ou bien il détruit le pouvoir, parce qu'en paraissant aliéner sa personnalité il ne l'aliène point en effet, mais se réserve tacitement la faculté de la ressaisir par tous les moyens qui seront à sa disposition. Cette restriction proscrit l'intellectuel et livre la société à l'empire du fait. La première hypothèse conduit au despotisme, la seconde à l'anarchie, conséquences de l'aliénation de la personnalité ou de quelques-unes de ses droits essentiels, qui sont plus ou moins éloignées dans le développement historique, mais conséquences logiquement et rigoureusement contenues dans l'aliénation de tous ou partie des droits de la personnalité, sous quelque forme qu'elle se déguise.

L'élection n'est point un mandat, car le mandat est spécial de sa nature. Le mandat général n'existe que pour les intérêts matériels, la propriété par exemple. On ne peut concevoir un mandat général et absolu quand il est question de personnalité, et nous osons affirmer sans hésiter qu'il est rigoureusement impossible, absurde même, qu'un homme en représente pleinement un autre. Il faudrait pour cela que le mandant renonçât à sa personnalité ou que, par un inexplicable suicide, il s'anéantît lui-même comme intelligence raisonnable.

Le mandat n'appartient qu'à la propriété, il est toujours spécial. L'homme ne peut être représenté pleinement par l'homme.

Quel est donc le sens de ces expressions qui reviennent si souvent dans notre droit public moderne de mandat, cession de pouvoirs, mandat direct, indirect, mandat à vie, à temps, révocable, etc., de représentation, représentation complète, incomplète, de tout un état, d'une partie de la nation, de ses commettans, etc., etc.?

Le mandat ne peut être que direct. Il est aliénatif. Il

part de la propriété et n'a lieu que pour les intérêts matériels. On conçoit le mandat direct pour le vote de l'impôt par exemple.

La représentation ne peut être qu'hiérarchique; elle renferme présentation et choix. Ces deux termes engendrent le pouvoir. Ils établissent un ordre ternaire dans lequel se consomme et s'élabore l'œuvre électorale. La représentation est le pouvoir, le pouvoir n'existe dans le temps que par représentation. Sa plus haute expression est le sacrifice ou la représentation du sacrifice.

Selon l'exactitude grammaticale, l'homme ne peut être représenté par l'homme, mais il peut seulement, ce qui est tout différent, être remplacé par lui. La représentation suppose de la part de l'électeur renonciation à l'*exercice* de quelques-uns des droits inhérens à sa personnalité pour un temps déterminé non par une disposition arbitraire, mais par les lois organiques de la société; de la part de l'élu ou représentant, *remplacement* dans le temps et dans l'espace de ceux qui l'ont élu. Et le résultat de l'élection complète et générale n'est pas seulement la représentation par chaque député de tout le corps de la nation, mais de l'humanité entière ou plutôt de la divinité.

L'analogie profonde qui existe dans la nature entre l'ordre physique et l'ordre moral rendra notre pensée sensible. Un homme peut en remplacer physiquement un autre, mais il ne peut pas le représenter. Il n'existe pas deux expressions morales parfaitement semblables. Tous les hommes au contraire, toute personnalité image Dieu.

NOTE.

(1) On pourrait même dire que la représentation est la limitation de l'égalité de tous les hommes par suite de l'imperfection de leur nature.

DU MANDAT ÉLECTORAL.

« Il y a deux théories sur la représentation, dit M. Rotteck dans son excellent ouvrage qui a pour titre : *Idées sur les assemblées représentatives*, p. 8. Selon l'une, chaque élu représente seulement ses électeurs ou commettans immédiats, par conséquent chaque chef de suffrages ne représente que soi-même, et aussi, si l'on veut, ses partisans; dès-lors ce n'est que la totalité des états qui représente la totalité du peuple. Selon l'autre théorie, chaque membre des états prend part à la représentation totale. Ce n'est pas seulement une partie ou une classe du peuple qu'il représente, mais toute la nation. Le caractère représentatif général lui appartient comme à l'assemblée générale des états. Il lui appartient d'une manière moins complète, c'est-à-dire avec un moindre degré d'efficacité mais en conservant la même nature. C'est la totalité de la nation qui lui transmet ses pouvoirs, il n'est pas obligé à l'égard de ses commettans immédiats, de ses *Standgenossen*.

» Nous avouons que cette seconde théorie, *presque généralement admise*, ne nous paraît pas la plus exacte. Il est dans les grands états impossible à un individu de représenter tout le peuple, c'est-à-dire d'être un organe naturel et certain de la volonté totale de la nation. Si un seul est admis comme représentant de la totalité, cela n'arrive que par une institution purement positive qui crée non des organes naturels de la volonté générale, mais des organes artificiels seulement; c'est une simple fiction de droit qui ne peut changer la nature des choses. Le naturel ou vrai représentant doit exprimer le sentiment ou la volonté des représentés. Or un individu, à l'exception des cas où l'intérêt général se révèle clairement ou de ceux dans lesquels l'opinion publique s'exprime de telle sorte qu'elle ne puisse être méconnue, ne connaît pas la volonté nationale et ne peut par conséquent l'exprimer. Il est même impossible à la totalité qui aurait alors besoin d'un autre organe de le lui donner à connaître, de redresser ses méprises, d'accuser son silence, en un mot de faire ressortir la vérité. Dès-lors l'idée de mandat comme celle de représentation naturelle et vraie s'évanouit; le rapport devient un compromis absolu à la volonté des députés, c'est-à-dire une vraie soumission, l'assemblée des états un sénat éligible et la constitution une aristocratie électorale.

Cette seconde théorie presque généralement admise de l'aveu de M. Rotteck, nous semble, nonobstant les objections de l'auteur, être seule rationnelle et vraie (1). Elle résulte de la nature même de la représentation que nous avons développée dans les chapitres qui précèdent; et quant aux inconvéniens dont il parle, ils sont suffisamment prévenus par la permanence de l'élection. En effet, l'électeur d'un degré inférieur peut toujours faire parvenir ses plaintes à l'électeur supérieur par la voie de la presse, qui est la condition essentielle de tout gouvernement représentatif. Il peut redresser ses méprises et sanctionner ses avertissemens par sa révocation aux élections prochaines, ou, par un changement fait sur sa liste de préférence, qui aura son effet dans le délai très-court du renouvellement électoral. Mais il est vrai de dire que nous ne concevons pas la représentation autrement que comme une véritable aristocratie élective, une aristocratie à laquelle tous peuvent être appelés à tous les instans (a). Toute autre idée repose sur un simple mandat, dégrade le pouvoir à la condition de propriété et veut impérieusement l'élection directe.

Le principe de l'élection libre et générale une fois posé, il est impossible de reculer devant les conséquences qui en découlent et qui conduisent rigoureusement à l'élection hiérarchique, à la génération du pouvoir, à l'explication que nous avons donnée de l'idée de représentation, à la prédominance de l'ordre intellectuel. On peut s'arrêter dans cette série de conséquences à des degrés de hauteur différens, libre au sens privé de rompre la chaîne mystérieuse qui unit le ciel à la terre, et selon que l'on s'arrêtera à un développement plus ou moins complet, la société que l'on aura conçue ou constituée sera plus ou moins parfaite; mais on ne détruira pas la liaison naturelle des idées en refusant de l'exprimer. Seulement on aura écrit ou législaté des vérités incomplètes ou des erreurs.

On ne peut encore une fois repousser ces conséquences irrécusables sans tronquer l'idée de pouvoir, sans la rabaisser à celle de propriété, sans en constituer la division, sans proclamer un principe de despotisme ou l'arbitraire et sans rétablir le règne de la force ou l'empire du fait.

Que dans l'application il doive toujours en être ainsi et que les termes que nous venons d'exprimer se retrouvent nécessairement, quoiqu'amoindris, en-deçà des limites infranchissables à l'humanité, en un mot que le genre humain ne puisse, dans le temps, s'élever jusqu'à l'ordre intellectuel absolu, c'est ce que nous sommes disposés à reconnaître, mais il peut s'en approcher indéniment. Les principes de l'ordre absolu sont éternels, mais ils existent et sont réfléchis d'une manière plus ou moins parfaite dans le temps,

> Le temps, cette mobile image,
> De l'immobile éternité.

Et nous ne saurions résister à la conviction que le genre humain, après avoir successivement parcouru les diverses phases historiques du long effort par lequel depuis sa déchéance il tend à se rapprocher de l'intellectuel, est arrivé, par la sécularisation complète de toutes les institutions sociales, à la nécessité de reconnaître enfin cet intellectuel dans toute sa pureté. Aussi les adversaires de l'élection générale et permanente ne contestent plus son principe, ils se bornent à faire des difficultés d'application et ils s'écrient que ces théories ne sont que de beaux rêves. Insensés qui ne veulent pas voir que l'élection est en permanence depuis l'origine du monde et que c'est par elle que l'intellectuel, aux prises avec l'empire du fait, rentre constamment dans la société et y rétablit ou conserve le peu d'ordre que nous y admirons!

NOTES.

(1) C'est aussi le système admis par le parlement anglais : « La chambre haute est le sénat permanent de la nation anglaise; ses membres ne sont pas les représentans de leurs baronnies, mais ils *votent et agissent au nom de toute la nation.* » BRENDEL.

..... Chaque membre des deux chambres n'est pas regardé comme représentant d'un district, mais comme *partie de la représentation nationale.* Il n'est lié par aucune instruction de ses commettans et par conséquent il veille à leurs intérêts en unissant le bien particulier au bien général. » LE MÊME.

(2) « L'aristocratie est une démocratie sur une plus petite échelle. » ZACHARIE.

DES INSTRUCTIONS.

Si l'on fait entrer dans l'élection à deux termes une influence privilégiée, l'élu n'est pas toujours, n'est même que par hasard celui que les électeurs préfèrent ; il l'est toujours dans le système d'élection rationnelle et hiérarchique.

Mais soit que l'on admette l'élection générale et libre, soit qu'on y introduise le privilège, la volonté des élus, dans le concret surtout, peut souvent différer de celle des électeurs. Le remède consiste dans la permanence de l'élection.

Les instructions données par les électeurs aux élus sont en usage comme moyen de procurer la conformité de la volonté de ceux-ci avec celle de ceux-là, mais ce moyen est insuffisant et immoral.

Insuffisant, parce qu'il ne peut s'étendre qu'à des objets particuliers, qu'il est toujours possible de l'éluder et qu'enfin avec une élection temporaire à longs intervalles il manque de sanction suffisante. Immoral, puisqu'il renferme, dans le système d'élection directe qui l'admet, une rétrocession de l'élu à l'électeur d'une partie de sa personnalité et même l'aliénation de ceux de ses droits qui sont le plus inhérens à cette personnalité, l'usage de sa conscience et de ses lumières. La véritable représentation est l'élection du plus digne avec charge de s'acquitter, selon la mesure de sa capacité, des fonctions et du pouvoir qui lui sont confiés. Le mandat de professer certaines opinions et de soutenir certaines doctrines est à la fois absurde, immoral et directement contraire à l'élément de liberté qui est l'âme des assemblées représentatives.

L'ÉLECTION DIRECTE PROSCRIT L'INTELLECTUEL.

« Qui peut donc et qui doit être de préférence député des états? se demande M. Rotteck, page 41 de l'ouvrage cité. . . . .
. . . . . . Notre opinion est que le caractère représentatif général (c'est-à-dire sans fiction) ne peut avoir lieu que là où tous les citoyens actifs de l'état forment entre eux un seul collège électoral et nomment ainsi de leur sein par scrutin commun la députation. Ce n'est qu'en ce cas que chacun des députés est élu par la communauté et peut la représenter réellement. Si le peuple se divise en plusieurs collèges électoraux, fût-ce des ressorts ou des parties homogènes, on ne peut dire d'aucun élu que la totalité des siens l'a voulu. Ses électeurs immédiats lui ont seuls donné un mandat. Eux seuls le connaissent; il ne peut donc aussi représenter naturellement qu'eux seuls et non la totalité. »

Cette opinion du profond observateur nous semble parfaitement rationnelle et vient démontrer de plus en plus que l'élection directe ne produit qu'un mandat et que l'élection à deux degrés ou hiérarchique est la seule qui soit organique et génératrice du pouvoir.

En effet, il est établi par là que dans tous les cas où il

y a plusieurs colléges électoraux (ce qui ne peut manquer d'arriver dans une grande démocratie) l'élection immédiate ne produit point la représentation de la totalité de la nation, mais de ceux-là seuls qui ont directement pris part à l'élection. Cette représentation n'est qu'un mandat.

Or l'on admet généralement (M. Rottek le reconnaît et la constitution du parlement anglais repose sur ce principe) que les députés représentent non leurs commettans seuls mais la nation entière.

Donc l'élection qui doit produire une représentation de cette nature repousse le mandat direct (1). Le seul système que le sens commun puisse admettre, considère le pouvoir comme un droit personnel, une représentation de la divinité. Il ne peut résulter que de l'élection hiérarchique, générale, permanente. Il n'admet que des divisions territoriales subordonnées et qu'une périodicité représentative déterminée par les lois de l'organisme social. A vrai dire ce système ne réside point d'une manière concrète dans le temps et dans l'espace, c'est un pur idéal qui, en se réalisant, n'admet d'autres divisions de temps et d'espace que celles que lui impose l'imperfection de la nature humaine ou la nécessité.

Combien sont différentes néanmoins les théories de nos docteurs de droit public modernes! Combien ils s'écartent de cet ordre si consistant puisé dans la nature même des choses et dans l'enchaînement logique des idées!

Dans la nature, les divisions du temps et de l'espace ne sont électoralement qu'une chose secondaire déterminée par les phénomènes de la vie sociale du peuple qu'il s'agit de constituer. Pour eux ces divisions sont précisément la chose principale. Le développement naturel.

le mouvement de la société, son oscillation, sa perpétuité, son côté moral enfin semblent être choses tout-à-fait étrangères. Ils ont commencé par diviser le territoire en certaines exploitations économiques, le temps en intervalles purement arbitraires, puis ils commencent à administrer la matière taillable et corvéable. Voilà la base de leur constitution représentative. Mais le sens commun gémit de voir les principes les plus essentiels violés en tous sens et sacrifiés à des intérêts matériels tout-à-fait secondaires. L'intellectuel expulsé laisse la société sans droit, réduite à un pur fait ou à une simple forme. La nécessité de son retour se révèle par des désordres. On a recours à l'élection. On la superpose sur cette division du temps et de l'espace que l'on avait imaginée dans un intérêt purement matériel. On a soin surtout de la privilégier avec rigueur, c'est-à-dire qu'on fait dépendre le droit d'électeur ou de l'accomplissement d'une formalité insignifiante, l'inscription sur certains registres par exemple, nécessaire pour acquérir la qualité de citoyen, ou de l'acquittement d'une certaine quotité d'impôts et de la possession d'une fortune déterminée. On assemble les privilégiés selon ces divisions territoriales économiques qui sont sans aucune relation avec l'état moral de la société; ceux-ci élisent entre un certain nombre de citoyens encore plus privilégiés qu'eux-mêmes ceux qui doivent le représenter, et un bail est conclu de cinq à six ans ordinairement, avec faculté de le prolonger ultérieurement, à la charge de certaines restrictions, conditions, clauses secrètes en vertu desquelles les députés conviennent de renoncer à leur raison individuelle et à leurs lumières personnelles pour faire valoir exclusivement les opinions et les intérêts de ceux qui les ont élus. Ces députés n'égocient l'impôt et discutent les affaires publiques. Ainsi les séances des états deviennent des chambres de courtage où se conclut une sorte de marché entre le gouvernement et les gouvernés, ou des enquêtes solennelles où les députés jouent le rôle de simples témoins, ou trop souvent enfin des conférences d'avocats chargés de défendre les parties qui leur ont confié leurs intérêts, et l'on décore du nom de représentation nationale ces réunions impuissantes !

NOTE.

(1) « Je ne crains pas d'avancer comme un axiôme politique, a dit M. de Bonald à la chambre des députés, qu'il ne peut exister de bonne loi d'élection sans candidature ou présentation; et cela tient à la fois à la nature de notre esprit qui ne fait pas de choix sans examen, et à la nature des choses qui ne fait rien sans préparation. »

« Que fait donc l'électeur, et quel est le mystère de l'opération électorale ? Qui avec une voix de plus seulement au-dessus de la moitié fait de tant de volontés discordantes une seule volonté uniforme et commune, et un député unique de vingt présentés. C'est que dans une assemblée élisante *chacun* présente et que *tous* nomment, et la loi ne fait autre chose que rendre publique et commune cette présentation secrète et individuelle et pour régulariser l'opération et éclairer les choix elle distingue ce que la loi actuelle confond, la *présentation* et l'*élection*. »

« Est-ce qu'on ne voit pas que l'Europe périt parce que la force physique de la multitude est trop disproportionnée en nombre avec la force morale qui est dans les classes élevées, et que la force morale est celle qui gouverne un peuple civilisé, comme les vieillards, véritable noblesse de la nature, gouvernent les peuples sauvages. » LE MÊME.

DIVISIONS ÉLECTORALES ET DURÉE DE LA REPRÉSENTATION.

L'ordre intellectuel auquel seul appartient le droit personnel ou le pouvoir exige que l'élection soit à deux degrés. En outre il la veut permanente ou sans autres divisions dans le temps que celles nécessaires à la vie organique de la société, générale ou sans autres divisions dans l'espace que des divisions subordonnées et hiérarchiques.

Cette théorie n'est point une création artificielle. Elle est aussi ancienne que le monde, aussi universelle que la réunion du genre humain en sociétés.

Dans le temps les divisions électorales correspondent à la rapidité du mouvement qui entraîne les sociétés, à leur état moral. Les phénomènes électoraux sont donc rares et même insensibles dans les états fixés, ils se manifestent aux temps de crise, ils se répètent plus fréquemment à mesure que les droits de la personnalité se produisent d'une manière plus complète, ils deviennent permanens et terribles dans les révolutions. L'homme d'état ne peut ici que suivre la nature et la seconder, c'est-à-dire, reconnaître et régulariser, affranchir de toutes entraves ses opérations.

Dans l'espace, les divisions électorales correspondent aux cercles respectifs des influences locales hiérarchiquement subordonnés. Ces divisions sont différentes selon la raison sociale qui soutient l'état. L'essentiel est de s'attacher plutôt à l'importance politique qu'à l'étendue territoriale. Il ne s'agit point de lieues carrées, de sommes d'argent, de produits agricoles ou manufacturiers, mais d'hommes, c'est-à-dire d'intelligences raisonnables s'agglomérant et s'unissant, s'associant en un mot selon la libre reconnaissance de leurs influences respectives. Dans l'espace, les divisions hiérarchiques seront toujours hiérarchiques et subordonnées aux rapports intellectuels. Les rapports matériels ne peuvent être comptés que comme de simples moyens d'influence.

Tel est aussi le tableau que présente l'histoire. On voit généralement figurer aux états les divers intérêts ou influences comme des puissances, des valeurs intellectuelles sans égard à leur importance matérielle, ou dans lesquelles du moins le matériel n'entre en ligne de compte que comme moyen d'influence. Il est vrai qu'à une époque où l'esprit mercantile domine la société et où l'on ne veut s'arrêter qu'à ce qu'on appelle ses intérêts positifs, où l'on calcule, arpente et estime en tous sens la société comme une grande exploitation, les divisions électorales ne peuvent guère différer des divisions économiques jusqu'à ce que les rapports intellectuels aient remplacé ceux des intérêts et des valeurs. Mais en principe les divisions territoriales de l'élection ne doivent reposer que sur le rapport numérique de leurs habitans agglomérés.

On peut en donner deux raisons principales : la première, c'est que tous les hommes étant égaux dans l'ordre intellectuel, il n'y a que le rapport numérique qui puisse servir de base à la classification de leurs agglomérations. La seconde est que la richesse, la vertu, le savoir et tous les moyens d'influence exercent principalement leur action sur les hommes qui sont en relation habituelle avec ceux qui les possèdent. Ces influences ne doivent pas être comptées dans le calcul électoral par rapport à ceux-ci, mais par rapport à ceux qui doivent les apprécier. C'est donc la valeur numérique de ces appréciations qui constitue l'importance électorale d'une division et non la valeur numérique de ces influences, les influences étant très-inégales, mais leurs appréciations étant toutes d'égale valeur, ou réductibles à la valeur qui leur appartient par le numéro qu'elles obtiennent sur les listes de préférence. Donc, hors le cas où les influences sociales sont telles qu'elles s'étendent au-delà de la division électorale qui les contient (comme de grands talens, des actes d'héroïsme, des richesses immenses) l'exactitude veut que les divisions électorales soient établies d'après le rapport numérique des hommes agglomérés, c'est-à-dire qu'il faut prendre en considération tout-à-la-fois le nombre des habitans et leur agglomération ou facilité de se réunir. Ce n'est pas là valeur des moyens d'influence qui doit entrer en ligne de compte, mais le nombre et la valeur de leurs appréciations; en d'autres termes ce n'est pas le moyen d'influence mais l'influence elle-même.

NÉCESSITÉ, POUR QUE LE DÉPUTÉ REPRÉSENTE TOUTE LA SOCIÉTÉ ET NON SES SEULS COMMETTANS, QUE L'ÉLECTION SOIT FONDÉE SUR LA GRADUATION DES INFLUENCES.

« Il est conforme au droit, dit encore M. Rottek, que l'importance des votes soit déterminée selon la mesure de l'intérêt individuel au bien commun ou de la somme pour laquelle on y contribue, que par suite les états soient entr'eux dans le même rapport qui paraît juste pour régler leur participation à la représentation. Ce n'est que sous l'application d'un pareil intérêt légal et politique que l'on peut exprimer sans crainte parce que c'est dès-lors sans effet, que les élus ne représentent pas leurs électeurs immédiats mais toute la nation indivise. »

L'auteur fait entrer ici deux élémens différens dans le résultat électoral : *le rapport numérique des voix*; ce rapport, avec l'élection directe, ne suffit pas, il n'établit qu'un mandat. *La part d'intérêt* qu'est présumé prendre l'éligible au bien de la société ou la valeur pour laquelle il y contribue; ce rapport exprime la valeur des influences respectives, de celles du moins qui ont le plus d'importance et sont le plus généralement reconnues aujourd'hui, celles de la propriété foncière et industrielle. Il résulte donc de cette doctrine la reconnaissance implicite du principe que la graduation des influences est une condition indispensable pour que le député représente non ses commettans directs seuls mais toute la nation.

Si nous remplaçons le second terme que l'auteur reconnaît indispensable pour donner au député le droit de représenter la société entière par un rapport qui détermine plus exactement la valeur réelle des influences respectives, par l'élection numérique du second degré par ordre d'influences, les influences sociales se trouvent déterminées et coordonnées sans aucune espèce de privilége. La condition nécessaire à la génération du pouvoir, à la hiérarchie, à l'organisme en un mot et à la réintroduction de l'intellectuel se trouve satisfaite. Le député représente toute la nation; il n'a pas un simple mandat, mais un véritable pouvoir. Le pouvoir cesse de dériver de la propriété et devient indivisible.

Il résulte du même passage que la raison qui fait ad-

mettre la propriété comme une influence privilégiée de ,
le résultat électoral est l'intérêt qu'ont ou que sont présumés avoir les propriétaires au bien et à la conservation de l'état.

Sans examiner jusqu'à quel point cette assertion est exacte, quand on privilégie aussi bien la propriété mobilière et industrielle que la propriété foncière, à une époque où l'élément héréditaire impuissant laisse les patrimoines abandonnés aux mutations les plus journalières, où le plus vaste immeuble peut, au moyen de sa conversion en un billet de banque, être transporté dans l'espace de quelques semaines avec son possesseur aux extrémités de la terre, lorsqu'enfin la rapide circulation des biens paraît être le but le plus général de la législation, qu'il nous suffise de faire ici une distinction capitale.

Il est vrai que la propriété foncière est une sorte de garantie pour la conservation de l'ordre établi comme fait, de l'ordre établi dans le ressort territorial où réside la propriété foncière, de l'ordre établi dans ce ressort, par opposition à celui des autres divisions territoriales où un ordre différent est établi ; c'est-à-dire que cet intérêt attaché à la propriété foncière suppose comme nécessaire la division du genre humain en grandes fractions ou peuples. Elle part du fait et repousse l'idéal.

Mais que la propriété soit une garantie pour les intérêts de l'humanité en général, pour ceux de la grande société intellectuelle dans laquelle se fondent et s'unissent toutes les sociétés particulières par la reconnaissance commune de certaines vérités ou maximes de droit public ou naturel, qu'elle soit une garantie pour le complet développement des institutions qui se proposent le bien-être des masses et qui hâtent leur perfectionnement moral, c'est ce que nous osons nier formellement. La propriété foncière, qui repose sur un fait, est une garantie du respect pour le fait un peu plus général du pouvoir propriété reconnu dans son ressort, mais non du respect pour les lois de l'ordre intellectuel qui sont le vital et le constitutif des sociétés. Les sociétés intellectuelles au contraire sont ennemies nées du droit de propriété fixé et absolu.

UNION INTIME DES DOCTRINES ET DES INFLUENCES PRÉDOMINANTES.

Il suffit de réfléchir sur le principe générateur des sociétés pour sentir que le développement successif est leur état naturel. Le repos n'appartient pas à ce monde, il n'y a qu'un caractère monumental, celui d'une nature détruite. La vie, c'est le mouvement, la lutte, le combat. Le genre humain, détaché de l'ordre intellectuel par l'effet de sa dégradation, offre le spectacle d'une marche théâtrale dont la terre est la scène et le temps la mesure. Les vérités qui appartiennent à ce monde, reflet de celles de l'éternité, s'y représentent dans l'infinie diversité du développement historique. Les influences, qui correspondent aux idées dominantes de chaque époque, s'y combinent et s'y ordonnent. Les idées ou les vérités d'une époque, les influences ou les personnalités d'une localité se font reconnaître par l'assentiment de la société; cet assentiment, acquiescement, consentement tacite ou comme on voudra le nommer, est le criterium de la légitimité et des idées et des influences. Le développement historique repose, en tant que l'ordre y règne ou qu'il se rattache à l'intellectuel sur le travail plus ou moins caché de l'élection.

Les vérités, les personnalités qui apparaissent successivement sur la scène du monde sont dites nouvelles aux époques où le développement intellectuel de la société ayant dépassé son développement social extérieur, une rupture entre la forme et le fond, ou, ce qui est la même chose, une explosion plus ou moins violente a été occasionnée dans la société ainsi mise en désaccord. Les vérités, les influences nouvelles sont toujours suspectes, car la vérité, le pouvoir sont uns; et une prétendue vérité, une influence qui serait inconciliable avec les vérités de tous les temps, avec les influences de tous les lieux serait certainement fausse et illégitime, parce que l'œuvre de la création une fois consommée, la vérité et le pouvoir essentiellement uns ne peuvent se représenter dans le temps que par voie de développement successif. Mais ces idées, ces influences dites nouvelles par rapport à celles qu'elles remplacent immédiatement, doivent n'être pas nouvelles par rapport à la généralité des vérités et des influences reconnues par le genre humain. Le signe le plus certain de leur légitimité sera donc la liaison des vérités qui apparaissent avec ce que le genre humain a toujours cru et observé, l'union des influences qui surgissent avec tout ce qui les environne et surtout avec les influences du même ressort. En tant que cette union n'existe pas ou qu'elle ne naît pas à peu près spontanément, il y a contradiction, violence et prédominance de l'empire du fait sur l'intellectuel.

Ainsi donc, l'histoire n'est pas autre chose qu'un reflet de l'ordre éternel, un développement, opéré par le travail électoral, tant des vérités que des influences dont l'heure est venue. La raison de la domination de l'intellectuel, le fonds sur lequel tout repose est l'assentiment des générations présentes; car dans le temps le présent est tout, le passé n'est qu'un souvenir comme l'avenir qu'une espérance. Le criterium commun des idées dominantes de chaque époque, des personnalités ou des influences de chaque localité est donc l'assentiment de l'humanité; son assentiment dans le temps et dans l'espace présens, d'où l'union intime entre les idées et les influences sociales. Le drame de cette association naturelle repose sur le même fonds, le consentement le plus général, et sa raison est l'état intellectuel présent de l'humanité. Donc, encore une fois, la solution du grand problème de la direction des sociétés ou du gouvernement consiste à laisser à l'ordre intellectuel toute sa sphère d'activité, le plus libre développement sur le théâtre historique, à n'opposer aucun obstacle à l'accord qui s'établit naturellement entre les idées dominantes et les influences sociales ou la hiérarchie des influences sociales qui leur correspondent; ce qui comprend sûreté et liberté ou l'ensemble des mesures administratives nécessaires pour empêcher le fait de former opposition violente et de résister à l'action douce et pénétrante de l'intellectuel.

Le genre humain croit et veut. Ce qu'il croit compose l'ensemble des vérités dominantes; ce qu'il veut, l'ensemble des influences dominantes. La philosophie et l'élection sont ses deux moyens d'exprimer son action et sa volonté. La puissance gouvernementale, à une époque où l'ordre social est instable et n'a rien de fixe et de complet, doit se borner à assurer la libre action de l'une ou de l'autre.

THÉORIE DE LA HIÉRARCHIE ÉLECTORALE.

« Les députés doivent-ils être élus par les citoyens directement ou par des électeurs nommés par eux? » Telle est la question que se pose M. Rottek, p. 77.

Il répond : « Si la propriété représentative d'un député ne s'étend pas au-delà du cercle de ceux qui l'ont élu, il s'ensuit que le véritable représentant ne peut être élu que dans les assemblées primaires. » —

Ici encore M. Rottek se montre parfaitement conséquent, et, en admettant l'opinion qu'il a précédemment émise, que le député ne représente que ceux qui l'ont élu, la représentation ne peut exister, ne peut même se concevoir que dans le système de l'élection directe.

Mais nous avons vu que ce système n'est point généralement admis, qu'il est nécessaire au contraire que le député représente la nation ou la société entière, que l'élection directe ne saurait satisfaire à cette condition, qu'elle ne produit qu'un simple mandat, que le mandat suppose le pouvoir propriété et n'engendre point un véritable pouvoir personnel, le seul que se propose de procréer et d'exprimer l'élection générale et permanente. Nous n'hésitons donc pas à répondre d'une manière inverse à la proposition de M. Rottek.

Si la propriété représentative d'un député s'étend à tout le corps de la nation, il s'en suit que le véritable représentant ne peut être désigné que par l'élection hiérarchique.

Régulièrement, tout le peuple devrait prendre une part

directe aux délibérations qui concernent ses intérêts. Dans le système d'égalité et de liberté qui appartient essentiellement à l'ordre intellectuel, chaque citoyen a un droit inhérent à sa personnalité d'être présent et de voter aux assemblées législatives. Cela est impossible dans l'exécution, l'expérience prouve qu'il est impossible de s'entendre et de discuter convenablement des affaires sérieuses dans une assemblée de plus de 4 à 500 personnes. D'où la nécessité de la représentation.

La représentation a sa raison dans la faiblesse humaine, dans une nécessité de fait qui vient traverser l'idéal de l'élection rationnelle.

De là résulte la conséquence que ce droit primitif et égal pour tous les citoyens de prendre une part directe aux décisions qui concernent les intérêts de l'état n'est limité que par cette nécessité de fait et que le droit inhérent à la personnalité même, continue de résider dans toute sa plénitude dans chaque citoyen. Ce droit est inaliénable comme sa personnalité.

On voit donc que la représentation ne peut pas être un mandat, puisque le mandat est la transmission réelle, une véritable aliénation pour un terme ou sous des conditions déterminées d'une faculté de disposer qui appartient au mandant. La propriété est aliénable et transmissible sous toutes les modifications imaginables, la personnalité et les droits qui en dérivent ne le sont pas (1).

Tout citoyen ayant le droit de prendre une part directe au pouvoir législatif, et ce droit n'étant limité que par la nécessité, il est nécessaire que tous renoncent non au droit mais à l'exercice de ce droit, non pour toujours ou pour un temps arbitrairement fixé mais pour la courte période déterminée par les lois de l'organisme social. La nécessité seule fait plier les principes de la permanence et de la généralité. L'assemblée électorale demeure permanente et générale autant que cela est humainement possible. Il est nécessaire que tous renoncent à l'exercice de leur droit en faveur du petit nombre d'entre eux qui peut l'exercer utilement.

Mais la même nécessité de fait qui empêche les citoyens d'exercer tous en même temps leurs droits dans l'assemblée législative les empêche d'exercer tous directement leur droit d'élire les membres de cette assemblée, des réunions électorales de plusieurs milliers d'hommes, ou le dépouillement du scrutin de leurs votes étant chose à peu près impraticable. La même raison qui force tous les citoyens de renoncer à l'exercice de leur droit, de prendre une part directe aux décisions générales en faveur du petit nombre de ceux qui peuvent y prendre une part utile, force aussi tous les citoyens qui ont le droit subsidiaire et également inaliénable d'élire les membres du conseil suprême, de renoncer à l'exercice de ce droit en faveur du petit nombre de ceux qui peuvent y prendre une part utile. La désignation de ceux qui peuvent exercer utilement leur droit produit précisément l'élection à deux degrés.

La représentation pour consommer l'opération électorale repose donc sur la même raison que la représentation pour statuer sur les intérêts généraux de la nation, l'humaine faiblesse. Si donc la représentation est juste à l'égard des électeurs du premier ordre, elle l'est pareillement à l'égard des électeurs du second. L'une et l'autre sont justes à l'égard de tous et dans la raison et dans le mode.

NOTE.

Le règne de François Ier nous offre une belle application de cette maxime que le pouvoir est inaliénable et qu'il n'est point une propriété. » Le 17 de septembre (1527), dit Mézeray dans son abrégé chronologique, tome 8, p. 65, le roi François ayant convoqué une assemblée des plus notables personnes des trois états de son royaume pour leur demander avis de ce qu'il devait faire touchant la délivrance de ses enfans, protesta qu'il était prés de retourner en prison comme il l'avait promis, s'on jugeait qu'il y fût obligé, plutôt que de faire rien qui fût préjudiciable à l'état. Le vingt-septième du mois chacun des trois ordres séparément répondit que sa personne appartenait au royaume et non pas à lui; que la Bourgogne était membre de la couronne et qu'il n'était qu'usufruitier de l'un et de l'autre; qu'ainsi il *n'en pouvait pas disposer*. Au reste, ce qui était le vrai motif de cette assemblée, ils lui offrirent deux millions d'or pour la rançon de ses fils, et l'assurance que s'il en fallait venir à la guerre ils n'y épargneraient ni leurs biens ni leurs vies. »

L'ÉLECTION DIRECTE EST IMPOSSIBLE SI ELLE DOIT ÊTRE EXERCÉE PAR TOUS.

Les adversaires de l'élection à deux degrés ne sortiront jamais de cette difficulté : dans un système d'élection directe, comment y ferez-vous participer immédiatement tous les citoyens? Telle est la première question que nous osons leur faire.

Pour la résoudre, ils sont obligés d'imposer aux citoyens qui doivent prendre part au travail électoral certaines conditions auxquelles le plus grand nombre ne peut satisfaire. Ces conditions, dans un état de société tout matériel, consistent le plus souvent dans le paiement d'un certain impôt ou dans la possession d'une certaine fortune.

Mais tout d'abord une semblable restriction est la violation du principe d'égalité fondamental de l'ordre intellectuel, l'admission d'une véritable élection à deux degrés; l'une opérée par la raison de tous s'exprimant librement, l'autre par un aveugle hasard, le concours de circonstances éventuelles ou le simple empire du fait ; c'est incontestablement réintroduire au sein de l'égalité électorale la hiérarchie des influences.

C'est si bien une hiérarchie des influences que produit la limitation du droit électoral aux citoyens qui paient un certain cens ou qui possèdent une certaine propriété, que c'est à ce prix seul que la représentation est une représentation nationale, un véritable pouvoir. M. Rottek reconnaît expressément que l'élection directe ne produit que la représentation de ceux qui ont élu. Cette représentation n'est pas complète, elle ne peut être pour chaque député une représentation de toute la nation, selon la part pour laquelle il figure dans le conseil suprême, un véritable pouvoir en un mot, qu'autant qu'une influence hiérarchique se combine avec l'élection directe. C'est là que réside le principe générateur du pouvoir, du pouvoir personnel ; car en partant du pouvoir propriété nous convenons que le fondement le plus analogue du droit électoral est la répartition de la propriété.

Mais encore une fois le pouvoir propriété contient dans son germe l'esclavage du genre humain. Le pouvoir est un de sa nature, indivisible, intellectuel ; il produit d'une part le sacrifice et de l'autre l'obéissance. Le pouvoir propriété immole aux jouissances du petit nombre la liberté et le bien-être du plus grand. La contrainte est sa compagne et sa dernière raison.

Quel est donc le motif qui détermine les adversaires de

l'élection à deux degrés à repousser une graduation qu'exigent et la nécessité de l'humaine faiblesse et l'idée métaphysique de l'élection ?

Nécessité de l'humaine faiblesse, nécessité de nature non une suite du mal moral ; conséquence du temps et de l'espace et de la position de l'homme dans l'un et dans l'autre, nécessité de création aussi respectable et aussi indestructible qu'elle.

Idée métaphysique qui renferme présentation et acceptation, par conséquent suppose une trinité subjective comme toute opération de l'intelligence. La raison humaine qui dans le travail électoral se consulte sur ses intérêts les plus précieux, déploie la plénitude de sa puissance et s'exprime au pluriel comme la raison suprême qui créa l'univers. Présentation et choix, par conséquent trois ordres d'électeurs, tous présentent, les plus dignes élisent et le pouvoir qui en résulte repose sur une médiation.

En repoussant la condition qui la produit, les adversaires n'en détruisent pas la nécessité. Ils la méconnaissent ou l'éludent. Ils éliminent un des termes de l'opération électorale, la présentation, ou ils abandonnent ce terme qui n'est pas moins important, moins essentiel à la nature de l'élection, moins nécessaire que l'autre au caprice des circonstances et à l'empire du fait ; c'est-à-dire que dans une opération dont le but est de soumettre le fait à l'intellectuel, ils commencent par prendre le fait, et un fait privilégié pour point de départ et rendent moyen, élément du travail électoral ce qui n'est que son objet, la matière, le fonds sur lequel il doit agir. Il paraît difficile de concevoir un plus complet renversement de l'enchaînement logique des idées et même des simples notions du bon sens.

INJUSTE SI ELLE NE L'EST QUE PAR LES PRIVILÉGIÉS.

Quelle est donc la position prise par les adversaires de l'élection à deux degrés ? Ils reconnaissent en premier lieu, implicitement du moins, la nécessité de deux termes dans l'opération électorale, en admettant comme l'un de ces termes un privilége déterminé. Ils vont même jusqu'à avouer que c'est à ce prix seul que la représentation peut être véritablement nationale, c'est-à-dire que ce n'est que par là que chaque député devient le représentant de la totalité de la nation pour la part qu'il a dans le conseil suprême, idée qui de l'aveu de M. Rottek est généralement dominante. Puis en second lieu ils privilégient un de ces termes, celui de présentation, et le soustrayent à la liberté électorale; ils admettent le fait (le fait qu'il s'agit de soumettre et de maîtriser) non comme moyen d'influence, mais comme une influence exclusive, et anéantissent directement le but même du travail électoral qui est la libre reconnaissance de toutes les influences; établissant ainsi le privilége au nom de la liberté.

Nous ferons ici une seconde question à nos adversaires : si vous reconnaissez la nécessité de deux termes dans l'opération électorale, pour quelle raison privilégiez-vous un de ces termes et lui donnez-vous une fixité qui répugne à la nature de l'élection ?

On concevrait, si vous éliminiez ce terme, si vous le rejettiez absolument, que vous pussiez repousser l'élection à deux degrés comme trop aristocratique. Il vous serait facile par de brillantes déclamations de vous élever contre la transmission même provisoire du pouvoir public à un petit nombre de citoyens ; mais du moment que vous admettez l'égale nécessité de ces deux termes et que vous reconnaissez que c'est à ce prix seul que la représentation peut être nationale, qu'elle peut être un véritable pouvoir, vous détruisez, en limitant l'un d'eux à un moyen d'influence déterminé, l'égalité politique de tous les citoyens, la généralité de l'élection, et vous ne faites que rendre plus dure l'admission de ce terme que vous limitez.

La dualité est essentielle à la génération. L'élection directe n'est qu'un simple mandat, elle est stérile, elle n'enfante point le pouvoir personnel, elle n'est pas généralisable. La présence des deux termes est, de l'aveu de tous, nécessaire à cette génération. Pour que le résultat soit un fidèle reflet de l'ordre intellectuel, l'expression mobile et vraie de l'opinion publique ou de la majorité des influences sociales naturelles, il faut que les deux termes reposent sur l'expression libre, universelle, permanente des opinions individuelles. Si l'un de ces termes repose sur le dur fonds de l'intérêt privé, la propriété ou tout autre moyen d'influence exclusif, ce résultat sera souillé d'un vice constitutif provenant de l'un de ses termes générateurs. Au lieu de porter l'intellectuel, l'élection ne créera qu'un mécanisme artificiel, roide, inconsistant, incapable de constituer rien d'organique et de vraiment social.

OPINIONS DIVERSES ÉMISES PAR M. ROTTEK SUR L'ÉLECTION A DEUX DEGRÉS.

« La désignation des électeurs, dit l'auteur, p. 79, quoique soutenue en apparence par les nombreux inconvéniens de l'élection des assemblées primaires et quelque puissantes raisons que l'on puisse alléguer en sa faveur, surtout dans les grands états, contient essentiellement une opposition très-dangereuse au principe d'une vraie représentation du peuple, au principe d'une vraie liberté, et qui, poussée trop loin (or aucune limite ne peut être posée à l'extension de ses conséquences), peut produire la mort de toute liberté.

» Ce n'est que dans un sens et une application très-limités que le choix par des électeurs désignés est conciliable avec les vrais principes, savoir si, au cas où chaque électeur, à cause du manque de fortune ou de capital imposable, n'aurait pas un droit de vote complet dans l'assemblée primaire, un vote entier est formé par le concours de plusieurs. Partout, en effet, il sera nécessaire, pour prévenir l'ochlocratie, d'exclure de l'élection, c'est-à-dire du droit d'élection actif ceux qui sont tout-à-fait sans fortune, comme n'étant pas indépendans ni conséquemment libres dans leur vote et ne donnant aucune garantie de leur attachement à l'intérêt commun. Si l'état n'exige rien d'eux ou s'il n'exige que des prestations personnelles qui soient les justes conditions d'une protection personnelle et régularisées par des lois générales, ils n'auront pas à se plaindre de cette exclusion. Ils ne sont pas actionnaires de l'état, mais seulement protégés par lui. Mais entr'eux et ceux qui ont un droit entier (et doit être considéré comme ayant un droit entier tout citoyen qui sans obligation personnelle aux prestations, tire de son industrie et de ses possessions une subsistance suffisante) on peut, pour satisfaire aux prétentions extrêmes des démocrates, admettre une classe intermédiaire de ceux qui tirent quelque revenu, quoiqu'insuffisant, de leurs possessions ou de leur industrie et qui néanmoins ne paient pas assez d'impôt, desquels *un certain nombre pourrait être compté pour un*. Ces citoyens éliraient ensuite du milieu d'eux un électeur, qui prendrait part au nom d'eux tous à l'élection de l'assemblée primaire, où il aurait une voix entière. Nous ne demandons pas une telle institution, mais nous la reconnaissons seulement, ou même nous la proposons comme moyen d'approcher le plus possible d'une *représentation démocratique*, et aussi comme une *garantie contre l'aristocratie de la richesse* qu'il est difficile d'éviter si l'on exclut complètement les pauvres. »

Rapprochons les idées que l'auteur a successivement émises sur l'élection à deux degrés.

A la page 79 il la proscrit comme n'admettant aucunes limites et pouvant si elle est poussée trop loin étouffer la liberté.

A la page 81, pour satisfaire le plus possible aux prétentions des démocrates, il propose d'admettre une classe intermédiaire ou moyenne de ceux qui ne tirent qu'un revenu insuffisant de leurs possessions ou de leur industrie et qui ne paient pas assez d'impôt. Plusieurs pourraient être comptés pour un. Ils éliraient de leur sein un citoyen qui élirait au nom d'eux tous dans l'assemblée primaire où il aurait une voix entière. L'auteur propose cette institution comme une approximation de la plus pure représentation démocratique et comme une garantie contre l'aristocratie de la richesse. Certes c'est bien là l'élection à deux degrés : des citoyens qui exercent leur droit électoral par l'intermédiaire de plusieurs de leurs concitoyens, qu'ils élisent du milieu d'eux. Cependant, cette élection à deux degrés est incomplète et entachée de l'aristocratie de la richesse en tant que la propriété y est un moyen d'influence privilégié.

Aux pages 8, 41 et suivantes du même ouvrage, enfin, l'auteur reconnait que l'élection à deux termes est la seule par laquelle on puisse obtenir des députés dont chacun représente toute la nation, opinion qu'il confesse être généralement admise, ce qui est manifestement reconnaitre que l'élection à deux termes seule est génératrice du pouvoir ; seulement pour l'avancement et le plus grand progrès de la liberté et de l'égalité civiques, il privilégie l'un de ces termes en le fixant à la propriété.

On ne sait en vérité à laquelle de ces opinions on doit se tenir ni comment les concilier. Cette pauvre élection à deux degrés est chassée impitoyablement de toutes les positions qu'elle pourrait prendre. Elle est le seul moyen de produire une représentation nationale. — Néanmoins elle n'admet aucunes limites et poussée trop loin elle tue la liberté. — Toutefois elle est une approximation de la plus pure représentation démocratique et la plus puissante garantie contre l'aristocratie de la richesse. — Pour nous, l'impuissance où nous sommes d'associer ces propositions contraires sur la même institution, nous replace naturellement dans la nécessité de recourir au développement logique des idées qui nous conduit à cette conviction de plus en plus profonde et complète que l'élection libre, générale, permanente, à deux degrés, selon la reconnaissance exactement graduée de toutes les influences, est la seule qui satisfasse aux conditions du problème de la représentation nationale.

LES ÉLECTEURS DU SECOND ORDRE ÉLISENT DU MILIEU D'EUX LES MEMBRES DU CONSEIL SUPRÊME.

Les qualités d'un digne représentant étant rares, il paraîtrait naturel qu'ils fussent élus par les électeurs du deuxième ordre sur toute la masse de la nation. Néanmoins dans notre système ils ne le sont que parmi ceux-ci. Cette restriction repose sur un grand nombre de considérations que nous nous bornerons à énoncer. 1.° Il est plus essentiel que les citoyens dangereux soient écartés qu'il ne l'est que de grands talens arrivent à la représentation nationale. L'élection du troisième degré est une garantie dont on se priverait si après cette première opération électorale on remettait au libre concours l'élection au conseil suprême. 2.° Un pareil procédé serait contraire à la nature de l'opération électorale, qui suppose trois ordres et deux termes générateurs, il franchirait le terme intermédiaire entre le présentant et l'élu. 3.° Ce serait contrevenir à un principe admis dans tous les états modernes et dont l'institution du jury est une conséquence, savoir : que l'on ne peut régulièrement faire juger les personnalités d'un certain ordre que par des personnalités du même ordre. 4.° Les électeurs du deuxième ordre ne sont pas parfaitement aptes à apprécier les influences d'électeurs du troisième ordre, ces influences étant ordinairement moins bien connues de la majorité des électeurs du deuxième ordre et situées en dehors du cercle de leurs relations habituelles (1). 5.° La condition essentielle de la génération du pouvoir qui est le but de l'opération électorale est le non franchissement des deux termes qui le produisent. Dans l'élection fondée sur la propriété admise par les adversaires de l'élection à deux degrés, l'électeur doit posséder une fortune d'une valeur déterminée, l'éligible une propriété plus considérable, et à l'égard de l'éligible comme à l'égard de l'électeur la fixation de cette valeur ne peut jamais être négligée dans l'opération électorale. Pareillement la représentation est une restriction par le temps et l'espace à l'exercice de la liberté et de l'égalité naturelles. Cette restriction est infranchissable pour le temps et l'espace organiquement déterminés. Sans cela elle ne serait pas ordre et ne pourrait supporter les termes générateurs du pouvoir intellectuel. 6.° Les influences inégales électivement déterminées étant un avantage social, on ne peut sans commettre une injustice mettre en concurrence et sur la même ligne l'électeur du troisième ordre et celui que son influence sociale électivement appréciée a élevé au second. La représentation étant une restriction de l'égalité naturelle par le temps et l'espace dans le but de procréer le pouvoir, représentans et représentés sont égaux hors du temps et de la place pour lesquels a lieu cette restriction, mais inégaux dans cette place par rapport au but électoral. 7.° Enfin ce procédé serait matériellement inexécutable en employant le vote par listes de préférences, le seul qui soit exact; car on ne peut comparer que des quantités de même ordre et le résultat du scrutin devant être le produit de l'ordination naturelle des diverses influences, on ne pourrait évidemment faire concourir les influences du deuxième et celles du troisième ordre.

NOTE.

Le passage suivant de M. Rotteck confirme cette nécessité d'une garantie infranchissable comme condition de l'élection définitive. Cet écrivain profond y rend hommage d'une manière implicite du moins, au principe de l'élection à deux degrés sans aucun cens, cédant ainsi comme malgré lui à la force de la vérité qui le presse. Cet aveu auquel il sacrifie et ses répugnances et ses opinions antérieures, nous paraît un éclatant triomphe des véritables principes.

« Il est donc nécessaire, » dit-il page 89, « d'opposer par la limitation de l'éligibilité une digue aux dangers de la démocratie, et d'exiger du député qui n'est point personnellement obligé une sorte de garantie réelle sinon de ses sentimens au moins de ses intérêts. Il est nécessaire d'éliminer de la liste des éligibles même les Aristide, afin que les Sans-culotte et par eux les Santerre et les Robespierre ne sortent pas du scrutin.

» Néanmoins on ne peut méconnaître que même en ce cas, la limitation de l'éligibilité est un mal, quoiqu'un mal nécessaire pour en prévenir un plus grand. Plus le cercle d'éligibilité est restreint, plus un choix heureux est difficile. Les qualités intérieures et personnelles que l'on exige d'un bon député sont extrêmement rares. Le capital ne les produit ni ne les remplace. Limiter l'éligibilité aux plus riches citoyens, c'est exclure les 9/10e ou les 99/100e des vertus et des talens civils de leur plus noble sphère d'activité, et en même temps élever légalement la prépondérance de la richesse qui subsiste d'ailleurs naturellement et qui même ne manque pas de fondement dans le ressort de l'élection active, à la plus haïssable et la plus pernicieuse des aristocraties, celle de l'argent.

» On préviendrait ces dangers graves de part et d'autre, si les citoyens qui sont indépendans par leur fortune possédaient seuls une part active à l'élection et qu'il leur demeurât libre ensuite d'élire qui ils voudraient (du moins parmi les citoyens également indépendans, mais encore mieux sans restriction). — Parce que ce n'est que par là que cessé pour les pauvres la dureté de leur exclusion du droit actif d'élection. Celui qui est proclamé par la majorité d'un tel collège électoral ne peut être suspect. Chez les individus, à la différence des classes entières auxquelles ce que nous avançons ne peut être appliqué, le manque de fortune est remplacé par un grand talent et par une vertu éprouvée, et dans le cas où cela arrive, la *confiance et l'amour des électeurs indépendans le fait connaître*. On y trouve une plus sûre et plus noble garantie que dans la somme des impôts ; et dussent les électeurs se voir trompés, on trouverait un moyen de précaution ou de salut dans leur droit de communiquer des instructions et des avertissemens, enfin *dans l'élection revenant a de courts délais*. Une assemblée d'états formée et contrôlée de la sorte, n'est animée ni d'un esprit aristocratique ni d'un esprit ochlocratique, mais de la plus noble et de la plus pure popularité.

» Mais quel est le délai le plus convenable pour le renouvellement électoral, continue le même écrivain. Deux conditions réunies donnent ici la loi. La représentation du peuple doit, sous la direction de l'expérience, marcher à son but d'une manière uniforme, sans changement soudain de direction, avec réserve, constance, consistance, mais elle doit exprimer à tous les instans la vraie volonté du peuple, être le thermomètre certain de l'opinion publique vivante et du plus noble esprit du temps. Ces deux conditions sont satisfaites si les états sont renouvelés fréquemment, tous les ans par exemple, et néanmoins, le cas de dissolution excepté, jamais d'une manière intégrale, et si les députés sont toujours et sans restriction rééligibles. La théorie ne peut, il est vrai, donner une détermination précise qui demeure dépendante d'une mesure subjective, seulement on peut soutenir que si le renouvellement se fait par moitié ou pour des parts moindres que la moitié, et que la période de renouvellement ne soit pas rendue très-courte, la véritable volonté du peuple peut facilement être étouffée par l'erreur, par la routine ou par la corruption de l'ancienne majorité.— Puis une opposition à la volonté du peuple, un dur esprit de corps dominer dans les états et rendre inutiles tout leurs efforts pour le bien. »

Nous ne saurions admettre cette dernière partie de l'opinion de M. Rottek concernant le renouvellement partiel. Le renouvellement doit être intégral parce qu'il est le seul qui satisfasse à la permanence et à la généralité de l'élection. En effet la partie renouvelée du grand conseil ne représentant que dans la proportion pour laquelle elle y figure, la masse de la nation, la représentation que produirait le renouvellement partiel ne serait plus *générale*. Et d'un autre côté, comme la production des individualités ou des influences est en relation intime et constante avec celle des idées et des opinions dominantes, en telle sorte que l'objet d'un bon gouvernement est de maintenir l'harmonie entre ces deux élémens et d'empêcher que la forme extérieure de la société se mette en opposition avec son développement intellectuel, il en résulte que si la société marche d'un mouvement rapide, les influences dominantes à l'époque du renouvellement peuvent être toutes différentes de celles qui s'étaient manifestées à l'époque du renouvellement antérieur. Le renouvellement partiel ne produirait pas une élection *permanente*.

Mais nous pensons avec M. Rottek que le renouvellement doit être annuel. En premier lieu, la période ne peut être plus courte sans mettre les représentans dans l'impossibilité de se livrer à la discussion des affaires publiques avec la maturité et la réflexion nécessaires, les différens objets qui concernent ces intérêts étant souvent complexes, devant quelquefois être soumis à plusieurs ajournemens successifs avant la décision définitive; et après le retranchement du temps des vacances et de celui indispensable pour l'accomplissement des formalités attachées aux grandes corporations, le laps d'une année n'étant pas trop pour pourvoir aux intérêts sans cesse en collision d'une société en état de crise. En second lieu, cette période ne doit pas être plus longue parce que le principe de la permanence ne peut être fléchi que par la périodicité de l'organisme social, et nous avons vu que le laps d'un an n'était que le temps nécessaire pour se reconnaître. En troisième lieu enfin elle doit être annuelle parce que les besoins de l'état sont annuels, parce que les prestations dues par les contribuables s'acquittent plus commodément à certaines époques de l'année, parce que les expéditions militaires et les grandes entreprises se font ordinairement aux mêmes époques annuelles, parce qu'enfin la plupart des peuples en état de migration ont eu de grandes réunions nationales annuelles. Néanmoins on ne peut poser à cet égard aucune règle absolue.

(1) « On connaît mieux les défauts ou les mauvaises qualités de son lieu de naissance que ceux des autres villes; on connaît mieux la capacité de ses concitoyens que celle de ses compatriotes. C'est pourquoi les membres du corps législatif ne doivent pas être tirés de la masse de la nation, mais dans chaque localité de quelque importance, les habitans doivent choisir leurs représentans dans leur municipalité. » ARETIN, *Constitutionnel Statsrecht.*

INCONVENIENT PARTICULIER QUE L'ÉLECTION A DEUX DEGRÉS PEUT FAIRE NAITRE.

On peut faire contre l'élection à deux degrés une objection qu'il faut prévenir et à laquelle nous devons répondre.

Il peut arriver que les électeurs du troisième ordre qui aspirent à devenir électeurs du premier donnent leurs voix aux candidats qui ont le moins de chances d'être élus, afin d'accroître celles qu'ils ont eux-mêmes.

Dans un système d'élection basé sur la propriété ou sur une influence privilégiée quelconque, l'objection est sérieuse, et le nombre des éligibles étant très-peu considérable, cette fraude peut facilement être pratiquée. C'est un inconvénient réel de l'élection à deux degrés, mais qui disparaît complètement quand ce mode d'élection est sans privilège.

1.° Pour que ce classement frauduleux des électeurs du troisième ordre sur les listes de préférence puisse avoir l'effet que se proposent les machinateurs, il faut qu'il soit appliqué à des électeurs certains d'être portés au deuxième degré électoral; car s'ils ne devaient pas l'être, l'avantage de ce classement frauduleux serait évidemment perdu, puisque, confondus avec les indignes, leur non-présence au deuxième degré les empêcherait de nuire aux électeurs qui ont des chances de succès. Il faudrait aussi que ces candidats n'eussent aucune chance d'être élus au premier ordre, sans quoi les meneurs courraient risque d'être dupes de leurs propres machinations. Or ces deux conditions, sans lesquelles la manœuvre que l'on redoute est sans résultat, ne peuvent être certaines au moment où cette manœuvre pourrait être employée, à la première période électorale. 2.° Pour qu'elle puisse réussir, il faudrait en outre qu'elle fût pratiquée par un nombre considérable d'électeurs assurés de parvenir au 2° ordre et ayant des chances d'arriver au premier; or cette certitude ne peut pas exister avant le dépouillement du scrutin. — Il est difficile que ces candidats naturellement rivaux puissent s'entendre pour former un pareil concert frauduleux. — Ce concert est rendu impraticable par le secret absolu des votes. 3.° Le nombre des électeurs du 2° ordre est trop petit par rapport à ceux du 3.° pour que l'influence d'une fraction de ce nombre puisse être considérable dans le résultat du premier scrutin, si l'on considère surtout que le nombre des électeurs du 2.° ordre qui ont des chances d'arriver au conseil suprême ont seuls intérêt à employer une pareille tactique. 4.° Enfin, nous avons démontré au chapitre des conditions numériques du classement électoral que de quelque manière que procèdent les électeurs, soit en classant d'une manière favorable les candidats qu'ils préfèrent soit en reculant ceux qu'ils redoutent, la même tactique étant une fois connue et employée par tous les partis, le résultat du scrutin est toujours l'expression de la majorité.

DIVERSES APPLICATIONS DE L'ÉLECTION RATIONNELLE.

L'élection rationnelle peut servir à opérer non seulement la répartition du pouvoir mais aussi celle des charges. Qu'il s'agisse, par exemple, d'un danger public et pressant qui exige le sacrifice éventuel d'une partie de la population, ou ce qui revient souvent au même, d'une partie de ses moyens de subsistance. Qu'il s'agisse de la construction de digues rompues; d'un emprunt forcé, d'une émigration rendue nécessaire par la guerre, la famine ou une autre force majeure; d'un sacrifice imposé par la conquête; etc.; etc., en prenant sur le résultat général des listes électorales les citoyens les plus chargés de chiffres ou dont le numéro est le plus élevé, n'est-il pas évident qu'il faudrait, en combinant d'ailleurs, en tant que besoin, cette donnée avec les autres données que présenterait la nécessité de satisfaire à la mesure d'ordre public dont il s'agit, répartir la somme des charges qu'elle impose, d'une manière plus morale, plus juste et moins onéreuse à la population ? Dans tout sacrifice de l'individu au service public, deux objets doivent constamment être pris en considération, le bien du service et la moindre charge possible pour les individus. Ces deux choses ne sont pas toujours inconciliables : on peut, par exemple, être propre aux travaux d'un établissement colonial et ne mériter aucune confiance pour la direction des affaires de son pays. Dans de semblables circonstances, le classement des citoyens dans le résultat général des dernières opérations électorales ne donnerait-il pas un tarif exact de l'importance sociale des existences auxquelles on porte atteinte et de la commotion politique qui peut en résulter? Ce serait une donnée de moins à faire entrer en ligne de compte, donnée qui, avec les méthodes actuellement en usage est absolument négligée (1).

Un pareil effet accordé au classement électoral aurait en outre un très-grand avantage indirect. Il contraindrait moralement tous les citoyens à y prendre part, sinon pour élever leurs amis à l'électorat supérieur, du moins pour leur épargner la crainte ou le danger des charges publiques nécessitées par une force majeure. Il serait aussi pour eux un puissant motif de classer avec attention non seulement ceux des éligibles entre lesquels existe principalement la chance d'être portés à l'électorat, mais aussi tous les autres jusqu'au dernier, puisque le classement entre les derniers déterminerait des charges ou défaveurs légales éventuelles de la même manière que les numéros les moins élevés opèrent une classification du pouvoir.

Et comme l'élection essentiellement mobile et permanente laisse le moyen de révoquer à chaque période électorale et la préférence indiquée et la faveur ou la peine qui s'y attache, on n'aurait point à craindre de voir réduire à une condition inférieure dont ils ne pourraient sortir, ceux des citoyens qui auraient eu le malheur d'obtenir les numéros les plus élevés, ce serait seulement pour eux une puissante raison de changer de conduite. On poserait ainsi les bases d'un vaste système consorial d'autant plus puissant, que ses arrêts inévitables ne pourraient être taxés d'injustice par personne, puisque tous y auraient coopéré.

Notre système pourrait encore être appliqué avec succès en matière judiciaire tant civile que criminelle. Chacun sent et des jurisconsultes ont pris la peine de démontrer l'inexactitude des procédés actuellement en usage dans les délibérés. La réunion des juges les plus faibles en nombre à l'une des deux opinions émises par le plus grand nombre, prescrite par l'art. 117 du code de procédure civile, donne un résultat inexact toutes les fois qu'il existe entre les deux opinions adoptées par le plus grand nombre, des décisions intermédiaires qui auraient obtenu, si elles avaient été mises concurremment aux voix, l'assentiment d'un nombre de juges plus grand encore. En matière criminelle, la loi modificative du mode de scrutin, en établissant le secret des votes, a rendu le jugement par jurés et plus rationnel et plus sûr. Elle n'a pas fait assez encore. Deux graves inconvéniens subsistent ; erreur dans le dépôt des boules, opinion maîtrisée par l'influence de l'un des jurés, qui disparaîtraient en grande partie par un scrutin écrit duquel il est nécessaire que chaque votant se rende compte, en même temps que le juré peut toujours par une lecture réitérée de son vote, s'assurer qu'il est parfaitement conforme à son opinion(2).

Dans l'hypothèse suivante enfin l'insuffisance du mode actuel d'élection et la nécessité de recourir à l'élection rationnelle deviennent patentes. Un certain nombre de candidats se présentent pour une place : ceux qui passent es premiers au scrutin ont évidemment un grand avantage, car les voix qu'ils obtiennent par l'effet de cette présentation sont enlevées aux suivans et il n'y a ballotage qu'entre les deux candidats qui ont le plus grand nombre de voix. C'est une injustice. Il se présente donc tout d'abord une question de priorité : auquel appartient l'avantage de passer aux voix le premier ? Evidemment au plus digne. Mais pour déterminer quel est le plus digne, si on emploie encore le scrutin successif on recule la difficulté sans la résoudre ; outre qu'on impose à l'assemblée une sorte de préjugé sur sa décision définitive. On ne fait que reculer la difficulté, puisque celui jugé le plus digne exclucra tous les autres de l'avantage de passer le premier au scrutin, celui jugé le plus digne après le premier exclucra pareillement tous ceux qui viennent après lui, et ainsi de suite ; et qu'enfin les scrutins pour connaître lequel serait le plus digne d'être présenté le premier feraient eux-mêmes renaître cette même difficulté. On pourrait demander encore en effet lequel serait présenté le premier au scrutin pour savoir lequel passerait le premier aux voix, ce qui irait à l'infini. Il n'existe qu'un mode de résoudre cette difficulté, c'est l'élection rationnelle par laquelle tous votent sur tous en exprimant sur chacun leur préférence relative. Un seul tour de scrutin suffit, le moins chargé de chiffres a le premier rang et les autres sont classés selon le numéro qu'ils obtiennent.

NOTE.

Il est sensible que le problème posé n'est que le problème électoral réduit à ses plus simples termes. Il est également sensible qu'il existe la plus étroite analogie entre le vote sur les individus et celui sur différentes dispositions ou projets de loi. Bentham l'avait parfaitement compris ainsi que l'insuffisance du scrutin successif dans la plupart des cas. Ses paroles sont remarquables, p. 139 :

« Au cas où plusieurs amendemens concourent, dans quel ordre doit-on les mettre aux voix ? Doivent-ils être soumis au scrutin un à un ou tous ensemble ? Si l'on n'en met qu'un seul aux voix et que l'on décide selon la priorité les autres n'ont pas la même chance. Si l'on avait à choisir entre deux différens candidats, on ne les traiterait pas également si on les soumettait au scrutin l'un après l'autre. Le premier aurait en général un grand avantage, et s'il est choisi les autres sont rejetés sans avoir eu peut-être la possibilité du succès. On devrait donc faire voter sur les amendemens rivaux d'après le mode électif. Le seul inconvénient que j'y vois, est la longueur de la procédure (cet inconvénient peut être évité); cependant on devrait toujours y revenir dans les cas très-importans. Dans les cas ordinaires, au contraire, on pourrait laisser au président le droit de faire voter sur les amendemens dans l'ordre qui lui paraît le plus convenable, de manière cependant qu'en cas de réclamation l'assemblée décide. »

(1) On pourrait être tenté d'appliquer le classement électoral à l'appel des marins au service et au recrutement de l'armée, afin de faire tomber une charge personnelle aussi lourde principalement sur les moins dignes ou sur les citoyens les moins influens. Cette idée aurait un premier inconvénient grave, celui de déconsidérer et de démoraliser l'armée. Vainement prétendrait-on arrêter ces deux résultats funestes par l'intervention des conseils de révision. Ces conseils n'ont à juger que l'état physique des hommes appelés au service. Leur donner un pouvoir d'exclusion pour des causes morales serait détruire l'effet du classement électoral proposé. Puis on se mettrait en opposition directe avec une grande loi providentielle que le genre humain a reconnue en lui consacrant une expression propre, *les hasards de la guerre*. La guerre appartient au sort, ses coups tombent comme une grêle de balles sur un corps de troupes, sans discernement et sans choix. L'analogie veut que les chances de s'y soumettre soient également remises à la décision du sort. N'avons-nous pas vu des guerres tellement désastreuses, que la chance de courir les hasards de la guerre était équivalente à ces hasards eux-mêmes et que ces hasards étaient équivalens à ses coups les plus désastreux ? Il est impossible qu'une classe de citoyens désignés à l'avance d'une manière mé-

me volontaire de leur part et variable, soit ainsi destinée à une mort presque certaine. Les hasards de la guerre sont tellement en dehors de tous les calculs humains, que l'action providentielle doit seule ici se laisser sentir. Le danger d'y être soumis ne peut être réparti que par la voie du sort.

(2) La rédaction définitive de la loi sur le jury est venu satisfaire au vœu exprimé dans ces lignes écrites au moment de sa présentation. On pourrait peut-être encore ajouter à la sécurité des accusés sous ce rapport en joignant à la garantie du vote *écrit* celle de la *couleur* des bulletins.

DIFFÉRENTES ESPÈCES DE VOTE.

« La manière de procéder à l'opération du vote, dit Bentham p. 144, est soumise à plusieurs différences qui naissent de diverses sources »

» 1° Le vote sur les questions, le vote sur les personnes. Le premier a lieu s'il s'agit de l'admission ou du rejet d'une motion, le dernier dans le choix d'une personne à une charge. Entre ces deux cas il n'existe aucune différence réelle. On appelle voter une élection si l'on répond la question de savoir si tel ou tel individu doit être choisi; voter sur une motion si l'on répond la question de savoir si un projet doit être adopté ou rejeté.

» 2° Le vote simple et le vote composé. Le vote est simple si la question est réduite à répondre par oui ou par non. Telle proposition doit ou non être admise, telle personne doit ou non être élue.

» Le vote est composé s'il y a plusieurs opérations à faire, s'il faut décider entre plusieurs propositions, ou choisir entre plusieurs candidats ou nommer à différentes places. En ce qui concerne les motions, la question doit être réduite à la forme simple, où l'on doit voter d'un côté par oui, de l'autre par non.

» Dans les élections le vote composé est souvent nécessaire. Si, par exemple dans une assemblée de 1,200 personnes, un choix de 24 personnes doit être fait, il y a 1,200 personnes éligibles à chaque place et 24 places pour chacune desquelles il faut choisir sur 1,200 personnes.

» 3° Qu'il s'agisse de motions ou de choix, les voix peuvent être données secrètement ou publiquement. Le procédé secret s'appelle scrutin ou ballote.

» 4° Le moyen dont on se sert pour amener une décision peut être dépendant ou indépendant de la volonté humaine. De là naît une nouvelle différence : élection par choix, élection par la voie du sort.

» 5° Il faut enfin distinguer le vote régulier du vote sommaire. Dans le vote régulier on compte toutes les voix pour et contre. Dans le vote sommaire, le président pose la question et demande que l'assemblée s'exprime par oui ou par non, par assis et levé ou en levant la main. »

Le vote sommaire est principalement utile dans l'adoption des mesures préparatoires, parce que là le vote peut être incomplet sans inconvénient ou plutôt parce qu'il est nécessairement incomplet. Mais dans les scrutins définitifs le vote doit être relatif et complexe.

Le vote sommaire, par opposition au vote complet, pourrait sans trop d'inexactitude être qualifié d'irrationnel. Ce vote appartient, dans tous les temps, chez les peuples les plus barbares comme dans les sociétés civilisées, aux grandes assemblées démocratiques. Il fut ordinairement le mode d'expression de la souveraineté nationale (1).

Le vote sommaire exprime moins la raison que le sentiment. Qu'une multitude assemblée soit consultée sur une question simple concernant les affaires publiques, ou bien, si l'on veut, qu'elle assiste à un spectacle qui l'intéresse vivement, elle manifeste ses sentimens par des signes extérieurs qui ne sont nullement l'expression de la raison, de la raison se considérant elle-même et s'abstrayant au moyen de la réflexion, mais plutôt le résultat de l'impression que produit sur elle la question posée ou le spectacle offert à ses regards. C'est la manifestation rapide, violente, irréfléchie d'une émotion, d'une affection morale plus ou moins forte et prolongée. Un cri, un frémissement, un instant de profond silence, l'action de se prosterner, de lever les mains ou telle autre selon les temps et les mœurs; mais c'est toujours plutôt l'expression du plaisir ou de la douleur diversement modifiés, d'une sorte d'instinct, d'une affection violente et passagère, semblable à l'étincelle électrique que la déclaration d'une raison calme et réfléchie qui se consulte elle-même dans le silence des passions. L'effet ordinaire des grandes assemblées et des questions posées et résolues d'une manière absolue et immédiate est de ravir à l'homme la possibilité même de la réflexion.

L'expression naturelle de la raison est la parole et l'écriture. Celle du sentiment est le geste. Le vote rationnel s'exprime par l'écriture; le vote sommaire, dont on peut se contenter dans les questions où le sentiment suffit ou domine, s'exprime par le geste.

Il est évident que les actions de lever la main, changer de place, faire des acclamations, se lever ou s'asseoir etc., ne signifient autre chose que prendre le ciel à témoin de sa promesse, se ranger dans tel parti, admirer ou être fortement ému, se mettre en devoir de prêter aide, etc., actions qui toutes dérivent plutôt d'une forte commotion de l'âme, d'un sentiment, d'une affection, qu'elles n'expriment le calcul d'une raison froide et impartiale ou la raison se repliant sur elle-même pour former un jugement.

La nature du vote irrationnel étant connue, il est aisé d'en déduire les qualités qui lui conviennent ou les conditions auxquelles il doit satisfaire.

Le vote irrationnel doit être facile à reconnaître, il vaut mieux qu'il s'adresse à l'organe de la vue qu'à celui de l'ouïe. — Il doit être autant que possible simultané afin de ne point laisser le temps à un parti de compter ses forces et de profiter de cette connaissance pour s'acquérir des voix. — Il doit être rapide et simple. Le vote par assis et levé paraît le mieux remplir toutes ces conditions.

NOTE.

» L'approbation du peuple, que le prince fût héréditaire ou électif, s'exprima le plus souvent sous la forme d'une confirmation ou ratification solennelle. Tantôt le nouveau roi était élevé sur un bouclier et promené trois fois autour du peuple assemblé en cercle qui faisait connaître son assentiment par des applaudissemens, comme chez les Lombards, chez les Goths et même chez les Francs ainsi que l'atteste Grégoire de Tours à l'égard de Clovis, de Childebert, et de Gondwald. Tantôt il était simplement montré au peuple qui frappait dans ses mains et poussait des cris de joie comme chez les Saxons et d'autres peuples allemands, ou bien levait la main droite comme on le fit à l'élection d'Othon I. « Si vobis ista electio placet, dæxtris in cœlum elevatis significate. (Paroles de l'évêque montrant au peuple le nouvel empereur devant l'église). En Scandinavie, le prince était également montré au peuple, élevé sur un bouclier. En Norwège et en Suède sur une ou plusieurs pierres, non nisu *proprio, sed consensu manibusque procerum in eum (lapidem) sublevatus.* Il est aussi question en Suède et chez les Normands du sacrifice d'un cheval, etc. Le mode le plus usité paraît avoir été l'élévation ou le battement des mains. On peut le regarder comme un symbole du contrat ou de l'approbation du peuple. »

ESSAI D'APPLICATION DU MODE DE SCRUTIN PAR ORDRE DE PRÉFÉRENCES AUX DÉLIBÉRATIONS SUR DES DISPOSITIONS LÉGISLATIVES.

§ 1. *Unité du vote.*

« Débattre et voter, dit Bentham dans sa Statistique des assemblées délibérantes, sont deux opérations différentes. La dernière ne doit commencer que quand la première est finie.

» Cette règle repose sur deux raisons :

» 1° Pour prévenir les décisions erronées par défaut de connaissance de l'affaire.

» Voter pour ou contre une motion, c'est juger et exercer la charge de juge. Parler pour ou contre, c'est plaider, remplir les fonctions d'avocat. Voter avant la fin de la délibération, c'est juger avant que toutes les preuves soient rassemblées, sans avoir tous les documents qui peuvent se présenter dans le cours des débats.

» N'eût-on plus à entendre qu'un seul orateur, il est impossible de décider à l'avance s'il ne présentera pas quelque nouvel argument qui aurait porté à une autre opinion ceux qui ont voté auparavant.

» 2° Pour prévenir des décisions contraires à la volonté réelle de l'assemblée.

« Qu'on imagine une série de membres qui parlent dans un ordre déterminé et qui opinent l'un après l'autre. Le premier vote pour la motion, tous ceux qui le suivent votent dans le même sens. Mais le dernier de tous vote en sens contraire et s'appuie sur des faits ou sur des argumens qui étaient échappés à tous ceux qui avaient voté auparavant, mais qui entraînent toutes les convictions. Qu'en résulte-t-il ? On prend une décision qui a en apparence toutes les voix moins une et qui néanmoins dans le fait est contraire à la volonté générale de l'assemblée. »

Toutes les parties d'un projet de loi systématiquement ordonné sont tellement liées entr'elles, que chaque disposition est dans certains rapports avec les autres dispositions du même projet. L'opinion que l'on se forme sur chacune d'elles doit donc ou peut du moins se modifier par celle que l'on acquiert sur les autres à mesure qu'elles sont soumises à la discussion.

Or le mode de scrutin successif présentement en usage ne tient aucun compte de ces deux propositions incontestables. En effet, en premier lieu on vote sur chaque article sans connaître les raisons et les faits qui seront présentés et exposés dans la discussion des articles suivans. On vote donc sans mettre chaque disposition de loi en rapport avec toutes les autres ou sans connaître exactement ces rapports. En second lieu, à mesure que l'on avance dans la discussion et le vote que l'on fait marcher d'un pas égal, c'est-à-dire, à mesure que l'assemblée comprend mieux l'ensemble de la loi et ses détails, la possibilité d'appliquer les lumières qu'elle a acquises par les débats diminue et quand on arrive aux derniers articles du projet, où tous ces rapports sont développés et connus, on ne peut appliquer cette connaissance qu'au vote des derniers articles seulement. En sorte qu'il est vrai de dire que la connaissance et le développement du projet dans son ensemble et ses détails sont moins complets là où ils seraient le plus utiles, et qu'ils atteignent leur plus haut degré à mesure qu'ils deviennent moins applicables. Ces deux inconvéniens considérables viennent démontrer de plus en plus la nécessité de l'unité de vote dont parle Bentham, dans un mode de scrutin rationnel.

Comment il est possible qu'une Assemblée n'émette qu'un seul vote sur un ensemble de dispositions législatives soumises à sa discussion.

La rédaction du projet de loi est confiée à une commission composée de philologues et de jurisconsultes, élus par la chambre selon le mode rationnel. Cette commission doit présenter à l'assentiment de la chambre toutes les combinaisons probables du projet de loi. Nous entendons par combinaisons probables toutes celles qui peuvent se présenter à un esprit raisonnable comme ayant quelques chances de succès. Ces combinaisons probables sont l'objet d'un vote préparatoire sans discussion ou après une discussion sommaire. Ce vote préparatoire se fait par le dépôt dans l'urne de petites listes sur lesquelles chaque député inscrit ou numérote selon l'ordre de ses préférences les divers projets ou combinaisons dont il a entendu lecture ou qui lui ont été soumises par écrit.

La combinaison adoptée par l'assemblée peut être revue par la commission qui doit mettre à sa rédaction le plus grand soin et tout le temps nécessaire. Les commissions préparatoires étant formées par listes de préférences comme l'assemblée elle-même, il n'y a aucun danger à leur remettre un pouvoir très-étendu et même distinct sous un certain rapport de celui de la chambre législative; l'élection rationnelle emporte non seulement représentation et mandat, mais subordination spontanée et conditionnelle du pouvoir personnel de l'électeur.

La rédaction faite par ces commissions présente les plus hautes garanties : 1° par le mode de leur composition; 2° par l'attention qu'elles doivent avoir de réduire la pensée législative sous la forme de propositions simples (1); 3° parce que le langage des lois est tellement précis, qu'il existe à peine deux manières de rendre la même pensée législative non complexe; 4° parce qu'enfin le scrutin préparatoire de l'assemblée en adoptant la combinaison soumise à sa discussion a déjà fait assez connaître l'esprit qui l'anime pour qu'il soit infiniment probable qu'une réunion d'hommes éclairés choisis par elle dans son sein saisira sa pensée et l'exprimera convenablement.

Il devra donc y avoir beaucoup moins de changemens à faire au projet ainsi revu et présenté par la commission que n'en exigent ceux présentés par des hommes étrangers à l'assemblée et qui ne sont pour elle qu'un pouvoir rival et par conséquent suspect.

Il est clair néanmoins que chaque membre conservant toujours la faculté d'amender les articles du projet présenté, d'y proposer des retranchemens ou même l'addition de dispositions nouvelles, ce projet, quelque parfaite que soit sa rédaction, n'est toujours qu'un canevas, une sorte de terme moyen autour duquel se groupent toutes les modifications discutées par l'assemblée. Seulement le scrutin préparatoire est une garantie qu'il est de toutes les combinaisons présentées celle qui doit s'écarter le moins du résultat définitif.

Au commencement de la discussion le projet de loi imprimé est remis à tous les députés. Chaque disposition simple et distincte destinée à être mise aux voix en une seule fois y est désignée par une lettre majuscule ou par des chiffres romains d'une certaine couleur, rouges par exemple. Pendant les débats l'esprit se familiarise avec cette désignation qui devient moins neuve et est fixée dans la mémoire au moment du scrutin. Pour cette dernière opération on remet à chaque député un tableau qui contient tous ces numéros ou toutes ces lettres désignant des articles différens avec la série sous chacun d'eux des amendemens qui y ont été proposés. Chacun de ces amendemens est désigné à l'encre par les lettres de l'alphabet ou mieux peut-être par l'initiale du nom du député qui l'a présenté, et rangé dans l'ordre de sa présentation. — On lui remet en même temps la traduction de ce tableau algébrique ou l'exposé complet du projet avec tous les amendemens proposés rangés dans le même ordre et désignés de la même manière.

On laisserait aux députés un certain temps après la fin des débats pour écrire leur vote, 24 heures par exemple ou trois jours dans les matières graves et compliquées.

A l'expiration de ce délai chacun d'eux remet dans l'urne son tableau clos et cacheté, après avoir indiqué sous chaque initiale d'article, par de simples numéros comme dans les listes électorales, l'ordre de ses préférences sur la série des amendemens correspondans.

Un pareil mode de scrutin paraît avoir de grands avantages : 1° c'est le seul dans lequel le vote soit un et simultané ; 2° le seul où le vote soit parfaitement distinct du travail de la discussion et des débats. La discussion pourrait parcourir sans interruption tous les articles du projet jusqu'au dernier, auquel seul commencerait l'opération du scrutin avec remise du tableau de vote (2) ; 3° le tableau remis à chaque membre contenant toutes les combinaisons probables du projet imprimé, désignées dans le texte et dans le tableau par les mêmes lettres qui se correspondent, rend facile l'examen attentif de l'ensemble et des détails, laisse à chaque votant tout le temps qui lui est nécessaire pour s'y livrer à loisir et rend ainsi impossibles les votes précipités, enlevés d'un coup de main ou sans avoir été compris par tous les membres de l'assemblée, dont un certain nombre votent constamment avec ceux de leur parti sans savoir pourquoi (3). Ici vote réfléchi, vote individuel par conséquent, vote secret, vote complet. Les deux conditions indispensables à l'expression de la souveraineté individuelle se trouvent donc réunies au plus haut degré. Publicité entière, permanente, embrassant toutes les combinaisons probables (en ce qui concerne l'objet). Indépendance absolue, réflexion, laps de temps, nécessité de voter d'après son propre examen, secret et isolement (en ce qui concerne le sujet).

On pourrait objecter contre l'unité de vote que cette unité aura pour effet d'entraîner de trop longs délais, de mettre trop d'intervalle entre la discussion de chaque article et son vote. Mais l'inconvénient des votes précipités ou émis sur des aperçus incomplets est beaucoup plus à craindre que l'oubli d'une partie des raisons qui ont été alléguées dans le cours de la discussion, chacun pouvant prendre des notes pour soutenir sa mémoire ou suppléer par ses propres réflexions à l'éloignement des débats. D'ailleurs chaque membre pourrait voter préparatoirement après la discussion de chaque article de la loi. Ce vote préparatoire servirait à le guider dans l'énoncé définitif de son opinion, lors duquel il devra prendre en considération non seulement les divers articles adoptés, mais encore leurs diverses combinaisons et leurs rapports. Par là l'unité des débats n'est point altérée puisque chaque disposition peut être discutée à part, successivement, de manière que l'on ne passe à la disposition suivante qu'après que l'assemblée s'est déclarée suffisamment éclairée sur la première. Et l'unité de vote est infiniment plus complète parce que l'on opère sur toute la loi et sur chacune de ses parties en une seule fois et que l'on peut facilement se livrer à l'examen de chacune de ces parties par rapport à tout l'ensemble.

§. 2. *Publicité des Débats.*

Pour obtenir le résultat des assemblées délibérantes, il est nécessaire d'employer deux moyens successifs, la discussion et le vote. La discussion est toute objective, le vote essentiellement subjectif. Ils ont chacun des conditions inverses. Nous avons vu que de la part du sujet l'exactitude législative exigeait l'indépendance la plus absolue, la maturité de la réflexion et la spontanéité de la volonté. Nous avons cru que l'admission d'un laps de temps déterminé entre la discussion et le vote d'une part, et de l'autre la nécessité du vote écrit satisfaisaient à ces données.

Mais la partie objective des délibérations veut le concours des opinions, la permanence de l'exposé, la présence du public, en un mot la publicité avec toutes ses conséquences. Les débats doivent donc être publics comme le résultat du scrutin doit l'être. La publicité garantit le bon ordre des débats et leur conformité aux réglemens, la publicité soutient l'assemblée, l'élève, l'agrandit à ses propres yeux. Elle seule peut produire cette explosion de lumières qui jaillit nécessairement d'une discussion libre faite par des hommes éclairés sous les yeux de leurs concitoyens. Les débats publics enflamment l'imagination et produisent les grands sentimens. Ils font naître une force de volonté et une fécondité de moyens dont chaque membre, isolément, n'eut pas été capable. La multiplicité des ressources et l'entraînement des passions sont le résultat incontestable, souvent précieux de la discussion publique dans une assemblée délibérante.

En même temps qu'elle agrandit l'imagination et féconde le sentiment, la discussion publique a presque nécessairement aussi pour effet d'entraîner la volonté. Cet entraînement puissant qui associe les individualités et les absorbe pour ainsi dire, nuit à l'opération du jugement. Il est bon que ces émotions fortes soient soumises à l'examen de la réflexion avant de s'exprimer dans le scrutin. Car le scrutin est la reconnaissance de la souveraineté individuelle, un appel fait à la raison de chacun. Si la discussion publique fait jaillir un plus grand faisceau de lumières par le choc des opinions, le vote par association, suite presque nécessaire de la mise aux voix immédiatement après une discussion générale et animée fait disparaître l'opposition des volontés dans l'expression du scrutin.

Les séances des chambres doivent être indistinctement accessibles à tous les citoyens et au journalisme sans autres restrictions que celles indispensablement nécessaires pour le maintien de l'ordre.

NOTES.

(1) On ne saurait trop recommander de lire l'admirable chapitre de M. Bentham sur le langage des lois. Plus une proposition est simple, plus le résultat du scrutin est

exact en ce qui la concerne, parce qu'il arrive plus difficilement qu'un des votans se détermine par une certaine considération, l'autre par une autre, l'objet qu'elle présente à l'esprit étant un.

(2) Si cependant le projet de loi était trop long ou les combinaisons de ses dispositions probables trop multipliées pour le soumettre en une seule fois au scrutin, on pourrait le diviser en sections formant autant que possible un tout indépendant et complet sur leurs matières respectives et l'on voterait séparément sur chacune d'elles.

(3) Trois facultés principalement forment le caractère moral de l'homme et lui donnent quelque valeur. L'imagination, le sentiment, la réflexion. En passant au vote par signes (boules noires ou blanches) immédiatement après la discussion publique, on se prive de la dernière de ces puissances.

INEXACTITUDE DU MODE DE DÉLIBÉRATION EN USAGE DANS LES ASSEMBLÉES LÉGISLATIVES.

Dans toute résolution prise par notre esprit nous pouvons distinguer trois opérations successives : 1° l'initiative ou la proposition des diverses mesures qui peuvent être prises pour atteindre un but déterminé ; 2° les débats ou l'exposé et la comparaison des raisons qui militent en faveur de tel ou tel système, le conflit des motifs qui sont de nature à nous déterminer à l'adoption d'une des mesures proposées ; 3° enfin le vote ou l'adoption de la détermination la plus propre à atteindre ce but, adoption qui s'exprime par leur admission, leur rejet ou la combinaison de leurs dispositions respectives.

Les opérations de l'âme nécessaires pour arriver à un jugement quoique complexes, sont unes et indivisibles comme la raison elle-même. Elles sont tellement liées entr'elles qu'il est impossible de les scinder et de les répartir entre un certain nombre de personnes diverses, qui rempliraient séparément et d'une manière distincte les fonctions délibératives. — Il est évident en effet que le vote dépend des débats, et il ne peut venir à la pensée de personne de charger l'un de l'examen des raisons pour et contre, l'autre du jugement. Il est pareillement évident que les débats et le vote dépendent de l'initiative, les raisons d'adoption et le jugement ne pouvant rester les mêmes au cas où les mesures proposées eussent été différentes. L'initiative est le suppositum de toute la délibération. Or dans le mode de procéder de nos assemblées législatives ces diverses opérations de l'intelligence sont ou omises en partie ou divisées de manière que par un inconcevable abus de l'esprit d'analyse une des fonctions délibératives appartient à une ou à un certain nombre de personnes et les autres à d'autres personnes qui n'ont avec les premières que des relations accidentelles ou qui même n'en ont aucunes et leurs sont complètement étrangères.

Dans le vote sommaire ou irrationel sur une question posée d'une manière simple et absolue, une seule des trois opérations nécessaires à la délibération est accomplie, le vote; encore est-ce d'une manière très-imparfaite puisque la volonté limitée à une seule des nombreuses combinaisons qu'elle pourrait agréer est réduite à l'alternative de s'exprimer ou de s'abdiquer, de proclamer sa souveraineté ou de reconnaître son néant.

Dans le mode de scrutin successif précédé de discussion tel qu'il existe dans nos assemblées délibérantes, on trouve deux des opérations nécessaires à une détermination, savoir: le vote et les débats; mais ces deux opérations sont scindées et inexactes. Ainsi le vote étant absolu et suivant immédiatement le scrutin, il est soumis à deux inconvéniens graves. 1.º Il est incomplet puisqu'on vote sur chaque article avant de connaître la discussion de tous les autres; 2.º il est déterminé par des raisons qui n'appartiennent pas à l'individu qui prononce.

La plus simple réflexion suffit pour rendre ce dernier inconvénient sensible. Celui qui vote immédiatement après la discussion partielle de chaque article vote sans connaître les raisons qui seront présentées dans la discussion des autres articles. Il vote sur les raisons qui viennent de lui être exposées et non sur celles qui se présenteraient à son esprit si après les avoir entendues il se livrait dans la solitude à ses propres réflexions. Il vote sous l'impression du moment, toutes ses facultés morales sont ébranlées par le feu de la discussion, il est soumis à l'action irrésistible de cet entraînement si puissant dans les grandes assemblées qui élève la force de la volonté et enflamme l'imagination, mais cesse trop souvent d'avoir la raison pour compagne. Rien de plus contraire à cette comparaison calme et impartiale des différentes raisons pour et contre qui constitue proprement le délibéré.

Ce n'est pas sous ces deux rapports seulement qu'il y a séparation violente et forcée d'opérations essentiellement indivisibles; la raison individuelle que l'on prétend consulter et que l'on proclame souveraine est encore sacrifiée sous un autre rapport non moins essentiel.

Des opérations complexes qui concourent à une détermination, la chambre n'accomplit que les deux dernières, les débats et le vote; mais l'initiative lui est refusée. Cette initiative est même incompatible avec le vote absolu. Or la première opération, l'initiative, est aussi essentielle que les deux autres à la formation du jugement définitif. Qu'un homme se propose d'atteindre un but déterminé pour lequel plusieurs voies lui sont ouvertes; il commence par soumettre à sa raison les différens moyens qui peuvent le conduire à son but, voilà l'initiative. Il est évident que si vous lui prescrivez un ou plusieurs de ces moyens exclusivement à tous les autres, quelque liberté de débat et de vote qu'il puisse avoir d'ailleurs, sa volonté sera brisée dès l'origine, l'opération de son jugement incomplète parce qu'elle ne porte pas sur tous les objets qu'aurait pu agréer sa volonté.

Au contraire si vous lui exposez toutes les différentes mesures propres à atteindre le but proposé, il peut choisir entr'elles et soumettre au débat et au jugement celles qu'il a préférées. Par là son opinion réfléchie réunit toutes les conditions qui appartiennent à cette opération indivisible de l'intelligence concentrant ses forces et appliquant toutes ses facultés à franchir l'obstacle qu'elle rencontre.

L'élection rationnelle y satisfait complètement. Elle comprend l'initiative puisque chaque individu a sous les yeux le tableau de toutes les mesures probables et qu'il peut les classer selon son opinion, les débats ou le libre examen des raisons pour et contre, puisqu'au moyen d'un ajournement déterminé assez court pour que l'ensemble de la discussion soit encore présent à son esprit et assez long pour laisser à la réflexion tout le temps nécessaire, il profite tout à la fois et des lumières produites par la discussion et de celles que lui fournit sa raison individuelle, enfin le vote complet qui lui permet d'exprimer toutes ses préférences relatives et assure infailliblement à cette expression une part d'influence dans le résultat général du scrutin.

DU VOTE SUR LES PROPOSITIONS COMPLEXES.

Nous avons vu quelle est la supériorité de l'unité de vote sur les modes de scrutin présentement en usage. Cette unité de vote consiste principalement en ce qu'elle rend moins longue l'opération de la mise aux voix et du dépouillement du scrutin, en ce qu'elle n'accorde à personne l'avantage d'une première présentation.

Mais l'unité de vote peut n'être pas toujours praticable ou du moins elle présente fréquemment de grandes difficultés.

Quand il s'agit d'appliquer le scrutin non à des personnes mais à des propositions morales, il faut distinguer les propositions complexes des propositions simples ou coordonnées. L'unité de vote ne peut avoir lieu qu'à l'égard des dernières ; pour l'appliquer aux propositions complexes il faut les ramener aux propositions simples qui les composent et voter isolément sur chacune de celles-ci.

En matière judiciaire par exemple on veut faire décider si la procédure est régulière et si l'accusé mérite la peine de mort. Le président posera la question de savoir : 1° s'il existe quelque défaut de forme qui exige que cette procédure soit ajournée ou recommencée ; 2° au cas de décision négative il pose la question concernant l'application de la peine.

Chacune de ces questions est simple, ou peut se résoudre en un certain nombre de questions coordonnées susceptibles de l'unité de vote.

Ainsi en ce qui concerne la procédure on pourra soumettre au vote simultané les questions suivantes : la procédure est-elle rendue incomplète par tel vice, l'est-elle par tel autre ; doit-elle être renvoyée à telle époque, à telle autre, à tel tribunal, à tel autre ? Ces questions dépendant les unes des autres, étant dans un enchaînement de rapports certains, elles peuvent être l'objet d'un vote simultané.

Pareillement on pourra soumettre au vote simultané les questions suivantes : l'accusé est-il passible de la peine d'emprisonnement, de celle du bannissement, des travaux forcés, de mort ? Ces questions appartiennent au même ordre d'idées, sont l'une à l'autre dans un rapport direct, elles sont en un mot coordonnées. Le vote simultané a le double avantage en ce qui les concerne de faire connaître plus exactement l'opinion des votans et d'abréger l'opération.

On voit par cet exemple que les questions coordonnées sont celles qui appartiennent au même ordre d'idées, qui se décident par les mêmes principes et entre lesquelles il n'existe qu'une question de préférences.

Les questions complexes sont celles qui appartiennent à un ordre d'idées ou à des principes différens et entre lesquels il y a autre chose qu'une question de préférence, qui ne peuvent même devenir l'objet d'une semblable question qu'après un travail préliminaire et indispensable de l'intelligence.

La raison de l'impossibilité du vote sur les questions complexes est facile à saisir. L'élection exprime la volonté. Ce n'est pas à elle qu'il appartient d'opérer la division et le classement des propositions. Ce travail est proprement une perception de l'intelligence. Or l'intellect perçoit mais ne veut pas. Ce vote qui n'exprime que la volonté ne peut donc avoir lieu que pour des objets qui sont entr'eux dans un rapport direct et ont une valeur comparative commune.

Si un projet de loi contient des propositions complexes, elles ne peuvent être ramenées à la simplicité nécessaire pour que l'unité de vote ne soit pas rompue, qu'au moyen de sa division en autant de projets différens qu'il y a de propositions simples contenues dans les propositions complexes. Cette division est faite par la commission législative et chacun des projets est inscrit sur la liste qui doit servir au scrutin préparatoire.

Appelons A une proposition complexe qui comprend sous une alternative les propositions simples A et B, n étant la somme des autres dispositions du projet, ce projet pourra être divisé en deux autres (n + A), (n + B) où A et B représentent chacun une proposition simple et ses coordonnées qui dépendent de la décision de la proposition complexe.

Si dans la série des propositions coordonnées A et B il se trouve d'autres propositions complexes sous un nouveau rapport, une dans chaque série par exemple, chacune renfermant trois termes alternatifs A a, b, c, B, d, e, f, on aurait sur la liste ou tableau de présentation les combinaisons successives n $+$ a, n $+$ b, n $+$ c, n $+$ D, n $+$ e, n $+$ f, où es lettres a b c d e f représentent chacune les propositions simples comprises dans A et B avec leurs coordonnées. On voit que dans cette dernière hypothèse le projet de loi primitif est remplacé par six projets de loi qui seront simultanément soumis au vote préparatoire après lequel il n'en restera plus qu'un comme auparavant qui ne contient que des propositions simples ou coordonnées.

Si le nombre des propositions complexes était très-considérable, il pourrait devenir nécessaire de fractionner le projet en parties indépendantes autant que possible qui seraient soumises l'une après l'autre au vote simultané.

Si la proposition complexe était improvisée dans le courant de la discussion, il faudrait voter séparément sur chacune des propositions simples qui la composent, après quoi on pourrait également, substitution faite de cette proposition simple et de ses coordonnées à la proposition complexe, soumettre l'ensemble de la loi au vote simultané comme à l'ordinaire.

DE L'ÉTAT DE DOUTE.

Le vote étant la libre expression de la souveraineté individuelle, il n'existe aucune raison de limiter cette souveraineté, en la soumettant impérieusement à la nécessité d'une alternative qu'elle repousse. Si l'on interroge la volonté, on doit observer et recueillir toutes ses nuances depuis la négation jusqu'à l'affirmation, sans omettre même l'état du doute, état tout aussi naturel à l'homme et plus rationnel peut-être que les deux autres. Apercevoir vivement et tout d'abord la fausseté d'une proposition, reconnaître cette fausseté par le travail de la réflexion, ne pas voir de raisons de décider ou les juger égales dans l'un et l'autre sens, reconnaître sa vérité, la saisir avec force et vivacité, sont différens états de l'intelligence auxquels correspondent les sentimens de l'adversion, de la désapprobation, de l'indifférence, de l'approbation, de l'enthousiasme, qui sont tous également dans la nature. Ils ne peuvent être mis de niveau et égalisés dans leur expression que par une fiction évidemment fausse.

Cette fiction, sur laquelle repose le mode de scrutin actuellement en usage, disparaît dans le vote rationnel qui a l'immense avantage d'exprimer non-seulement l'approbation ou la désapprobation, mais aussi le degré d'assentiment ou de dissentiment avec une sorte d'exactitude mathématique. La nature des procédés qu'il emploie, la présentation simultanée de toutes les combinaisons probables surtout rendra nécessairement beaucoup plus rare l'indécision des votans. Néanmoins absolument parlant le doute peut exister encore, et qu'il naisse en matière législative, judiciaire, électorale, ou tout autre, il doit rencontrer dans ces divers ordres d'idées son expression propre.

S'agit-il d'une décision judiciaire? Au nombre des combinaisons probables se trouve celle de l'innocence. Le doute s'exprime par l'absolution. Chez les Romains les formules *absolvo*, *condemno*, *non liquet* servaient à faire connaître les différens états de l'ame y compris celui du doute exprimé par la dernière.

Si la décision doit être portée dans un procès civil, l'absolution ou la mise hors de cause d'une des parties emportant nécessairement condamnation de l'autre, il y a nécessité de statuer d'une manière précise. Cette nécessité se résoud dans l'obligation imposée au juge d'adopter la solution la plus probable. Telle est l'expression de son doute.

S'agit-il de faire une loi? Au nombre des combinaisons probables, se trouve le rejet absolu. Le doute s'exprime par ce rejet.

« Le vote d'indécision, dit M. Dumont, serait à sa place dans un comité général pour mieux juger si la délibération doit être ajournée ou continuée, mais il n'est pas nécessaire car la motion d'ajournement le remplace. Tous ceux qui sont indécis ne peuvent manquer de la soutenir pour gagner du temps, prendre de nouvelles informations et s'instruire plus exactement de la chose.

En matière d'élection il y a toujours nécessité de statuer, douter ou demeurer indifférent serait révoquer en doute sa propre existence sociale et l'anéantir autant qu'il est en soi, refuser en un mot de reconnaitre la supériorité de l'intellectuel sur l'empire du fait, supériorité qui légitime l'opération électorale. Mais comme il est à peu près impossible que deux individus réunissent précisément au même degré les différentes et nombreuses qualités nécessaires à un digne représentant, le doute existera rarement ou au moins il pourra facilement être dissipé par une information consciencieuse et impartiale que la loi laisse à chaque citoyen le temps de faire.

Que si le doute n'est pas levé par une semblable enquête, c'est ou paresse ou insouciance coupable. En ce cas il s'exprime par l'absence ou le refus de voter et nous avons exposé les moyens à l'aide desquels cette omission peut-être tout à la fois réprimée et réparée sans porter une atteinte directe à la liberté des élections.

POSITION DES GOUVERNEMENS CONSTITUTIONNELS MODERNES.

Il y a dans toute institution qui a pris racine dans la société une raison suffisante d'être et cette raison ou ce principe en parcourt tous les développemens, toutes les phases d'une manière conséquente avec elle-même. L'inconséquence ne prend jamais un caractère de généralité. Elle ne peut que produire des bizarreries accidentelles. Tout ce qui est social est conséquent. Un trait qui se répète constamment dans les institutions d'une époque a sa source dans l'état moral de la société.

Nous avons vu que les gouvernemens constitutionnels modernes n'expriment rien autre chose qu'une opposition et il y a dans cette situation de la société un sens profond. La société qui se réfléchit fidèlement elle-même et s'exprime dans ses formes gouvernementales en donnant pour résultat constant une opposition, reconnait le pouvoir dans cette opposition même ou si l'on veut dans l'équilibre des deux forces opposées. C'est l'intellectuel expulsé de l'empire du fait, placé face à face avec lui, sans trouver aucun moyen de s'y réintroduire. La conservation et le mouvement, l'héréditaire et le représentatif sont non unis mais juxtà-posés et cette juxtà-position non unie est une opposition. Il est donc vrai de dire que le pouvoir dans une société ainsi constituée est une négation.

Cette situation si remarquable des états constitutionnels modernes qui a sa raison dans la sécularisation ou dans l'expulsion de l'intellectuel, produit une autre conséquence qui n'est pas moins remarquable. Le pouvoir résultant d'une opposition, il ne peut être positif que par ce que contiennent de positif les deux forces opposées; mais ce positif doit disparaitre dans l'expression du pouvoir, car ce positif rompt l'équilibre; c'est précisément la quantité dont l'une des deux forces surpasse l'autre ; et comme ce positif existe toujours dans la nature puisque la société étant un tout organique elle ne peut être que dans un équilibre *instable* : il en résulte que ce positif rupteur de l'équilibre doit toujours être contenu dans de justes bornes ou incessamment détruit. La mission de le détruire est attribuée au pouvoir royal et c'est ce qui dans nos systèmes actuels de gouvernement constitue son caractère le plus essentiel. Le pouvoir royal s'acquitte de cette mission par l'intermédiaire du ministère. Ce sont les ministres chargés de la conduite du vaisseau de l'état qui brisent incessamment et retiennent dans de justes bornes le positif destructeur de l'équilibre des deux forces opposées. C'est ce que MM. Lanjuinais, Benjamin Constant et Chateaubriant nomment autorité médiatrice, directoriale, modulatrice, pouvoir neutralisant. L'expression neutralisant est remarquable et parfaitement juste. La société repoussant l'intellectuel et marchant néanmoins par voie de progrès à l'accomplissement des fins pour lesquelles elle est instituée présente une opposition absolue et inconciliable. Cette opposition ne peut être qu'un équilibre instable, c'est-à-dire où il y a ou peut y avoir à chaque instant un positif destructeur de l'équilibre. L'équilibre stable et absolu donnerait pour le pouvoir une pure négation, mais l'équilibre instable donne un positif *niable* et la mission de le nier ou de le neutraliser est déférée au plus haut pouvoir de la société, au pouvoir royal.

Mais dans le système d'élection générale et libre le pouvoir est essentiellement positif, le gouvernement ne réside point dans une opposition, mais au contraire dans l'union de tous les élémens de la société. Il ne ... question de pouvoir modérateur ou neutrali... ...'il n'y a plus à proprement parler d'équi... ...intenir par des précautions artificielles. Tout ... se sur une vaste base consistant dans le contrat ou l'assentiment le plus général, base intelligente et souveraine capable de supporter toute la hiérarchie sociale et ne la supportant qu'en tant qu'elle le veut mais le voulant nécessairement ; le pouvoir royal se réduit alors au pouvoir exécutif et devient un véritable mandat direct.

L'IDÉAL ET LE FICTIF.

On confond fréquemment l'idéal et le fictif. L'idéal est le vrai, le général, l'absolu. La fiction est un effort de l'esprit humain par lequel il essaie de faire rentrer dans le fait l'idéal qui en avait été expulsé.

Cette définition fait voir le côté vrai et le côté faux de la fiction. Elle est vraie en tant qu'elle ramène l'idéal, fausse en tant que pour le ramener elle détruit violemment le fait. Le rapport social réside dans l'harmonie entre l'intellectuel et le fait. Que si le fait expulse l'intellectuel, l'effort par lequel le fait et l'idéal étant directement opposés et obligés de rompre en visière, le fait est violemment asservi à l'idéal à l'aide d'une supposition contraire à la vérité est la fiction. — Cette notion explique pourquoi la fiction est d'une si grande importance et d'un si fréquent usage dans la science du droit qui est l'alliance de l'intellectuel et du fait par voie d'opposition. — Pourquoi la fiction tend à disparaître de cette science à une époque ou elle s'abdique comme science pour admettre une généralité, une simplicité, une sorte de naturalisme qui est ce qu'il y a de plus contraire à la science. — Comment enfin la véritable représentation, la représentation pouvoir, pouvoir intellectuel, paraît une pure fiction à ceux qui partent du fait institué et reconnu comme droit, la propriété, pour en faire sortir tous les rapports de subordination personnelle. C'est que le fait résistant alors directement à l'idéal, obligé de rompre avec lui ne peut s'y asservir que par une hypothèse contraire à la vérité ou par une fiction.

Cette explication rend sensible que la représentation qui résulte de l'élection directe est fictive, mais que celle qui résulte de l'élection à deux degrés par ordre de préférence est l'idéal et le vrai. La première oppose le fait à l'idéal qu'elle brise et enchaîne sous une forme artificielle, la seconde les concilie et les confond dans une magnifique unité.

RÉSUMÉ SUR LA NATURE DE L'ÉLÉMENT ÉLECTORAL.

Dans l'ordre intellectuel (1) tous les hommes sont égaux et libres, si ce n'est en tant que la faiblesse de la nature humaine restreint cette liberté et cette égalité naturelle.

Tous les hommes ont donc un égal droit de participer aux décisions qui peuvent concerner les intérêts ou la conservation de la société générale. Ils y ont un droit direct et aliénable comme leur personnalité.

Ils y ont un droit *direct*, mais limité dans son exercice par l'impuissance des facultés humaines. L'acte par lequel le petit nombre d'hommes qui peuvent exercer utilement les droits qui appartiennent à tous, remplacent ceux-ci dans le temps et dans l'espace est ce qu'on nomme représentation. La représentation n'est donc qu'un remplacement de la totalité ou d'une partie des membres de la société générale. Elle n'est une représentation proprement dite que par rapport à la raison générale dont le type est en Dieu.

Inaliénable. Les droits sur la nature physique ou de propriété sont aliénables de leur nature et peuvent être l'objet d'un mandat ou de telle autre cession à temps ou illimitée. Les droits personnels ou de l'homme sur l'homme sont inaliénables de leur nature, parce que l'homme ne pourrait les aliéner qu'en altérant sa substantialité et en se rendant coupable d'une sorte de suicide moral. Les droits personnels, en principe, ne peuvent être l'objet d'un mandat direct.

Ainsi le représentant remplace ses commettans mais il représente Dieu, telle est la véritable position de toute personne pouvoir.

De ces notions simples découlent deux conséquences importantes :

1° Le commettant n'aliène rien. Il renonce seulement à l'exercice de son droit en faveur de ceux qui peuvent l'exercer utilement pour un temps déterminé par les lois de l'organisme social. Il peut donc, en principe, révoquer incessamment son mandat ou son choix et le conférer à qui il lui plaît. Ce n'est que la nécessité qui ajourne cette révocation à la plus prochaine période électorale.

2° Le représentant ne représente pas ses commettans seulement, mais la raison générale ou la société générale tout entière. Il n'a donc aucune responsabilité autre que la chance de la cessation de la confiance de ses commettans il ne doit recevoir d'eux aucune instruction.

La représentation appartient aux plus dignes. La reconnaissance de cette dignité est la chose dont tous les hommes sans distinction de conditions sont le mieux capables. Electoralement les plus dignes sont ceux qui obtiennent le plus de suffrages. Cette pluralité des suffrages doit reposer sur le double rapport de l'expression numérique des votans et de l'appréciation de leurs influences relatives.

L'élection simple et directe n'est qu'un mandat. Elle ne peut valoir que pour les intérêts purement matériels tels que ceux de la propriété. On peut l'admettre pour le vote de l'impôt par exemple. De quelque manière qu'on le restreigne ou qu'on modifie le mandat direct ne saurait produire une véritable représentation.

L'élection pour être génératrice du pouvoir veut la combinaison de deux termes. L'idée d'élection renferme nécessairement présentation et acceptation, ce qui suppose un ordre ternaire hiérarchique qui réside au fond de toute opération intellectuelle.

Toutes les législations électorales existantes admettent dans le travail électoral la combinaison de deux termes. Seulement, elles tronquent souvent l'un de ces termes ou même tous les deux en restreignant à un seul les nombreux moyens d'influence par lesquels l'homme fait reconnaître dans la société sa supériorité personnelle. Cette mutilation n'est, de quelque nom qu'on la décore, qu'un véritable privilège contraire de sa nature au principe électoral.

C'est donc par l'intermédiaire des influences sociales

que l'élection doit, pour constituer un tout organique, combiner ces deux termes.

L'influence est proprement le fait en tant qu'il est reconnu comme légitime et librement admis par les coassociés. Si on la fixe et règle elle acquiert un caractère de légalité et devient droit; car le droit n'est qu'un fait qui a passé dans l'ordre intellectuel et a été reconnu par lui.

Toute influence qui n'est ni violente ni frauduleuse est légitime. Elle doit trouver son expression dans le résultat électoral et servir dans la place qui lui appartient à rechercher ce résultat. Les influences sont donc tout à la fois le moyen et l'objet du travail électoral (2).

L'influence est le réel du droit, la légalité en est le formel. Quand l'intellectuel est expulsé de la société, le réel du droit se sépare du formel, ou, ce qui est la même chose, la légalité opprime les influences sociales naturelles. L'empire du droit disparaît devant le fait légal.

Dans cette position, la société toute entière n'est par rapport à l'intellectuel (en tant que la séparation de l'intellectuel et du fait est complète) qu'un pur fait. L'opposition entre lui et ce fait ne permet pas qu'il y pénètre d'une manière directe, toutes les avenues lui sont fermées. Il ne peut y rentrer que par voie supérieure. La société s'abaisse jusqu'au matérialisme, et l'ordre intellectuel entièrement libre, apparaît à l'humanité dans sa pureté native.

L'ordre intellectuel alors ne considère tous les élémens constitutifs de la société, même ce que l'on décore du nom de droit, que comme des faits. Quoiqu'agissant en sens contraire, il ne tend pas à les détruire, mais il s'efforce de les pénétrer. L'intellectuel ne bouleverse rien, ne détruit rien d'une manière violente. Il respecte tout ce qui existe et le reconnaît comme fait, mais il s'y réintroduit, se l'assimile, le maîtrise et le domine.

Tel est le seul moyen par lequel puisse s'opérer une régénération sociale.

L'intellectuel considérant tous les élémens sociaux comme de purs faits, il ne peut en privilégier aucun. Ils n'ont à son égard de valeur que pour ce qu'ils ont de socialement réel ou comme influences. Tout ce qui a une existence sociale et quelque valeur dans l'opinion publique est admis sans distinction par l'intellectuel comme matériaux de réédification. L'élection générale ne doit donc privilégier ni la propriété, ni la naissance, ni la modicité. Tout ce qui est un moyen d'influence sans violence ni fraude doit y trouver son expression et contribuer à son œuvre.

L'élection est de sa nature permanente, générale, libre. Elle existe à toutes les époques de l'histoire. Mais son action est plus ou moins puissante, plus ou moins explicite, plus ou moins dégagée de l'empire du fait.

Quand une société est fixée, l'action électorale peut sembler presqu'insensible. Quand elle est dans un état de crise, que l'harmonie entre le développement intellectuel et la forme sociale de l'empire du fait a été rompue, son action devient prédominante. A certaines époques elle est tacite, à d'autres expresse ; enfin elle s'écrit et s'enregistre journellement aux époques où la société tient registre de sa position de chaque jour.

La représentation n'est point en principe opposée au gouvernement. Cette opposition n'est qu'un fait éventuel qui dans le système d'élection permanente ne saurait avoir de durée. Si une pareille opposition se prolongeait, ou bien le corps représentatif serait révoqué à la prochaine période électorale, ou bien le gouvernement serait appelé par le conseil suprême à rendre compte de sa conduite.

La division des pouvoirs n'appartient pas plus que leur opposition à l'ordre intellectuel. Ces deux idées, l'opposition et la division du pouvoir, tiennent au pouvoir propriété, lequel contient dans son germe l'asservissement du genre humain. Le pouvoir intellectuel est un de sa nature, personnel, indivisible.

Le pouvoir propriété appelle sans cesse la contrainte à son aide, la force est sa raison suprême. Le pouvoir intellectuel engendre l'obéissance parce qu'il repose sur la représentation de la raison générale ou Dieu et que toute obéissance renferme une adoration.

Dans les gouvernemens modernes, l'opposition, résultat nécessaire des simples majorités, est la partie progressive de l'expression gouvernementale. Elle rompt incessamment cet équilibre dans lequel nos politiques font résider l'idéal d'un gouvernement constitutionnel. Le pouvoir royal est destiné à la neutraliser. Mais dans l'ordre intellectuel tout est positif. Cette opposition, qui est le trait distinctif de nos mécanismes constitutionnels, disparaît complètement. Autant l'élection par simples majorités divise et oppose, autant celle par appréciation des influences associe et fond tous les élémens organiques du corps social.

NOTES.

(1) Nous entendons toujours par ordre intellectuel l'idéal de la société générale la plus parfaite.

(2) On doit se rappeler aussi la distinction que nous avons faite entre les influences et les moyens d'influence. L'influence n'est pas le fait mais la reconnaissance par les coassociés du fait qui assure une supériorité personnelle. Le travail électoral doit tout à la fois constater les influences et trouver leur expression générale.

D'UN ÉTAT LÉGAL UNIVERSEL.

» L'idée d'un état légal universel, dit M. Hugo, se retrouve partout, à la vérité à la manière dont se produisent les conceptions des hommes sensibles, comme tradition du passé ou comme espérance pour l'avenir. L'état d'innocence, l'âge d'or, la paix éternelle, le royaume de mille ans en sont de visibles expressions unies à celle d'une moralité parfaite. »

» Ce ne serait qu'un état légal ainsi général qui pourrait faire cesser cette absence de droit qui subsiste dans la plus grande partie du monde, la guerre, occasion de troubles sans cesse renaissans même pour les états qui vivent isolés. Il ferait cesser en même temps cette foule de conflits que produit dans les pays coupés par de nombreuses frontières, la rencontre de plusieurs droits positifs pour savoir lequel doit être appliqué. Enfin si la guerre pouvait par suite du changement de tous les états particuliers en une vaste société générale, être remplacée par la révolte, outre que celle-ci est moins à craindre et se réprime plus facilement puisqu'elle n'existe qu'entre des hommes soumis à une suprême magistrature commune, elle serait aussi moins funeste par cela seul que dans un état légal universel contre lequel il n'y aurait aucun secours à espérer de l'étranger, la révolte ne romprait pas aussi facilement l'ordre que dans un état légal particulier.

» On conçoit que pour cela il ne serait pas nécessaire d'un monarque unique, mais d'un gouvernement unique et en même temps qu'une simple fédération de peuples ou un congrès d'états arbitraire serait insuffisant. Ce gouvernement suprême pourrait avoir au-dessous de lui d'autres gouvernemens subordonnés dont la constitution et l'étendue varieraient à l'infini. L'ancien empire d'Allemagne nous donne en partie l'image imparfaite et grossière d'un pareil ordre de choses.

« On peut citer aussi l'église dont tous les membres forment, sous un rapport, une espèce de communauté et s'accoutument à se considérer moins comme dépourvus de tout lien de droit que ne le faisaient les peuples de l'antiquité à l'égard de tous ceux qui n'appartenaient pas au même peuple. L'église a puissamment contribué à diminuer les inconvéniens qui résultent du morcellement de l'humanité. »

NOTE.

« Le christianisme produit dans l'histoire un progrès semblable à celui qui existe du règne minéral à l'homme, en manifestant l'unité de la nature humaine et apprenant à connaître cette unité dont l'antiquité avait perdu le sentiment dans la division des peuples. » *Stahl, tom. 2, page 100.*

CONTINUATION DU MÊME SUJET.

« Les peuples comme états peuvent être jugés comme des particuliers qui dans l'état de nation, c'est-à-dire dans leur indépendance des lois extérieures, se blessent par leur juxtà-position et dont chacun peut et doit exiger de l'autre pour sa sûreté d'entrer avec lui dans une constitution semblable à la constitution civile où chacun peut être assuré de son droit. Ce serait une alliance de peuples, mais qui ne serait pas néanmoins un état de peuples. Or, il y aurait en cela contradiction, puisque tout état contient le rapport d'un supérieur (celui qui donne la loi) à un inférieur (celui qui obéit, savoir le peuple) et que plusieurs peuples dans un état ne composeraient qu'un peuple ce qui résiste à la supposition : car ici nous avons à considérer le droit des peuples entr'eux, en tant qu'ils forment des états différens et qu'ils ne doivent pas se fondre dans un état. » *Kant, de la paix éternelle.*

Le problème de la paix éternelle qu'examine Kant et celui d'un état légal universel que Hugo croit possible nous paraissent être précisément le même.

Les nations ne peuvent être considérées comme des personnalités égales. Elles ont des valeurs intrinsèques trop différentes, elles sont trop fixées dans le temps et dans l'espace. Si elles étaient considérées comme des personnalités égales, elles perdraient leur nationalité, on pourrait les subordonner selon leurs influences respectives et en faire un grand état. Le problème de la paix éternelle est donc celui de la subordination dans l'intellectuel des différentes nations considérées comme individus. Le problème de la paix éternelle entre les diverses nations de la terre, suppose l'anéantissement d'un de ses termes, la nationalité. Quand toutes les nations cesseront d'être nations pour ne former qu'un grand état, le problème pourra être résolu.

Examinons en premier lieu comment il est possible de concevoir que toutes les nations soient subordonnées à l'intellectuel pour ne faire qu'un grand état. En second lieu comment la guerre peut être évitée autant que possible entre les nations considérées comme individus.

Pour obtenir un conseil suprême universel qui concilie et juge les différens des conseils nationaux, il est nécessaire que ce conseil suprême soit reconnu par eux ou que ceux-ci en élisent les membres. Pour pouvoir procéder à cette élection il faut que toutes les influences qui figurent dans tous les conseils nationaux puissent être considérées comme égales puisque tous les membres de tous ces conseils nationaux doivent concourir à l'élection, puis il faut pouvoir les réunir, fictivement du moins, en une seule assemblée.

L'un et l'autre sont à peu près impossibles.

1° Il faudrait pour obtenir l'égalité électorale entre tous les membres des conseils suprêmes de toutes les nations que le même mode électoral fût suivi partout, ce qui n'est pas à espérer, et que les conditions numériques du classement électoral fussent les mêmes chez tous les peuples, ce qui est physiquement impossible à cause de l'extrême disproportion entre la population des divers états. Le moyen d'établir les mêmes conditions numériques pour une petite république de quelques milliers d'individus et l'empire de la Chine par exemple, dont la population surpasse celle de l'Europe entière, lorsque les membres d'un conseil suprême national ne peuvent dans aucun cas excéder de 4 à 500?

2° Il faudrait pouvoir les réunir fictivement du moins dans une seule assemblée, ce qui paraît presqu'aussi difficile. Car si l'on faisait voter ensemble par correspondance les membres de tous les conseils nationaux, on soumettrait aux membres de ces conseils l'appréciation d'influences qui leur sont tout-à-fait étrangères. Il est évident qu'un député de France ne pourrait apprécier la dignité de ses collègues du Japon; et si on faisait élire par chaque conseil national un nombre de membres du conseil suprême universel, proportionnel au nombre qui compose le conseil national 1/100° par exemple, un grand nombre de conseils nationaux de petites souverainetés se trouveraient sans représentation au conseil universel, n'y pouvant figurer que pour une fraction trop minime.

On sent que tout cela est impraticable jusqu'à ce que les sections qui morcellent le genre humain soient moins inégales, soumises au même mode de gouvernement et aux mêmes classifications administratives à peu près, et que les communications entre les peuples les plus éloignés soient encore beaucoup plus promptes et plus faciles qu'elles ne l'ont été jusqu'ici. On peut approcher de ce but, on y tend peut-être, mais doit-on en espérer la réalisation et n'appartient-elle pas au monde d'au-delà *Jenseitsvelt*?

Passons à la seconde question que nous nous sommes posée. Comment la guerre peut-elle être le plus possible évitée entre les nations ?

Ce ne peut être que par le système de fédérations actuellement en usage, généralisé néanmoins et constitué d'une manière régulière.

Les diverses nationalités respectives subsistant dans leur indépendance, les conseils suprêmes des diverses nations ne sont pas des quantités comparables, car on ne peut comparer et combiner entr'elles que des quantités de même ordre. Leurs différentes expressions ne peuvent pas davantage être ni comparées ni ordonnées. Le député ou les députés nommés individuellement par chaque nation pour représenter ses intérêts sont donc des individualités différentes et non point des personnes égales. Elles ne peuvent former qu'un congrès et non une assemblée électorale. Les résultats de leurs décisions sont des transactions ou traités et non la génération d'un pouvoir universel supérieur à elles toutes (1).

D'un autre côté, il faut que ces députés des conseils suprêmes nationaux puissent exercer les uns sur les autres quelqu'influence. Nécessaire par conséquent que les nations qu'elles représentent soient en relation habituelle d'affaires ou d'intérêts. Ce n'est donc que le système de nations entre lesquelles il existe des relations de ce genre qui peut former une assemblée ou congrès où seront traités et conciliés les intérêts nationaux respectifs.

Que si ce congrès ne concilie pas, il n'y a que la décision d'une autorité supérieure à tous ces conseils nationaux qui puisse faire éviter la guerre; et jusqu'à ce que tous les peuples aient passé complètement à l'intellectuel en se constituant en un grand état, cette supériorité ne peut être établie par voie électorale. Au moyen âge, l'autorité du chef de l'église fut souvent réclamée en pareil cas. L'on peut même observer en passant que son élection a une analogie frappante quoiqu'incomplète avec ce que nous avons vu devoir être pratiqué dans l'hypothèse où tous les conseils nationaux particuliers procèderaient à l'élection d'un conseil supérieur universel. Le pape est élu par un conclave, formé de cardinaux pris chez les divers peuples chrétiens en raison présumée de leur importance et de leur influence respectives. Cependant l'intellectuel qui se montre ici est extrêmement incomplet, il ne possède la généralité et la permanence qu'en principe; dans la réalité, l'élection sur laquelle il repose est temporaire et partielle.

Il demeure donc sur la première question, nonobstant les assertions hardies de quelques philosophes et les rêves pieux de quelques écrivains, que le problème de la paix universelle est identique avec celui d'une société universelle, et qu'il ne peut se réaliser que par une division du genre humain moins disproportionnée que celle que nous connaissons, par l'anéantissement de la nationalité et par le franchissement des obstacles qui résistent encore à la rapide communication entre tous les peuples. Sur la seconde, que dans l'état présent des choses les congrès ou fédérations formés par systèmes de nations exerçant entr'elles le droit d'intervention armée ou non armée, sont ce qu'il y a de plus propre à remplacer l'ancienne influence papale et à détourner ou diminuer le fléau de la guerre dans les cas où toute transaction est impossible.

NOTE.

(1) On conçoit néanmoins que le fédéralisme puisse par une égalisation approximative de ses membres, res-

sembler de plus en plus à un véritable état légal. Tels sont la fédération des cantons suisses, celle des états allemands représentée par une diète, le congrès des États-Unis d'Amérique.

L'ÉLECTION RATIONNELLE MARCHE SEULE ET SE SUFFIT A ELLE-MÊME DEPUIS LE MOMENT OU SA NÉCESSITÉ SE FAIT SENTIR JUSQU'A CELUI OU ELLE EST COMPLÈTEMENT ORGANISÉE.

Le conseil national doit être en permanence pendant le travail électoral.

Il n'est point convoqué par le prince qui n'est que le dépositaire du pouvoir exécutif, mais par la loi qui a déterminé à l'avance les périodes électorales.

Il est dissout au moment où le résultat électoral annuel est connu et proclamé.

La présence du prince et des autres officiers publics qui sont appelés dans le conseil suprême ne produit point la confusion du pouvoir législatif et du pouvoir exécutif. Ces officiers ne sont appelés que par suite de l'influence qu'ils exercent naturellement, influence tout aussi légitime que celle qui, sans fraude ni violence, découle de tout autre source. Les membres du grand conseil sont mis hors de leurs atteintes par l'inviolabilité de leurs personnes. La liberté du scrutin n'en est donc aucunement altérée. Ces officiers ne peuvent, par suite d'une prétendue cumulation ou confusion de pouvoirs être dangereux ni à leurs concitoyens membres du conseil suprême, ni à leurs concitoyens hiérarchiquement subordonnés à ce conseil suprême. Aux premiers, parce que leur personne est inviolable; aux seconds, parce que la présence des officiers exécutifs ne donne à ceux-ci d'autre part au pouvoir législatif que celle que leur assure leur influence naturelle librement reconnue.

L'assemblée élit elle-même son président. Au moyen des commissions préparatoires qui sont devenues dans ces derniers temps d'un si fréquent usage, le président ne remplit guère que l'office de secrétaire, si ce n'est en ce qui concerne la police de l'audience. Mais ses attributions sous ce dernier rapport ne sont pas essentiellement liées à la présidence, elles se réduisent à faire exécuter un réglement de discipline.

On voit donc que la loi électorale une fois établie marche seule et se suffit à elle-même. En effet, l'élection rationnelle ne présuppose aucun pouvoir antérieur et a ceci de particulier et qui la distingue de tous les autres systèmes d'organisation sociale, qu'elle engendre le pouvoir en même temps qu'elle le reconnaît.

Dans chaque assemblée électorale il suffit de la remise des listes et de leur dépouillement; c'est une affaire de bureaucratie. Il n'y a là ni président proprement dit, ni pouvoir.

Les intervalles électoraux sont fixés par la loi constitutionnelle.

Cette loi est supérieure à tous les pouvoirs de l'état; le prince n'est pas plus que les autres citoyens chargé spécialement de son exécution. Dans ce système il n'est que l'exécuteur des décisions du conseil national que la loi seule convoque et dissout.

On voit donc que depuis le moment où commence l'opération électorale jusqu'à celui où tous les membres de l'organisme politique fonctionnent et marchent, il n'y a aucune cessation de continuité. Le but est la véritable expression de l'opinion publique ou la production du pouvoir dans le sens le plus général. Le point de départ est la masse de toutes les influences sociales existantes au moment où la nécessité de l'élection générale est reconnue. L'élection rationnelle ne suppose donc point une révolution violente, mais seulement la reconnaissance de la nécessité de l'élection. Cette nécessité résulte de l'impossibilité absolue où peut se trouver placé l'ordre provisoire subsistant. Le fait doit alors s'abdiquer lui-même pour rendre hommage à l'ordre intellectuel dans lequel il revêt un nouveau caractère. Que si cela n'arrive pas et que le fait résiste à la loi impérieuse de la nécessité, il est renversé violemment par un autre fait et c'est une révolution.

FIN.

TABLE

DES MATIÈRES.

Préface, p. 1.
Première partie.—Coup-d'œil historique sur les institutions électorales de divers peuples tant anciens que modernes, 33.
Préliminaires.—Origine des peuples, 61.
Athènes, 64.
Développement remarquable de l'élément électoral dans la Grande-Bretagne au XIX° siècle, 67.
Ce que fut l'élection dans l'empire germanique, 70.
Exemples remarquables d'une élection hiérarchique dans quelques états de l'Allemagne,
La Suisse, 78.
Ci-devant Provinces-Unies, 82.
Norwège, royaume lombard-vénitien. Pologne, 84.
Russie, 85.
Des républiques italiennes, 90.
Espagne, 98.
Saint-Domingue et les états de l'Amérique, 103.
Traces d'institutions électorales en France dès la plus haute antiquité, 106.
L'élément électoral s'exprime dans les maximes de notre ancien droit public, 111.
Analyse des diverses constitutions qui se sont succédées en France depuis 1791, 116.
Seconde partie. — Nature de l'élément électoral.—Quel serait le système de gouvernement qui conviendrait le mieux à toutes les opinions? 121.
L'élection vraie est l'expression de toutes les influences, 123
Classification des influences, 127.
La permanence et la mobilité de l'élection conviennent à notre état de société, 136.
Du dépouillement du scrutin, 142.
Du cens, 148.
Obligation d'être présent aux assemblées politiques, 152.
De l'oligarchie, 157.
Des Démocraties, 158.

L'idée de pouvoir injustement confondue avec celle de propriété, 163.
Le pouvoir est une protection, 166.
De l'idée prédominante d'un ordre de civilisation, 168.
Des assemblées législatives, 171.
Des chartes, 175.
Les influences doivent s'ordonner en toute liberté, 178.
Droits politiques des femmes et des enfans, 181.
L'élection indirecte ou à deux degrés engendre le pouvoir, 183.
Elle seule concilie, 188.
De la publicité, 192.
L'élection doit être permanente, 194.
Secret des votes, 195.
Unité du corps législatif, 198.
Inexactitude du mode actuel d'élection, 202.
De l'empire du fait, 204.
Continuation du même sujet, 208.
De l'égalité électorale, 209.
L'élection rationnelle diffère totalement de l'élection de mandat ou directe actuellement en usage, 212.
L'élection directe ne produit qu'une opposition, 217.
Du provisoire et du péremptoire, 219.
De la représentation, 224.
Continuation du même sujet, 228.
Représentation de la famille et de la commune, 230.
De la garantie mutuelle qui s'observe à l'origine des peuples germaniques, 233.
Ce qu'il y a au fond des principes qui soutiennent l'ordre social, 238.
Egalité et union, 242.
De la majorité, 243.
Continuation du même sujet, 245.
De l'élection à certaines charges, 247.
Sur quelles bases doivent être établies les conditions numériques du classement électoral, 248.
Les électeurs du deuxième ordre peuvent voter l'impôt, 254
Conditions numériques du classement électoral (suite) 258
Du président et du secrétaire, 267.
Caractère des assemblées du peuple qui furent en usage chez les Germains, 269.
De la nécessité, 274.

Des assemblées d'états, 278.
Le développement historique, 286.
Où en est la législation, 289.
De l'admissibilité de tous à l'élection, 292.
Du renouvellement électoral, 295.
L'opposition ne doit pas être permanente, 297.
Unité du corps législatif (suite), 301.
Besoin qu'a la société d'une restauration représentative, 304.

TROISIÈME PARTIE. — Nouveaux développemens sur la nature de l'élément électoral et essais d'application d'un système d'élection rationnelle.—Du contrat social, 310.
De l'intellectuel, 314.
Continuation du même sujet, 319.
Du prince, 322.
Le pouvoir est un de sa nature, 324.
Raison et nature de la représentation, 327.
Du mandat électoral, 331.
Des instructions, 333.
L'élection directe proscrit l'intellectuel, 336.
Divisions électorales et durée de la représentation, 340.
Nécessité, pour que le député représente toute la société et non ses seuls commettans, que l'élection soit fondée sur la graduation des influences, 342.
Union intime des doctrines et des influences prédominantes, 345.
Théorie de la hiérarchie électorale, 348.
L'élection directe est impossible si elle doit être exercée par tous, 351.
Injuste si elle ne l'est que par les privilégiés, 354.
Opinions diverses émises par M. Rottek sur l'élection à deux degrés, 356.
Les électeurs du deuxième ordre élisent du milieu d'eux les membres du conseil suprême, 359.
Inconvénient particulier que l'élection à deux degrés peut faire naître, 364.
Diverses applications de l'élection rationnelle, 366.
Différentes espèces de votes, 371.
Essai d'application du mode de scrutin par ordre de préférences aux délibérations sur des dispositions législatives, 375.

Inexactitude du mode de délibération en usage dans les assemblées législatives, 383.
Du vote sur les propositions complexes, 387.
De l'état de doute, 391.
Position des gouvernemens constitutionnels modernes, 393.
L'idéal et le flétif, 396.
Résumé sur la nature de l'élément électoral, 397.
D'un état légal universel, 403.
Continuation du même sujet, 405.
L'élection rationnelle marche seule et se suffit à elle-même depuis le moment où sa nécessité se fait sentir jusqu'à celui où elle est complètement organisée, 410.

FIN DE LA TABLE.

ERRATA.

Pag. lig.
- 18. 25, retranchez la virgule qui se trouve après le mot *générale*
- 103 17, au lieu de *critère*, lisez *criterium*.
- 138 29, au lieu de *affaires*, lisez *intrigues*.
- id. 30, lisez *et les moyens d'aisance*.
- 139 7, au lieu de *qui ne rattachent*, lisez *qui ne se rattachent*.
- 163 20, lisez *sur des principes tout différens. Dans l'état primitif l'idée de propriété est appliquée à tout.*
- 171 14, au lieu de *crée et*, lisez *et crée*.
- 174 33, au lieu de *omnipotente*, lisez *toute puissante et souveraine*.
- 181 19, au lieu de *puisqu'ils partagent ou héritent de sa position*, lisez *puisqu'ils partagent sa position sociale ou en héritent*.
- 185 15, au lieu de *semble*, lisez *sembles*.
- 188 18, en commençant le chapitre, lisez *la présomption*, etc.
- 206 18, au lieu de *opéré*, lisez *opérée*.
- 209 20, au lieu de *faites*, lisez *faite*.
- 210 2, ajoutez un ; après le mot *surviennent*.
- 231 7, au lieu de *l'élection qui, qui sous*, etc., lisez *l'élection qui sous*.
- 235 20, retranchez la virgule placée après *existimat*.
- 239 7, retranchez *chez elles*.
- 256 24, au lieu de *et ce qui*, lisez *et qui*.
- 258 26, au lieu de *entre*, lisez *outre*.
- 289 16, au lieu de *ce vote*, lisez *le vote*.
- 295 30, au lieu de *d'un gouvernement*, lisez *du gouvernement*.
- 309 4, au lieu de *n'aura*, *n'auraient*.
- 317 3, au lieu de *égards*, lisez *regards*.
- id. 26, supprimez la virgule après le mot *valent*.
- 325 26, au lieu de *représentation*, lisez *respiration*.
- 341 6, au lieu de *divisions hiérarchiques*, lisez *divisions électorales*.
- 345 31, au lieu de *l'une ou de l'autre*, lisez *l'une et de l'autre*.
- 355 22, au lieu de *ce résultat*, lisez *le résultat*.
- 360 32, au lieu de *ordination*, lisez *ordonnance*.

366 19, au lieu de *faudrait*, lisez *pourrait*.
368 21, au lieu de *encore*, lisez *cependant*.
376 10, au lieu de *statistique*, lisez *tactique*.
378 11, au lieu de *rendre*, lisez *exprimer*.
390 9, au lieu de n × D, lisez n + d.
397 21, au lieu de *aliénable*, lisez *inaliénable*.

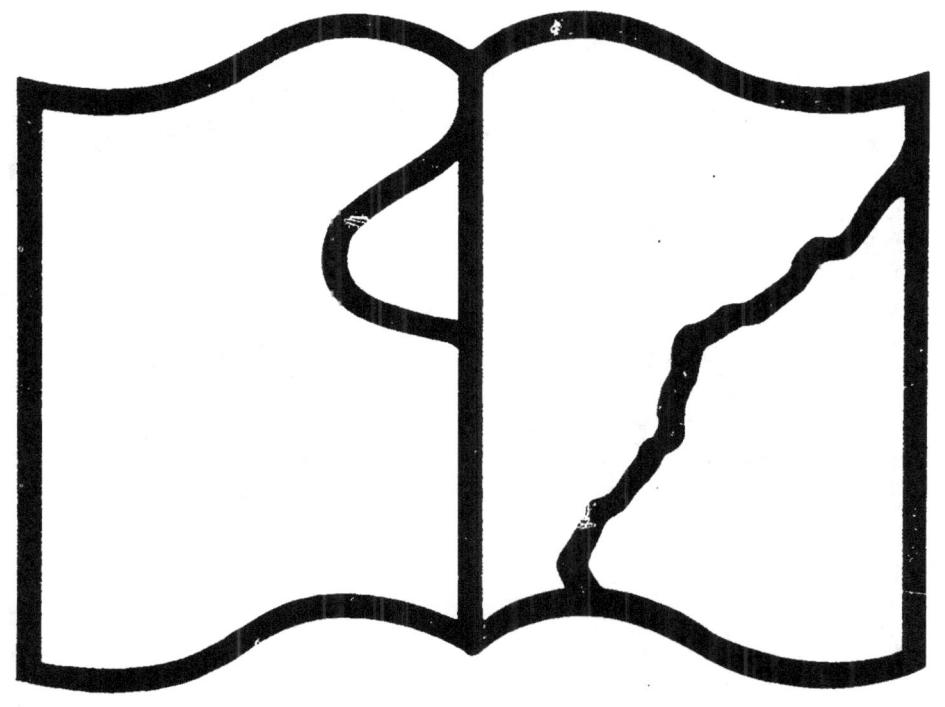

Texte détérioré — reliure défectueuse

NF Z 43-120-11

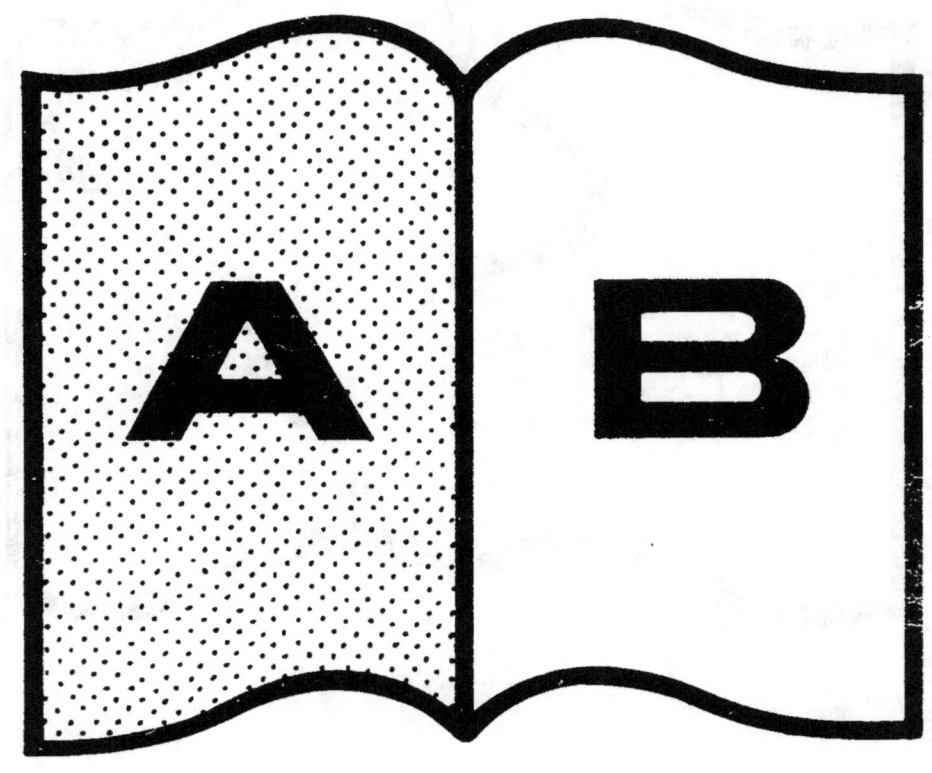

Contraste insuffisant

NF Z 43-120-14

www.ingramcontent.com/pod-product-compliance
Lightning Source LLC
Chambersburg PA
CBHW070923230426
43666CB00011B/2293